古今伪书考补证

黄云眉　著

商务印书馆
The Commercial Press
创于1897

2019年·北京

图书在版编目（CIP）数据

古今伪书考补证 / 黄云眉著. — 北京：商务印书馆，2019
ISBN 978-7-100-16084-1

Ⅰ．①古… Ⅱ．①黄… Ⅲ．①伪书－考证－中国
Ⅳ．①G256.22

中国版本图书馆CIP数据核字（2018）第082415号

古今伪书考补证

黄云眉　著

商 务 印 书 馆 出 版
（北京王府井大街36号　邮政编码 100710）
商 务 印 书 馆 发 行
三 河 市 尚 艺 印 装 有 限 公 司 印 刷
ISBN 978 - 7 - 100 - 16084 - 1

2019年4月第1版　　　开本 640×960　1/16
2019年4月第1次印刷　印张 14 3/4

定价：48.00 元

《古今伪书考补证》重印引言

余所撰《古今伪书考补证》一书，问世将近三十年；然因是书随出版机构长期播迁，以致隔绝隐晦，至今日乃不为读者所稔知，而余亦久以已陈之刍狗视之矣。

解放以还，学术研究，多方开展，百家啧啧，皆以党所领导社会主义之薪求为殚力准绳。风气所激，不特新著如林，读者应接不暇；其于我国数千年来先民劳动所积累之大量文献，亦竞思所以董理之，批判吸收之，使之成为今日学术研究领地中不可缺乏之部分。斯诚过去所万不能有之现象，华颠对此，殊感神王！而余之《补证》一书，自惟亦终不当见弃于今日，而以已陈之刍狗视之，盖古籍真伪之辨，犹为今日董理大量文献工作中之首要课题也。

古籍真伪之辨，滥觞于唐代，历宋明清而渐呈长川形态，然尚有待于今日之加深加广。《补证》意在巩固姚《考》，范围较狭。先是书而起者，有《古史辨》一书，而目的不纯乎辨古籍真伪；后是书而起者，有《通考》一书，搜辑之勤，良不可没，而取材多非原始，别择断制，亦嫌不足。盖举所有古籍，一一探其源流，穷其所以真伪之故，初非少许人可卒之业，且不能责诸旦夕者。然非所论于学术研究昂进之今日，往昔之所谓难事，今日视之，不犹反掌乎！

《补证》谫陋，虽经修订，未改旧观。重印问世，不系于是书区区涓埃之助；诚冀今日治古文献者，因读是书而有鉴于古籍真伪之辨，尚需继续，亟注之意，及时以卒前人未卒之业，使丰富之古籍能正确效其用于今日云尔。

一九五九，黄云眉

《古今伪书考补证》序

　　辨伪是读书第一义；然有不可不注意者：柤梨橘柚，味相反而皆调于口，伪伪而知其所以伪，伪固有真之用也。辨伪者但欲求真伪之各得其用；非欲举伪书而一一践之踏之，烧之灼之，以尽绝其根株而后快。明乎此而后知辨伪者之非有恶于伪也。抑伪有巧拙而辨有难易。丑人捧心而矉其里，里之人能笑之，此伪之拙而易辨者；淄渑之合，易牙尝而知之，他人不能也，此伪之巧而难辨者。伪巧而难辨，则有真之而伪，伪之而真者矣。然辨者之心，则固以求真为鹄；辨之术有未至焉耳，吾又从而辨之，非欲以罪辨者，辨其所未至也。明乎此而后知辨辨伪者之亦非有恶于辨伪也。

　　姚际恒首源氏之《古今伪书考》，一浅薄之辨伪书也。寻厥大概，无非抄撮《通考》《诸子辨》《笔丛》等所言，排比成书。分类舛驳，取舍随意；而叱辱之加，又往往不准于情理之所安。盖详核逊宋、胡，而武断则过之，此不足以服作伪者之心也。近人顾惕生氏因就姚氏之所考而重考之，欲以匡救姚氏之失而为其净友。余读其书，亦颇有独到之见；而惩噎废食，盛气叫嚣，其武断之态度，乃复与姚氏同。则以水济水，亦何足以服姚氏之心哉！

　　夫姚书之操术诚疏矣！然伪书如毛，逐代傅益，使吾辈胸中而犹横梗一竺古护前之观念则已；苟其无也，则且病姚氏失出之多于失入，而又何忍乎他责！虽然，获盗而不获赃，终无以关盗之口而释道路之疑。使此不及百种之伪书，以列证未备之故，而犹授竺古护前者以抵踏之间，此则吾辈之耻，所当助姚氏以张目者，《补证》之作，盖秉斯恉。

虽然，姚氏辨伪者也；顾氏辨辨伪者也，非所谓竺古护前之徒也。真伪愈辨而愈著：姚氏伪之，顾氏真之，云眉又从而伪之。求真而已，非求胜也。真其所真，伪其所伪，使真伪各得其用，此吾辈读书应有之态度；亦所以为来者辟一读书之坦途也。其真之而非真，伪之而非伪，则术之未至，云眉不以罪姚、顾，人亦岂以罪云眉哉！

抑是非之公，具在人心，苟准诸情理而未安，则虽以《古文尚书》之伪，经阎惠诸君之侦查判决，已成如山之铁案者，亦不难继毛氏而重申冤词；况《补证》之程多力分，引其绪而不能竟其委者哉！云眉虽助姚氏以张目乎？然非其伥也。诚更得诤友如顾氏者而毅色呵斥之，纠其纰缪而扶其颠踬，则云眉将怡受而无忤；学术公器，真伪固不必定于吾也。

呜呼！鼓怒浪于平流，震惊飙于静树，微特不敢，抑亦不能。必谓为钩钑群藃，哗众取宠，则无所逃罪。

今请略述《补证》之内容：

姚、顾二考，皆截用他文数语以就己说。本书则略师《经义考》，列他文于前，缀己说于后；他文多全录，非过长者不敢删节，恐以取舍戾原意也。（其中如唐擘黄先生之辨《尹文子》，马夷初先生之辨《列子》，皆以其文过长，割裂入篇，引为缺恨。）先录清人及近人辨伪之文；不足则以《四库提要》继之；又不足始下鄙意以补之：其断自清人者，承姚书而避繁复也。（下鄙意时，则不以此为限。）先他文而后及《四库提要》者，以《提要》易于检阅也。《提要》十之一，鄙说十之三，而他文亦仅十之六，则以辨伪之文，既少专篇，作者囿于闻见，又不能广搜而博征也。凡不待补不必补者不补。《古文尚书》，孔氏传，不待补者也。《古三坟书》《麻衣正易心法》《易乾凿度》《天禄阁外史》《心书》《续葬书》《拨沙经》《家礼仪节》等，或猥琐无讥，或望名知伪，此不必补者也。若《韵书》偶称沈约，《手泽》改署《志林》，既与伪书异科，亦在不补之列。

本书编次仍依姚书；然多有与姚说参差者，别表附后以便省览。

属稿甫竣，吾友陈伯瀛先生以江侠庵君所编译之日人《先秦经籍考》示余，受而读之，其中如本田成之之《作易年代考》，内藤虎次郎之《易疑》《尔雅之新研究》，武内义雄之《两戴记考》《大戴记曾子十篇考》《庄子考》《列子冤词》《孙子十三篇考》，佐藤广治之《孝经考》，小川琢治之《山海经考》《穆天子传考》，狩野直喜之《汲冢书出土始末考》等，与本书持论颇多异同。然以专家成专书，甚有研讨之价值。本书不暇采入，姑附其篇目于此，以志景仰。且以愧国人之拘虚自蔽，嗤辨伪为多事者。

又本书之成，得助于吾友冯孟颙、陈伯瀛二先生者不少，并于此谨致谢忱！

一九三一年，余姚黄云眉

姚际恒《古今伪书考》原序

造伪书者，古今代出其人，故伪书滋多于世。学者于此，真伪莫辨，而尚可谓之读书乎！是必取而明辨之，此读书第一义也。予辄不自量，以世所传伪书，分经、史、子三类，考证于后。明宋景濂有《诸子辨》；予合经、史、子而辨之。凡今世不传者，与夫琐细无多者，皆不录焉。其有前人辨论精确者，悉载于前，以见非予之私说云。四部有集：集者，别集，人难以伪，古集间有一二附益伪撰，不足称数，故不之及。子类中二氏之书，亦不及焉。

目 录

经 类

史 类

子 类

有真书杂以伪者

有本非伪书而后人妄托其人之名者

有两人共此一书名今传者不知为何人作者

有书非伪而书名伪者

有未足定其著书之人者

附　原著补证异同对照表

此依原著编出之目录也。聊存旧目，实不适用于《补证》。当参阅《原著补证异同对照表》。

云眉

经

类

易　传

宋王景山开祖《儒志编》曰："或曰：'《易·系辞》果非圣人之言乎？'曰：'其原出于孔子，而后相传于《易》师，其来也远，其传也久，其间失坠而增加者不能无也。'"又欧阳永叔有《易童子问》三卷，其下卷专言《系辞》，《文言》《说卦》而下，皆非圣人之作。其书具在文集，兹不详。又陈直斋振孙《书录解题》曰："赵汝谈《南塘易说》三卷，专辨《十翼》非夫子作。"今此书无传。予别有《易传通论》六卷，兹亦不详。

【补证】

崔述曰："《世家》云，'孔子晚而喜《易》，序《彖》《系》《象》《说卦》《文言》'，由是班固以来诸儒之说《易》者，皆谓《传》为孔子所作，至于唐宋，咸承其说。余按《春秋》，孔子之所作，其文谨严简质，与《尧典》《禹贡》相上下；《论语》后人所记，则其文稍降矣。若《易传》果孔子所作，则当在《春秋》《论语》之间，而今反繁而文，大类《左传》《戴记》，出《论语》下远甚，何耶？《系辞》《文言》之文，或冠以'子曰'，或不冠以'子曰'，若《易传》果为孔子所作，不应自冠以'子曰'字，即云后人所加，亦不应或加或不加也。孟子之于《春秋》也，尝屡言之，而无一言及于孔子传《易》之事。孔孟相去甚近，孟子之表章孔子也不遗余力，不应不知，亦不应知之而不言也。由此观之，《易传》必非孔子所作，而亦未必一人所为，盖皆孔子之后通于《易》者为之，故其言繁而文。其冠以'子曰'字者，盖相传以为孔子之说，而不必皆当日之言；其不冠以'子曰'字者，则其所自为说也。杜氏《春秋传后序》云：'汲县冢中

《周易》上下篇，与今正同，别有《阴阳说》，而无《彖》《象》《文言》《系辞》，疑于时仲尼造之于鲁，尚未播之于远国也。'余按：汲冢《纪年》乃魏国之史，冢中书乃魏人所藏也。魏文侯师子夏，子夏教授于魏久矣。孔子弟子能传其书者，莫如子夏，子夏不传，魏人不知，则《易传》不出孔子，而出于七十子以后之儒者无疑也。《论语》云，'曾子曰，君子思不出其位'，今《象传》亦载此文，果《传》文在前欤？记者固当见之，曾子虽尝述之，不得遂以为曾子所自言；而《传》之名言甚多，曾子亦未必独节此语而述之。然则是作传者往往旁采古人之言以足成之，但取有合卦义，不必皆自己出。既采曾子之语，必曾子以后之人之所为，非孔子所作也。且《世家》之文，本不分明，或以序为《序卦》，而以前序《书传》之文例之，又似序述之义，初无孔子作《传》之文，盖其说之晦，有以启后人之误。"（《洙泗考信录》）

皮锡瑞《易经通论》曰："以卦辞爻辞为孔子作，疑无明文可据，然亦非尽无据也。古以《系辞》即为卦辞爻辞，汉儒说皆如是。而今之《系辞》上下篇，古以为《系辞传》，《释文》王肃本有'传'字，盖古本皆如是。宋吴仁杰《古周易》以爻为《系辞》。今考《系辞》有云：'圣人设卦观象，系辞焉而明吉凶。'又云：'圣人有以见天下之动而观其会通，以行其典礼，系辞焉以断其吉凶，是故谓之爻。'又云：'系辞焉而命之，动在其中矣。'又云：'系辞焉以尽其言。'据此诸文，明是指卦、爻辞谓之《系辞》。若谓《系辞》中四处所云'系辞'，即是今之《系辞》，孔子不应屡自称其所著之书，又自言其作辞之义，且不应自称圣人。盖《系辞》即卦辞爻辞，乃孔子所作，今之《系辞》，乃《系辞》之传，孔子弟子所作。《系辞》中明有'子曰'，必非出自孔子手笔。《史记》自序引《系辞》之文为《易大传》，是其明证。凡孔子所作谓之经，弟子所作谓之传，所云'圣人系辞焉以断其吉凶'，乃孔子弟子作传，称孔子为圣人，非孔子作《系辞》而称文王、周公为圣人也。郑樵《六经奥论》曰：'《易大传》言系辞者五，皆指爻辞曰《系辞》，如上《系》曰系辞焉而明吉凶，系辞以断其吉凶，有二曰系辞焉而命之，孔子专指爻辞以为《系辞》。今之《系辞》，乃孔门七十二子传《易》于夫子之言，为《大传》之文。则《系辞》者其古传《易》之《大传》欤？'郑樵以《系辞传》为《易大传》，正本《史记》。孔《疏》云：'经文王、周公所作，传孔子所作。'不知孔子以前，不得有经。《汉书·儒林传》云：'孔子晚而好《易》，读之韦编三绝而为之传。'则已误以孔子所作为传，与《史记》之说大异矣。欧阳修不信祥异，以《系辞》云'河出图，洛出书，圣人则之'，为非孔子之言，不知《系辞传》本非孔子之言，乃孔子弟子所作，以解释孔子之言者也。《史记·孔子世家》云：'孔子晚而喜《易》，序《彖》《系》《象》《说卦》《文言》。'史公既以今之《系辞》为《易大传》，则不以为孔子所作，《世家》所谓，亦必指卦辞爻辞而言。系者，属也。系辞犹云属辞。据《史记》云，伏戏画八卦，文王重卦为六十四，分为三百八十四爻，而无其辞，至孔子乃属辞以缀其下，故谓之系。此其有明文可据而不必疑者也。惟《孔子世家》引《说卦》，颇疑有误。《论衡·正说篇》曰：'至孝宣皇帝之时，河内女子发老屋得逸《易》《礼》《尚书》各一篇，奏之，皇帝下示博士，然后《易》《礼》《尚书》各益一篇。'所说《易》益一篇，盖《说卦》也。《隋书·经籍志》曰：'及秦焚书，《周易》独以卜筮得存，唯失《说卦》三篇，后河内女子得之。'所谓三篇，盖兼《序卦》《杂卦》在内。据王充说，《说卦》至宣帝时始出，非史公所得见，故疑《世家》'说卦'二字，为后人搀入者。《说卦》论八卦方位，与《卦气图》合，疑焦、京之徒所为。程迥《古易考》十二篇，阙《序》《杂卦》，以为非圣人之言。李邦直、朱新仲、傅选卿皆疑《序卦》。近儒朱彝尊亦然。戴震云：'昔儒相传，《说卦》三篇，与今文《大誓》同，后出《说卦》分之为《序卦》《杂卦》，故三篇辞旨不类孔子之言，或经师所记孔门余论，或别有所传述，博士集而读之，遂一归孔子，谓之十翼矣。'据此，则古今人皆疑《说卦》三篇；而十翼之说，于古无征。《汉书·艺文志·易经》十二篇。又曰：'孔氏为之《彖》《象》《系辞》《文言》《序卦》之属十篇。'是已分为十篇，尚不名为十翼，孔《疏》以为

'郑学之徒，并同此说'，是十翼出东汉以后，未可信据。欧阳修谓十翼之说，不知起于何人，自秦汉以来，大儒君子不论。后人以为欧阳不应疑经；然十翼之说，实不知起于何人也。"

眉按：姚氏《通论》不可见。康有为谓"十翼之名，史迁父受《易》于杨何未之闻，殆出于刘歆之说。《彖》《象》与《卦辞》《爻辞》相属分为上下二篇，乃孔子所作原本，歆以上下二篇，属之演爻之文王，既不可通，因以己所伪作之《序卦》《杂卦》，附之河内女子所得之事，而以为孔子作十篇为十翼。夺孔子所作而与之文王、周公，以己之所作而冒之孔子，侜张为幻，可笑可骇"。（说详《新学伪经考》）其言似足为锡瑞"十翼起于何人"之语下一解；然如此论古，虽属快刀斩麻，终觉于心不安。《说卦》出于汉宣帝时，《序卦》《杂卦》，叶适已谓为后人伪撰（见《习学记言》），其伪固不待言；然必以《序卦》《杂卦》归之刘歆，未免近于武断。至《卦辞》《爻辞》为孔子所作，《系辞》乃孔子弟子所作，皮、康之说皆同，而亦无确据。章炳麟设十二谬以斥皮说（《太炎文录初编》），其不信孔子作《易》是也；其必推而上之以为文王作，则更谬矣。余意《易传》必非孔子作，崔述谓出于七十子以后之儒者，近是。柯汝锷谓"孔子未尝为《易》作传，十翼之名，皆后代讲师所立。夫子论《易》，见于《论语》者，止'加我数年'及'不恒其德'二章。其他答问所及，大率依古训以立言。如'克己复礼仁也'及'出门如见大宾'二语，皆见之《左氏》，夫子以之告颜渊、仲弓。述而不作，夫子盖自言之矣"。（《瓮天录》）其言亦有理。孔子固未尝赞《易》，《论语》"五十以学《易》，可以无大过矣"，《鲁论》本作"五十以学，亦可以无大过矣"，其以"亦"为"易"，钱玄同以为乃汉人欲证孔子赞《易》之说者所改。又《易》艮卦《象传》"君子以思不出其位"，其"以"字，钱氏亦以为作《大象》者袭《论语》曾子语，欲使与他卦《象传》词例一律而加之（见《读书杂志》第十期），皆足与崔、柯之说相证发。要之，孔子与《易传》无关。顾颉刚谓《易传》之作，最早不得过战国，迟则在西汉中叶，说见《古史辨》第三册。

子夏易传

《汉志》无。《隋志》始有《子夏易传》二卷。《崇文总目》曰："此书篇第略依王弼式，决非子夏之文。又其言近而不笃。然学者尚异，颇传习之。"晁子止公武《读书志》曰："景迂云：'张弧伪作。'"陈直斋曰："隋唐时久残阙，宋安得有十卷！陆氏《释文》所引隋《子夏易传》，今本皆无之。岂直非汉世书，并非隋唐之书矣！"恒按：胡元瑞《笔丛》曰："《子夏易》载《通考》者，今亦不传。"

今昆山徐氏新刊有之，胡盖未见云。

【补证】

眉按：《唐会要》载开元七年，诏令儒官详定《子夏易传》：刘知幾议曰："按《汉志》，《易》有十三家，而无子夏作传者。至梁阮氏《七录》始有《子夏易》六卷。或云韩婴作，或云丁宽作。然据《汉书》，《韩易》十二篇，《丁易》八篇，求其符会，则事殊瞍刺者矣。夫以东鲁服膺，文学与子游同列，西河告老，名行将夫子连踪，而岁越千龄，时经百代，其所著述，沉翳不行，岂非后来假凭先哲！必欲行用，深以为疑！"司马贞议曰："按刘向《七略》有《子夏易传》，但此书不行已久。今所存多失真本。又荀勖《中经簿》云：'《子夏传》四卷。或云丁宽所作。'是先达疑非子夏矣。又《隋书·经籍志》云：'《子夏传》残阙，梁六卷，今二卷。'知其书错谬多矣。又王俭《七志》引刘向《七略》云，《易》传子夏，韩氏婴也。今题不称韩氏，而载薛虞记。又今秘阁有《子夏传》薛虞记，其质粗略，旨趣非远，无益后学。不可将帖正经。"五月五日，诏《子夏传》逸篇令帖《易》者停。则是唐以前之所谓《子夏易》，已为伪本矣。而晁说之所称张弧伪托之本，实为另一伪本。（《传易堂记》曰："古今咸谓子夏受于孔子而为《易传》，唐刘子玄知其伪矣。书不传于今。今号为《子夏传》者，唐张弧之《易》也。"）张弧不知唐何时人。陆德明《释文》所引：据朱彝尊《经义考》谓"《屯》六二，乘马班如，乘音绳，班如相牵不进貌。《比》传，地得水而柔，水得地而流，故曰比。《小畜》九五，有孚挛如，挛作恋，思也。上九，月几望作近望。《履》九四，愬愬恐惧貌。《泰》六四，翩翩轻举貌。上六，城复于隍作堭。《大有》九四，匪其彭作旁。《谦》卦作嗛，云嗛谦也。《豫》六三，盱作纡。九四，盍簪疾也。《噬嗑》九四，胏作脯。《贲》六五，束帛戋戋作残残，传云，五匹为束，三玄二纁象阴阳。《复》上六，有灾眚，传云，伤害曰灾，妖祥曰眚。《颐》六二，拂经作弗，云辅弼也。六四，逐逐作攸攸。《坎》上六，置于丛棘，置作湜。《离》六五，戚作嘁，咨惹也。《咸》初六，拇作踻。《遯》上九，传云肥饶裕。《晋》九四，鼫鼠作硕。《明夷》六二，夷于左股用拯马壮吉，夷作睇，传云，旁视曰睇，拯作抍。《暌》六二，其牛掣作契，传云，一角仰也。《夬》九四，牵作挈。《姤》初六，柅作鑈。九五，包作苞。《困》九四，徐徐作荼荼，传云，内不定之意。《井》九二，鲋，传谓虾蟇。六四井甃，传云，修治也。《丰》九三沛，传云，小也。沫，传云，星之小者。《旅》九四，资斧作齐斧。《既济》六二，茀作髴，六四，繻有衣袽，繻作襦，袽作茹。今文皆不然"云云。是今本又非张弧伪托之本矣。然德明犹可假定为张弧以前人；王应麟乃南宋末人，而《困学纪闻》"帝乙归妹，《子夏传》谓汤之归妹也"。今本亦无之，则尚安得谓张弧之伪本哉？准是以言，刘知幾、司马贞所议者，固非宋人所见之伪本；今日所见之伪本，又非宋人所见之伪本。（惠栋《九经古义》，谓其文浅近，与郭京《周易举正》皆宋人伪撰，恐亦非是。）阳羡鹅笼，幻中出幻，岂非可怪！前人言其伪者，除姚氏所举外，《中兴书目》、程迥、吕祖谦、章如愚、何乔新皆疑之。而孙坦疑为汉之杜子夏；赵汝楳则以为杜钦杜邺，于《易》未闻师授，惟邓彭祖传梁邱之学，犹可仿佛，盖彭祖亦字子夏也。崔应榴亦谓是邓彭祖所作。是皆未免附会。臧庸决为韩婴所作，谓婴为幼孩，故名婴，字子夏，夏，大也。宋翔凤《过庭录》则有子夏为韩婴孙商之字一条，亦未敢信。全祖望曰："今所行十一卷，固属赝本；即《七略》以来之书，亦依托耳。夫曰韩曰丁曰薛，其见于前人著录者，尚难审定，况臆度耶！"（《鲒埼亭集外编·子夏易传跋尾》）斯言最为得之。

关朗易传

陈直斋曰："唐赵蕤注。然隋、唐《志》皆不载；或云阮逸伪作。"恒按：《文中子》阮逸所注，人疑即其伪造。关朗称元魏孝文时人，王通祖同州刺史彦师事之；尝为彦筮得夬之革，决百年中当有达人出，修洙泗之教；历数周、齐、陈、隋事，无不悬合，盖寓意于通也。如此牵合证佐，故人知《易传》亦逸伪造也。

【补证】

眉按：吴莱《关子明易传后序》曰："予始读文中子《中说》，颇载关朗子明事，后得天水赵蕤所注《关子易传》十有一篇，大概《易》上下系之义疏耳。或曰，王氏《中说》，本于阮逸；关氏《易传》，肇于戴师愈。师愈，江东老儒也。观其传，统言消息盈虚爻象策数之类，独与张彝相问答，彝尝荐之魏孝文；而王氏之赞《易》，世传关氏学也。是又岂尽假托而后成书欤？"（《渊颖集》）盖真以为关朗所作。王通《中说》系谬书（说详后），其言本不足据。此书为阮逸伪撰，陈师道《后山谈丛》、何薳《春渚纪闻》及邵博《闻见后录》皆云阮逸尝以伪撰之稿示苏洵，则出自逸手，不须更辨。莱又从而信之，失考甚矣！唐李鼎祚辑汉以来三十六家解《易》之说，成

《周易集解》一书，其自序云："臣少慕玄风，游心坟籍，历观炎汉，迄今巨唐，采群贤之遗言，议三圣之幽赜。集虞翻、荀爽三十余家，刊辅嗣之野文，补康成之逸象，各列名义，共契玄宗。先儒有所未详，然后辄加添削。"今观其书，实能广揽众说，折衷诸长，而独不引关氏《易传》，则本无其书可知，此伪托之一旁证也。《文献通考》又有阮逸《易筌》六卷，每爻必以古事系之，陈振孙尝诮其牵合，而此书牵合之迹，亦灼然可验，其作伪之手段相似，此伪托之又一旁证也。又考注者赵蕤，字太宾，梓州盐亭人。博学韬钤，长于经世。开元中召之不赴。著有《长短经》十卷（见《唐书·艺文志》及孙光宪《北梦琐言》）。李白尝师事之（见《唐诗纪事》）。是其人似非注《易传》者。且令蕤曾注此书，则此书不载于《隋志》，亦应载于新、旧《唐志》，今乃始见于李淑《邯郸图书志》（李淑与阮逸同为神宗时人），则此书之产生，必在唐代以后，而阮逸之伪托，更无疑义矣。

麻衣正易心法

出于宋，称麻衣道者以授陈希夷。朱仲晦曰："此书辞意凡近，不类一二百年文字，且多无理妄谈。守南康时，有前湘阴主簿戴师愈求谒，即及《麻衣易》。因复扣之，宛然此老所作。"按：此乃朱所亲见，其说固自无疑。

焦氏易林

顾宁人《日知录》曰："《易林》疑是东汉以后人撰。延寿在昭宣之世（《汉书·京房传》曰'延寿以好学得幸梁王'，案此梁敬王定国也。以昭帝始元二年嗣，四十年薨，当元帝之初元三年），其时《左

氏》未立学官；今《易林》引《左氏》语甚多。又往往用《汉书》中
事：如云'彭离既东，迁之上庸'，事在武帝元鼎元年。曰'长城既
立，四夷宾服；交和结好，昭君是福'，事在元帝竟宁元年。曰'火入
井口，杨芒生角，犯历天门，窥见太微，登上玉床'，似用《李寻传》
语。曰'新作初陵，踰陷难登'，似用成帝起昌陵事。又曰'刘季发
怒，命灭子婴'，又'大蛇当路，使季畏惧'，则又非汉人所宜言也。"

【补证】

　　郑珍《跋易林》曰："今世有《易林》四卷，相传为汉焦延寿赣
撰。顾亭林以延寿在昭宣之世，其时《左氏》未立学官，而《易林》
引《左氏》语甚多，又往往用《汉书》中事（如姚氏所引，此略），
疑是东汉以后人撰，托之焦延寿者。愚按赣事实见《前汉·京房》及
《儒林传》，并不言著《易林》，顾氏以用事措语疑之，此书不出赣信
矣。考《隋书·经籍志》，有焦赣《易林》十六卷，费直《易林》二
卷，许峻《易林》一卷，郭璞《周易林》五卷，鲁洪度《易林》三
卷；《唐书·艺文志》又增多崔氏《周易林》十六卷，管辂《周易林》
四卷，张满《周易林》七卷，是作《易林》者凡八家。崔篆，桓帝时
人，许峻当在明章间，二子皆不宜言刘季，则此书亦非崔、许所著。
观其文奇谲光怪，景纯优为之，然朴质自然，非汉魏人不能也。是其
管公明之书乎？唐会昌中王俞序赣书云，四千九十六题，即是此本。
知其时赣书久亡，世遂以此当之耳。今之四卷，盖犹其旧也。"（《巢
经巢文集》卷五。眉按：今所行十六卷本，亦四千九十六题。）
　　眉按：《易林》不知为何人作，然决非焦氏书也。《汉书·艺文志》
《孟氏京房》十一篇，《灾异孟氏京房》六十六篇，《京氏段嘉》十二篇
（段嘉即殷嘉，从京房受《易》者），以孟氏冠《京房》，以京氏冠《段
嘉》，所以明其著录非苟，源流有自也。据《儒林传》，"房受《易》梁
人焦延寿（《京传》，事梁人焦延寿，延寿字赣。周寿昌《汉书注校

补》，字即名也，观下俱称赣可知。黄伯思《东观余论》亦以为名赣字延寿），延寿云，尝从孟喜问《易》。会喜死，房以为延寿《易》即孟氏学。翟牧白生不肯，皆曰非也"。延寿《易》是否即孟氏学，或为别派，虽难确定，然必与孟氏、京氏发生源流上之关系。使延寿果有其书，班氏摈而不载，则此一段授受异同之史实，无可资以质对，恐班氏不若是其疏也。今《传》有其人，而《志》无其书，可知延寿本无其书，未由著录耳。沈钦韩《汉书疏证》谓"《隋志》有焦赣《易林》十六卷，今见行，而《志》不列，殆以焦氏无师法，故不录中秘，或以京氏包之耳"。此乃臆说，固不足信。王先谦《汉书补注》则谓"《易林》当在著龟家《周易》中"。考著龟家《周易》三十八卷，钱大昭《汉书辨疑》谓"《周易》下当有脱字"，然所脱何字，亦难确定，吾人又安可遽谓焦氏《易林》十六卷，必在此三十八卷中耶？《日知录》以书中多延寿以后语，疑是东汉以后人撰，最得其实。惟谓刘季发怒等语非汉人所宜言，或以《史记·高祖本纪》数称刘季，并不忌讳，未足为延寿病驳之；不知《高祖本纪》"先总叙高祖一段，及述其初起时，则称刘季，得沛后称沛公，王汉后称汉王，即帝位后则称上"（用赵翼《陔余丛考》卷五语）。此乃史法当尔，后代诸史莫不因之，若延寿便不当如此言矣。然吾以为《易林》固非焦氏书；若必指为何人作，则吾亦未敢苟同。如《后汉书·崔骃传》载："骃祖篆，闭门潜思，著《周易林》六十四篇，用决吉凶，多所占验。"李石《续博物志》曰："篆著《易林》，或曰《卦林》，或曰《象林》。"而焦崔字又相似，故有疑《易林》为崔篆作者。《后汉书·许曼传》载："曼祖峻，善卜占之术，多有显验，时人方之前世京房。所著《易林》，至今行于世。"王安石《许氏世谱》曰："后汉汝南许峻者，为《易林》传于世。"故又有疑《易林》为许峻作者。又如《东观汉记》载"永平五年，京师少雨，上御云台，召沛献王辅以《周易卦林》占之，其繇曰，蚁封穴户，大雨将集"。今二语在《易林》中，故又有疑今之《易林》为《周易卦林》者。以吾论之：方士好谈吉凶，儒家亦杂形气，撰《易林》者多矣，岂能一一悬拟而吻合之？吾人但辨今之焦氏《易林》，非延寿作可耳，不必拖泥带水，强谓谁作谁书也。若谓献王在永平时已用为占，可证今之《易林》非东汉人所能作，则又安知非今之《易林》袭用《周易卦林》语耶？杨慎谓"焦氏《易林》，西京文辞也。辞皆古韵，与《毛诗》《楚词》叶音相合。或似诗，或似乐府童谣，观者但以占卜书视之，过矣。如'夹河为昏，期至无船，摇心失望，不见所欢'，如'三骊负衡，南取芝香，秋兰芬馥，利我少姜'，如'蛔蛔啮啮，贫鬼相责，无有欢怡，一日九结'，如'三夫共妻，莫适为雌，子无姓氏，父不可知'，其辞古雅，魏晋以后诗人莫及。且其辞，古之文人亦多用之：'六目睽睽'，韩文祖之曰'万目睽睽'；'九雁列陈'，王勃《滕王阁序》用之；'酒为欢伯'，'白云如带'，'穴蚁封户，天将大雨'，唐诗多用之"云云（《丹铅杂录》卷六）。《易林》文辞诚可观，后世文人多采摭之，然要无害其为东汉以后人作；而丁晏撰《易林释文》，必谓"《易林》学出西京，文义古奥，非东汉诸儒所能依托"，非也。

易乾凿度

此纬书，伪托孔子作。按：纬书自隋末禁绝，宋世犹传《七纬》，今传者仅《乾凿度》而已。然亦宋人掇拾类书而成，非本书也。晁子止曰："《崇文书目》无，《元祐田氏书目》始载，当是国朝人为之。使真者尚存，犹不足信；况此又非其真也。"恒又按，后人以《乾坤凿度》二卷合之为一书，然实二书也。合之者又称黄帝撰，并无稽。

古文尚书

《古文尚书》二十五篇，并《孔安国传》出于东晋；梅赜上之朝，伪称孔壁所出，安国为传。予别有《通论》十卷，兹不更详。

尚书·汉孔氏传

说见上。

古三坟书

出于宋。晁子止曰："张天觉言得之比阳民家。《七略》《隋志》皆无之。世以为天觉伪撰。"陈直斋曰："元丰中，毛渐奉使京西，得之唐州民舍。其辞诡诞不经，盖伪书也。"胡元瑞曰："世以隋购《三坟》，刘炫伪造《连山》等百余篇上之，即此书。然炫在隋号大儒，其造《连山》，虽伪妄，必有过人者。今此书至浅陋，炫岂至是？盖即序者毛渐所为；其序与书正相类。"

诗　序

《汉志》无。但云"又有毛公之学，自谓子夏所传；而河间献王好之，未得立"。迄东汉，毛传始行，而《诗序》亦出。《后汉·儒林传》曰："卫宏字敬仲，东海人。初，九江谢曼卿善《毛诗》，宏从受学，作《毛诗序》。"《隋志》曰："先儒相承，谓毛诗序子夏所作，毛公及卫敬仲更加润色。"《郑诗谱》谓"《大序》是子夏作，《小序》是子夏、毛公合作；卜商意有不尽，毛公更足成之"。按：世以序发端一二语，谓之《小序》，以其少也；以下续申者，谓之《大序》，以其多也。又以《小序》为古序，为前序；大序为后序。今皆从之。《郑谱》所谓《大序》，今所谓《小序》也；所谓《小序》，今所谓《大序》也。今不用其说。其谓子夏作者，徒以孔子有"起予者商也"一语。此明系附会，绝不可信。谓毛公作者，亦妄也。毛公作传，何尝作序乎？郑玄又谓《诗序》本一篇，毛公始分以置诸篇之首，则亦信序而为此说，未必然也。世又谓《大序》自是宏为之，《小序》则系古序。按：汉世未有引序一语，魏世始引之；及梁萧统《文选》直以为子夏作，固承前人之误也。郑玄且以《小序》为孔子作，王安石且以《小序》为诗人自制，益可笑矣。大抵小、大《序》皆出于东汉；范晔既明指卫宏，自必不谬。其《大序》固宏为之，《小序》亦必汉人所为。何以知之？《序》于《周颂·潜诗》曰"季冬献鱼，春献鲔"，全本《月令》之文，故知为汉人也。宋儒辨《序》之妄，自晁说之、程泰之、郑渔仲而朱文公承之。是小、大《序》本皆非伪；后人以《小序》为子夏作，《大序》为毛公作，遵之者俨如功令，不敢寸尺易，是虽非伪书，而实亦同于伪书也，故列之于此。

【补证】

眉按：《诗序》之说，纷如聚讼，自韩愈谓子夏不序《诗》，宋儒继之，昌言排击；而与之持异议者，亦复旗鼓相当，胶扰以迄于清代，而钱大昕犹以称子夏作为可信。盖《诗序》地位之不易动摇如此。然《后汉书》既明指为卫宏所作（严可均《铁桥漫稿》谓："《毛诗》仅有《故训传》，无《序》；卫宏尝作《序》，范《书》称善得风雅之旨者，已只字无存。"俞正燮《癸巳存稿》则谓："《毛诗传序》，一人所作；《后汉书·儒林传》《隋书·经籍志》所言，乃是强造故实，以配《汉书》。"恐皆非是）；而诸儒必欲远攀孔子、子夏或太史以为重，其诬妄本极可笑！兹但节录清人辨卫宏作而其意与姚氏相出入者，及《序》《传》并攻而使《毛诗》全部成问题者之说，以了却自宋以来一段公案。其余参差之说，不复备列，亦不需备列。万斯同《群书辨疑·诗序说》曰："愚谓三百十一篇之序，不但非孔子、子夏、太史所作，并非毛公所作，何以明之？旧说言子夏传曾申，曾申传李克，克传孟仲子，孟仲子传根牟子，根牟子传荀卿，荀卿传毛亨，毛亨传子苌，其源流如此，则苌为《诗序》，必得诗人本旨；今观《关雎》之序，因《论语》有'乐而不淫，哀而不伤'二语，乃以此四字入于《序》中，而牵强解之，此岂传自子夏者乎？《小雅·节南山》至《何草不黄》凡四十四篇，《序》皆为刺幽王；其有本非刺者，则曰陈古以刺今，此果子夏之本旨乎？《昊天有成命》，本颂成王之德也，乃以为郊祀天地，自古有合祀天地之礼欤？只因王莽曾合祀，故卫宏附会之，孰谓子夏而有是说乎？子夏无是说，则毛苌亦必无是说，何《诗序》之纷纷淆乱哉！盖毛苌止因诗以作传，卫宏则因传以作序，是以弥失其真也。夫以序为孔子、子夏、太史所作则不可；以序为卫宏所作，庸何伤！况《后汉书》明著其说，何故弃而不信！后人读书稽古，莫不取征于前史，前史已载而犹不信，岂他书之杂出者，顾可信哉！总由宋之儒者，专辟汉儒，元明之儒者，又专辟宋儒；欲辟宋儒，不得不推古之贤者以为重，而宏之德业不足以服宋儒，故明知《诗序》出宏手而有意讳之也。宋之首排《诗序》者，实惟郑樵，而朱子继之。郑说人不之信，独朱子之说盈天下，惟其误解《国风》，故人益推尊《诗序》，而不知两者皆失其平也。苏氏《诗解》，直斥序为卫宏作是也；而犹用其首句，则择之未尽善也。严氏《诗缉》为千古卓绝之书，而坚执序为史官所作，则偏信《大序》之故也。若石林叶氏既信为宏作，又疑非宏作，且云郑玄与宏略相先后，岂有不知而以序为孔子作。夫宏仕于光武时，玄卒于献帝世，相去百五十年，何云略相先后，彼于时世且未审，又何足与辨是非哉！"

崔述《读风偶识·通论诗序》曰："《诗序》乃后汉卫宏作。唐人旧说，以为子夏、毛公所作。沈重云'案郑《诗谱》意，大序是子夏作，小序是子夏、毛公合作，卜商意有不尽，毛更足成之'，此说非也。何者？《史记》作时，《毛诗》未出，《汉书》始称《毛诗》，然无作之文；惟《后汉书·儒林传》称'谢曼卿善《毛诗》，乃为其训，宏从曼卿受学，因作《毛诗序》，善得风雅之旨，于今传于世'，则序为宏所作，显然无疑。其称子夏、毛公作者，特后人猜度言之，非果有所据也。记曰'无征不信，不信民弗从'，今卫宏作《诗序》现有《后汉书》明文可据；如谓为子夏、毛公所作，则《史》《汉》传记，从无一言及之。不知说者何以不从其有征者，而惟无征之言是从也？"又曰："孔子，鲁人也。孔子既没，七十子之徒，相与教授于齐鲁之间，故汉初传经者，多齐鲁之儒。子夏虽尝教授西河，然究在鲁为多。观《戴记》所言，多在鲁之事，而《论语》称子游讥子夏之门人，子夏之门人，问交于子张，则子夏之门人，在鲁者不乏矣。齐鲁既传其《诗》，亦必并传其《序》，何以齐鲁两家之诗，均不知有此序，而独赵人乃得之乎？盖自毛公以后，传其说者，递相附会，宏闻之于师，遂取而著之序耳。"又曰："旧说以逐篇序其义者为小序。隋《经籍志》称序为子夏所创，毛公及卫敬仲更加润益。说者因是遂以序之首句为毛公所作，或以为太史所题，而其下乃卫宏所续。余按序之首句，与上下所言相为首尾，断无只作一句之理。至所云刺时刺乱者，语意未毕，尤不可无下文。则其出于一人之手无疑也。况宏果续前人之序，蔚宗岂得归于宏，而谓今所传者为宏作乎？然为是说者无他，皆由尊崇序说太过，惟恐言为宏作，则人轻之而不深信，而无如《后汉书》明明有宏作序之文，故不得已而分属之，以发端首句为太史、毛公所作，而其下文乃归之宏以两全之。嗟夫，古人已往，不能起九原以自明，一任后人欲属之谁即属之谁耳，此可为长太息者也！"

吴汝纶《诗序论》曰："《后汉书》以《毛序》作于卫宏，论者谓序首一语为古序，以下申说为宏所续。考韩、鲁《序》皆止一语，毛不应独异，盖古序者，即毛公以前师弟相承之大指，而《毛传》据以为说者也。续序若赘疣，文气不相承属，即有事迹，备见于《左传》

《国语》《仪礼》《孟子》诸书，而续序能详其说者，亦皆不如古序之靁括，甚且有与古序抵牾不合者，以为卫宏所作，盖确然无疑。然古序既本师传，初非有未终之义，未竟之文，待后人之补缀，宏乃擅以己意攙入，如出一人之手，不应淆乱古书若此！余尝推求其故：盖毛公传《诗》，注经不注序，宏因援据师说，参以己见，以为序注，而附于各序之下，其后误入序文，则转写讹耳。玩其词意，类皆诂明序旨，其于古序下，时以言字承之，明为释序之文。而《野有死麕》之序，孔氏谓本或以天下大乱以下为注；《桓》之续序云，桓志武也，《释文》云，本或以此句为注，尤属确证。然则今所谓续序者，非续序也，续《毛诗》而为序注也。至郑康成又从而为注，而卫宏之注，盖已与序混而为一。范蔚宗不知其本实序注，遂谓宏作《毛诗序》，此后儒疑议所由起也。”又曰：“《汉志·毛传》较经独多一卷，孔氏不知所并何卷，夫经传虽自别行，卷数不应亦异，经廿九卷，则传亦廿九卷而止耳，余一卷必序也。盖《诗序》虽先儒授受之旧，然毛以前，实未著于文字，陆德明所谓口以相传者是也。毛既自为《诗传》，因取先儒口传之序，亦笔之书，后人谓毛公作序者以此。此《诗序》一篇所以不附经后而附于传也。然则序在篇首，既非毛氏所分，则分之当自谁始？曰，孔氏云，就经为注，始于后汉，则引经附传，当亦始于后汉，但不必自马融始耳。然则此序之分，亦在后汉之世，其卫宏之徒欤？宏注序，亦就序为注，故后与序混。盖宏既分序于篇首，其注亦误入序文，此范蔚宗辈所由以序为宏作也。”

魏源《齐鲁韩毛异同论》曰：“程大昌曰：‘三家不见古序，故无以总测篇意；毛以惟有古序以该括章旨，故训诂所及，会全诗以归一贯。’然考《新唐书·艺文志》，《韩诗》二卷，卜商序，韩婴注；而《水经注》引《韩诗·周南·序》曰，‘其地在南郡南阳之间’。至诸家所引《韩诗》，如‘关雎’刺时也；‘汉广’说人也’等等，皆与《毛诗》首语一例，则《韩诗》有序明矣。《齐诗》最残缺，而张揖魏人，习《齐诗》，其《上林赋注》曰：‘伐檀’，刺贤者不遇明王也。’其为《齐诗》之序明矣。刘向，楚元王孙，世传《鲁诗》。其《列女传》以《芣苢》为蔡人妻作；《汝坟》为周南大夫妻作等等，视《毛序》之空衍者尤凿凿不诬。且其《息夫人传》曰，‘君子故序之于诗’，《黎庄夫人传》曰，‘君子故序之以编诗’，而向所自著书，亦曰《新序》，是《鲁诗》有序明矣。且三家遗说，凡《鲁诗》如此者，《韩》必同之；《韩诗》如此者，《鲁》必同之；《齐诗》存什一于千百，而《鲁》《韩》必同之，苟非同出一原，安能重规叠矩？三人占则从二人之言，谓毛不见三家古序则有之，三家乌用见《毛序》为哉！程氏其何说之辞！郑樵曰：‘毛公时，《左传》《孟子》《国语》《仪礼》未盛行，而先与之合。世人未知《毛诗》之密，故俱从三家。及诸书出而证之，诸儒得以考其异同得失，长者出而短者自废，故皆舍三家而宗毛。’应之曰，《齐诗》先《采蘋》而后《草虫》，与《仪礼》合。《小雅》四始、五际次第，与乐章合。鲁、韩《诗》说《硕人》《二子乘舟》《载驰》《黄鸟》与《左氏》合。说《抑》及《昊天有成命》与《国语》合。说《驺虞》乐官备与《射义》合。说《凯风》《小弁》与《孟子》合。说《出车》《采薇》非文王伐猃狁，与《尚书大传》合。《大武》六章次第，与乐章合。其不合诸书者安在！而《毛诗》则动与牴牾，其合诸书者又安在！顾谓西汉诸儒未见诸书，故舍毛而从三家，则太史本《左氏》《国语》以作《史记》，何以宗《鲁诗》而不宗毛？贾谊、刘向博极群书，何以《新书》《说苑》《列女传》宗鲁而不宗毛？谓东汉诸儒得诸书证合，乃知宗毛而舍三家，则班固评论四家诗，何以独许鲁近？《左传》由贾逵得立，服虔作解，而逵撰《齐鲁韩毛诗异同》，服虔注《左氏》，郑君注《礼》，皆显用《韩诗》；即郑笺毛，亦多阴用韩义。许君《说文序》自言《诗》称毛氏，皆古文家言，而《说文》引《诗》，什九皆三家。《五经异义》论罍制，论《郑风》，论《生民》，亦并从三家说。岂非郑、许之用毛者，特欲专立古文门户，而意实以鲁、韩为胜乎？若云长者出而短者自废，则郑、荀、王、韩之《易》，贤于施、孟、梁邱；梅赜之书，贤于伏生、夏侯、欧阳；《韩诗外传》贤于《韩诗内传》；
《左氏》之杜预《注》贤于贾、服；而佚《书》十六篇，佚《礼》
七十篇，皆亡所当亡耶！至钱氏大昕据《孟子》'劳于王事，不得养
父母'，为孟子之用小序，《缁衣篇》'长民者衣服不贰，从容有常'，
为公孙尼子之用小序，则不如据《论语》'《关雎》乐而不淫，哀而不
伤'，为夫子用小序之为愈也。梅赜之伪古文书，其亦三代经传袭用
梅氏耶！郑氏其何说之辞！（卫宏续序，多剽取经传陈言，如'《关雎》
忧在进贤，不淫其色，哀窈窕，思贤才，而无伤善之心'，即穿凿
《论语》，龃龉诗义，何论其他！）马氏端临曰：'诗之见录者，必其
序说明白，而旨意可考；其删佚不录者，必其序说无传，旨意难考。'
如其言，是圣人折衷六艺，衡鉴贸然，惟以序说为去取。然《貍首》
《新宫》之属，当以序不明而置之矣；其所存二雅诸序，当必与礼乐
相表里，乃《大雅》正篇，莫一详其乐章之所用何耶！十三国之无正
风，与燕、蔡、莒、许、杞、薛之并无变风，既皆以序不明置之矣；
则所存诸国之序，当必可为诗史，乃《国风小序》，于史有世家者，
皆傅之恶谥，至魏、桧之史无世家者，则但以为刺其君其大夫，而无
一谥号世次之可傅会又何耶！其明白者安在！其出国史者安在！马氏
其何说之辞！姜氏炳璋曰：'汉四家诗，惟毛公出自子夏，渊源最古。
且《鲁颂传》引孟仲子之言，《丝衣序》别高子之言，《北山序》同孟
子之语，则又出于孟子；而大毛公亲为荀卿弟子，故《毛传》多用荀
子之言，非三家所及。'应之曰，《汉书·楚元王传》言浮邱伯传《鲁
诗》于荀卿，则亦出荀卿矣。《唐书》载《韩诗》卜商《序》，则亦出
子夏矣。《韩诗外传》高子问《载驰》之诗于孟子，孟子曰，有卫女
之志则可，无卫女之志则怠；且屡引七篇之文，则亦出孟子矣。《汉
书》曰'又有毛公之学，自言子夏所传'，自言云者，人不取信之辞
也。《释文》引徐整言子夏三传至帛妙子，帛妙子传河间人大毛公；
一云子夏五传至赵人孙卿子，孙卿子传鲁人大毛公；夫同一《毛诗》
传授源流，而姓名无一同，一以为出荀卿，一以为不出荀卿；一以为

河间人，一以为鲁人，展转傅会，安所据依，岂非《汉书》'自言子夏所传'一语，已发其覆乎？以视三家源流，孰传信！孰传疑！姜氏其何说之辞！"（其攻《传》者，可参阅《诗古微》本书，及皮锡瑞《诗经通论》，此不备录。）据此，姚氏谓大序出于卫宏，小序亦出于汉人；万斯同、崔述则但辨为宏作，而不分大小序，此一出入也。汝纶则辨大序非序，乃卫宏之序注而误入序文者，此又一出入也。然要可见卫宏与《诗序》关系最切，其他皆依托也。魏源意主发挥今文，表章三家，其着眼在《毛诗》全部，昔人但攻《序》而不攻《传》（王柏《诗疑》曾辨之而未畅厥旨）；源则攻《序》攻《传》，双斧齐下，惟此为另一问题，吾人宁能因《毛诗》之不可信，遂谓卫宏不作《毛诗》之《诗序》乎？近人陈延杰作《诗序解》，以诗言诗，不假序说，盖亦疑《诗序》平衍支蔓，必不出子夏、毛公，而为卫宏所附益也。

子贡诗传
申培诗说

以上二书，明丰坊伪撰。钱牧斋《列朝诗集》记丰坊曰："《子贡诗传》，即其伪撰也。"钱未及《诗说》耳。从未闻有《子贡诗传》；徒以孔子有"可与言诗"一语，遂附会为此，其诞妄固不必言。若申培者，《汉志》有《鲁故》《鲁说》，《隋志》云"《鲁诗》亡于西晋"，则亡佚久矣。坊之作此，名为二书，实则相辅而行，彼此互证，若合一辙；中多暗袭朱子《集传》以与《诗序》异者，又袭《诗序》为朱之所不辨者。其他自创，虽不无一二合理，然妄托古人以欺世，其罪大矣。嘉靖中，庐陵郭相奎家忽出此二书，以为得之香山黄佐；佐所得为晋虞喜于秘阁石本传摹者，故其书有篆隶诸体。坊善书，其所优为也。于是当时人几于一哄之市：张元平刻之成都，李本宁刻之白下，凌濛初为《传诗嫡冢》，邹忠彻为《诗传阐》，姚允恭为《传说合参》，使得以尽售其欺，可叹也夫！坊又自为《鲁诗世学》，专宗《诗说》，而间及于《传》意，以《说》之本于《传》也；又多引黄泰泉说，泰泉即佐，乃坊之师，有《诗经通解》行世，二书亦多与暗合，故谓出于佐家，以佐得见此二书，用其义为解也。其狡狯如此。坊又伪造魏正始石经《大学》。武林张氏订刻陶九成《说郛》，名曰《大学古本》，列之卷首。

【补证】

朱彝尊《经义考》论《诗传》曰："《子贡诗传》自汉迄宋，志艺文者，不著于录。嘉靖中，忽出于鄞人丰道生之家。取子夏所序三百十一篇悉紊其次：以《鹤鸣》先《鹿鸣》，于是四始乱矣。《何彼秾矣》，南也而入之风；《黄鸟》《我行其野》《无将大车》《采菉》《渐渐之石》《苕之华》《何草不黄》，雅也而入之风；《小弁》《抑》，大雅也而入之小雅；《定之方中》，风也而入之颂，于是六义乱矣。至于列国之风，移易错杂，雅颂亦然。又删去笙诗六篇之目。而且更《野有死麕》曰《野麕》，《简兮》曰《柬兮》，《东门之墠》曰《唐棣》，《还》曰《营》，《卢令》曰《庐令》，《遵大路》曰《大路》，《大叔于田》曰《太叔》，《山有扶苏》曰《扶胥》，《出其东门》曰《东门》，《兔爰》曰《有兔》，《菁菁者莪》曰《菁莪》，《皇皇者华》曰《煌华》，《圻父》曰《圻招》，《大东》曰《小东》，《信南山》曰《南山》，此亦有何关系，必求异于子夏所序之诗乎？（眉按：彝尊信《诗序》出于子夏固误；然就上所举；亦足证丰坊作伪求异之心理。）尤可怪者：《邶》《墉》《卫》诗虽分为三，然延陵季子来观乐曰：'我闻康叔、武公之德如是，是其卫风乎！'则同为《卫诗》矣；而乃以《邶》为管叔时诗，《廓》为霍叔时诗。又以《小雅》为《小正》，《大雅》为《大正》，《中庸》子思所作，而子贡反袭其言，窃'凡为天下国家有九经，修身则道立'以下十句，以说《小正》；窃

《大学》'心正而身修'四句以传《关雎》，陋矣哉！本欲伸己之诐辞邪说，而厚诬先贤，可谓妄人也已矣！"

毛奇龄《诗传诗说驳义》论《诗说》曰："申培鲁人，善说《诗》，故《汉书·儒林传》云，'言《诗》于鲁则申培公'，而《艺文志》亦云，'汉兴，鲁申公为《诗训故》'，则申培说《诗》，固自有据。但《传》又云，'申公独以《诗经》为训故以教，无传'，言第有口授，无传文也。则申公虽说《诗》而无传文。即《志》又云，所载《鲁诗》，有《鲁故》二十五卷，《鲁说》二十八卷。《隋志》亦云，小学有石经《鲁诗》六卷。则申公说《诗》，虽有传文，亦第名《鲁故》《鲁说》《鲁诗》，不名《诗说》。即谓《鲁说》即《诗说》，然《诗说》只二十四篇，无卷次，亦并非二十八卷与二十五卷六卷。况《隋志》又云，'《鲁诗》亡于西晋'，则虽有传文，而亦已亡之久矣。乃或者又曰，'《鲁诗》亡于西晋，则西晋后亡之固已；然安知西晋之所亡者，不即为明代之所出者耶？'则又不然：夫《鲁诗》至西晋始亡，则西晋以前，凡汉魏说《诗》有从《鲁诗》者，则必当与今说相合。乃汉魏以来说《诗》不一，例如汉杜钦云，佩玉晏鸣，《关雎》刺之，注云，此《鲁诗》也，今《诗说》所载，反剽窃匡衡所论，如云风诗之首，王化之基，曾不一云刺诗。如刘向《列女传》云，《燕燕》，夫人定姜之诗，或云此《鲁诗》，而《诗说》反袭毛、郑，为庄姜戴妫大归之诗。如此者不可胜数。则今之《诗说》，全非旧之《诗故》，居然可知。"

眉按：《诗传》《诗说》皆升《鲁》于《邶》《墉》之前，降《郑》于《邻》《曹》之后，其次第既一一吻合，而所解亦彼此互证；汉代传经，悉用隶书，此二书则皆用古篆，可见同出一手，不俟两辨。王士禄以《诗说》为别一妄人依傍《诗传》而作，非也。而邹忠允作《诗传阐》，独信《传》而斥《说》，强分朱碧，更属可笑。朱彝尊之跋《鲁诗世学》曰："《鲁诗》亡于西晋，自晋以后，孰得见之。其仅存可证者：洪丞相适《隶释》所载蔡邕残碑数篇，如河水清且涟漪作兮，不稼不穑作啬，坎坎伐轮兮作欿欿，三岁贯女作宦女，山有枢作蓲；此外素衣朱襮作绡，见《仪礼注》；伤如之何作阳，见《尔雅注》；艳妻扇方处作阎妻，中冓之言作中篝，见《汉书注》；而丰氏本则仍同《毛传》之文，是未睹《鲁诗》之文也。楚元王受《诗》于浮邱伯，刘向元王之后，故《新序》《说苑》《列女传》说《诗》，皆依《鲁故》，其义与《毛传》不同，而丰氏本无与诸诗合，是未详《鲁诗》之义也。至于《定之方中》为楚宫移入《鲁颂》；又移逸诗《唐棣之华》四句于《东门之墠》二章之前，而更篇名为《唐棣》；又增益《渐渐之石》辞曰：'马鸣萧萧，陟彼崖矣。月丽于箕，风扬沙矣。武人东征，不遑家矣。'肆逞其臆见，狎侮圣人之言。且虑己之作伪，未能取信于人，则又假托黄文裕佐作序。中间欲申《鲁说》而改易毛郑者，皆托诸文裕之言，排斥先儒，不遗余力。然文裕自有《诗传通解》行世，其自序略云：'汉兴，《鲁》《齐》《韩》三家列于学官，史称《鲁》最为近之。其后三家废而《毛诗》独行。世或泥于鲁为近一语，必欲宗之；然《鲁诗》今可考者，有曰佩玉晏鸣，《关雎》叹之，以为刺康王而作，固已异于孔子之言矣。又曰，驺虞掌鸟兽官，古有梁驺，天子之田也，文王事殷，岂可以天子言哉？其为《周南》《召南》首尾已谬至此。'以是观之，则文裕言诗，不主于《鲁》明矣。杨文懿著《诗秘钞》，改编《诗》之定次，文裕罪其师心僭妄，是岂肯尽弃其学，而甘心助丰氏之邪说乎？"彝尊是跋，以未睹《鲁诗》之文，未详《鲁诗》之义，攻丰坊二书之伪，足与《经义考驳义》相阐发。其与姚氏略异者，姚氏谓二书与《诗经通解》亦多暗合，彝尊则谓黄佐并非主《鲁诗》者。但二说亦可通，不主《鲁诗》者，亦岂无与《鲁诗》暗合处也？独怪丰坊欲伸《鲁诗》之说，则辑《鲁诗》之鳞爪而表扬之可耳。欲自创新义，则著论放言之可耳。乃必托之子贡，托之申培（子贡、申培授受源流，亦不可考），又托之远祖丰稷，托之丰庆、丰耘、丰熙，又撰《十三经训诂》以穿凿之（见《明史》坊本传），曾是不惮烦而以弋世学之美名，矜独得之秘传乎！且坊欲伸《鲁诗》之说，则于《鲁诗》宜若何博搜旁采，以弥缝其作伪之迹，乃于《汉书》《仪礼》《尔雅》等书之注亦未细读，留极大之罅漏而不觉，徒纷纷以多造撰人为能事，岂所谓心劳日拙者欤！抑果黄宗羲所谓"一官不得志，无所不寄其牢骚，至经传亦复为拊掌之资"欤！（见《南雷文定》三集卷二《丰南禺别传》）然当时受其欺者，除姚氏所举外，如沈守正之《诗经说通》，以伪《鲁诗》冠其书；林兆珂之《毛诗多识编》，亦兼采伪《传》伪《说》；何镗收之《汉魏丛书》；毛晋收之《津逮秘书》；康熙中，陆葇且信其三年之丧必三十六月之说，遭忧家居，阅二十七月而不出补官，其门人邱嘉穗载之《东山草堂迩言》中以为美谈：则甚矣能读书者之少也！

石经《大学》之伪造，当时巨公亦多为所惑，此不复辨。

周　　礼

出于西汉之末。予别有《通论》十卷，兹不更详。

【补证】

毛奇龄曰："《周礼》自非圣经，不特非周公所作，且并非孔孟以前之书。此与《仪礼》《礼记》皆同时杂出于周秦之间。此在稍有识者皆能言之。若实指某作，则自坐诬妄，又何足以论此书矣。"又曰："歆能伪作《周礼》，不能造为《周礼》出处踪迹以欺当世。假使河间献王不献《周礼》，成帝不诏向校理《周礼》（此马融之说，贾疏已辨之），歆可造此诸事，以欺同朝诸儒臣乎？且《景十三王传》云，'献王所献，皆古文先秦旧书，《周官》《尚书》《礼记》《孟子》《老子》之属，皆经传说记'。言有经即有传与说记也。此必非歆可预造其语者。乃考之《艺文》所志，在当时所有之书，则实有《周官经》

六篇,《周官传》四篇,此班氏所目睹也。此必非袭刘歆语也。使歆既为《经》,又复为《传》,此万无之事。藉曰有之,则伟哉刘歆,东西二汉,亦安有两!将所谓博而笃者,必不在《论庙》一篇书矣。且读书当有究竟,《艺文志》于《乐经》云,'六国之君,魏文侯最为好古,孝文时,得其乐人窦公上献其书,乃《周官》"大宗伯"之"大司乐"章也。'则在六国魏文侯时已有此书,其为春秋战国间人所作无疑,而谓是歆作可乎?且武帝好乐,亦尝以《周官经》定乐章矣。《艺文志》于窦公献乐章后,即云:'武帝时,河间献王好儒,与毛生等共采《周官》及诸子言乐事者,以作《乐记》。内史丞王定传之,以授常山王禹。禹,成帝时为谒者,献其书有二十四卷。刘向校书,得《乐记》二十三篇,与禹不同。'则在武帝朝,且有采《周官经》而为《乐记》者。此不止窦公献一篇,且必非歆行伪,于《周官经》六篇外,又作此二十四卷,断可知也。且《周官》之出,在东汉人即有诉其非《周礼》者,林孝存也。孝存以为武帝知《周官》为末世渎乱不验之书,摈斥不行,因作十论七难以排弃之。是辟此书者,亦且明明云汉武时早有此书,而效尤而兴者,反昧所从来,是攻膏肓而不解墨守曳兵之卒也。若夫《周礼》一书,出自战国,断断非周公所作,予岂不晓!然周制全亡,所赖以略见大意,只此《周礼》《仪礼》《礼记》三经。以其所见者虽不无参臆,而其为周制则尚居十七,此在有心古学,方护卫不暇,而欲进绝之,则饩羊尽亡矣。"(《经问》)

方苞曰:"凡疑《周官》为伪作者,非道听途说而未常一用其心,即粗用其心而未能究乎事理之实者也。然其间决不可信者实有数事焉:《周官》九职,贡物之外,别无所取于民,而'载师'职则曰'近郊十一,远郊二十而三,甸稍县都皆无过十二';市官所掌,惟廛布与罚布,而'廛人'之絘布总布质布,则增其三。夏秋二官,驱疫禬盅,攻貍蠹,去妖鸟,驱水虫,所以除民害,安物生,肃礼事也;而以戈击圹,以矢射神,以书方厌鸟,以牡橭象齿杀神,则荒诞而不经。若是者,揆之于理则不宜,验之于人心之同则不顺,然而经有是文何也？则莽与歆所窜入也。盖莽诵六艺以文奸言，而浚民之政，皆托于《周官》。其未篡也，既以公田口井布令，故既篡下书，不能遽变十一之说，而谓汉法名三十税一，实十税五，则其意居可知矣。故歆承其意而增窜'闾师'之文，以示《周官》之田赋，本不止于十一也。莽立山泽六筦，榷酒铸器，税众物以穷工商，故歆增窜'廛人'之文，以示《周官》征布之目，本如是其多也。莽好厌胜，妖妄愚诬，为天下讪笑，故歆增窜'方相''壶涿''矩蔟''庭氏'之文，以示圣人之法，固如是其多怪变也。夫歆颂莽之功，既曰'发得《周礼》，以明因监'，而公孙禄数歆之罪，又曰'颠倒五经，使学士疑惑'，则此数事者，乃莽与歆所窜入决矣。然犹夥数事之外，五官具全，圣人制作之意，昭如日星，其所伪托，按以经之本文而白黑可辨也。古者公田为居，井灶场圃取具焉，国赋所入，实八十亩。《孟子》及《春秋传》所谓十一，乃总计公私田数以为言。若周之赋法，不过岁入公田之谷，并无所谓十一之名也，又安从有二十而三与十二之道哉？'闾师'之法，通乎天下，又安有近郊远郊甸稍县都之别哉？'载师'职所以特举国宅园廛漆林，以田赋之外，地征惟此三者耳。今去近郊十一至无过十二之文，而'载师'职固辞备而义完矣。《周官》之田赋，更无可疑者矣。周之先世，关市无征，及公制六典，商则门征其货，贾则关市征其廛，盖以有职则宜有贡，又惧所获过赢，而民争逐末耳。'肆长'之敛总布，盖总一肆买赊官物所入之布而敛之，非别有是征也。若质布则本职无是，絘布则通经无是也。今去絘布质布总布之文，而'廛人'职固辞备而义完矣。《周官》之市征，更无可疑者矣。'方相氏'之索室驱疫也，'庭氏'之射妖鸟也，'矩蔟氏'之覆妖鸟之巢也，乃圣人明于幽明之故，而善除民惑也。害气时作，妖鸟夜鸣，人之所忌，其气焰足以召疾殃，故立为经常之法，俾王宫帅众而驱之，引弓而射之，则民志定，其气扬，而天厉自息矣。夫疫可驱也，而蒙熊皮，黄金四目，与莽之遣使负鳖持幢何异乎？卜得吉兆，以安先王之体魄，而入圹戈惊四隅以驱方良，与莽之令武士入高庙，拔剑四面提击何异乎？妖鸟之巢可覆也，而以方书日月星辰之号悬其巢，妖鸟之有形者可射也，不见其形而射其方，犹有说也，神之降不以德承焉，不以其物享焉，而射之可乎？水虫之怪可驱也，而其神可杀乎？神无形而有死，神死而渊可为陵，其诳耀天下，与莽之铸威斗，镌铜人膺文，桃汤赭鞭，鞭洒屋壁，异事而同情。今于‘方相氏’去‘蒙熊皮黄金四目’及‘大丧’以下之文，于‘菩蔟氏’去‘以方书’以下之文（覆其巢，则鸟自去矣。以方书悬巢上，是不覆其巢也。与上文显背），于‘壶涿氏’去‘若欲杀其神’以下之文，于‘庭氏’去‘若神也’以下之文，则四职固辞备而义完矣，其他更无可疑者矣。凡世儒所疑于《周官》者，切究其义，皆圣人运用天理之实；惟此数事，揆以制作之意，显然可辨其非真，而于莽事则皆若为之前辙而开其端兆，然则非歆之窜入而谁乎。”又曰：“‘媒士’仲春之月，大会男女，奔者不禁。近或为之说曰，‘是乃圣人之所以止佚淫而消斗辩也。每见甿庶之家，嫠者改适，猜衅丛生，变诈百出，由是而成狱讼者十四三焉；岂若天子之吏，以时会之，而听其相从于有司之前，可以称年材使各得其分愿哉？管子治齐，以掌媒合独，犹师其意，则斯乃民治之所宜也审矣。’呜呼，管子生政散民流之后，而姑为一切之法，是不可知；若成周之世，则安用此哉？自文王后妃之躬化，远蒸江汉，至周公作洛，道治政行，民知秉礼而度义也久矣。又况《周官》之法，冠昏之礼事，当正教之，比户之女功鬷是稽之，凡民之有邪恶者，虽未丽于法，而已坐诸嘉石，役诸司空，任诸州里，尚何怨旷阴私暴诈之敢作哉？管子合独之政，乃取鳏寡而官配之，若会焉而听其自奔，则虽乱国污吏，能布此为宪令乎？盖莽之法，私铸者伍坐，没入为官奴婢，传诣钟官者以十万数，至则易其夫妇，民人骇痛，故歆增窜‘媒士’之文，以示《周官》之法，官会男女而听相奔，则以罪没而易其夫妇，犹未为已甚也。莽之母死，而不欲为之服，歆与博士献议，《周礼》，‘王为诸侯缌衰，弁而加环绖，同姓则麻，异姓则葛’，今《周礼》‘司服’无‘弁而加环绖’三语，

则‘媒士’之文为歆所增窜也决矣。"（《望溪集》卷一《周官辨伪》）

康有为曰："《周官经》六篇，自西汉前未之见，《史记·儒林传》《河间献王传》无之，其说与《公》《谷》《孟子》《王制》今文博士皆相反，《莽传》所谓‘发得《周礼》，以明因监’，故与莽所更法立制略同，盖刘歆所伪传也。歆欲附成莽业而为此书，其伪群经，乃以证《周官》者，故歆之伪学，此书为首。自临孝存难之，何休以为战国阴谋之书，盖汉今文家犹知之；自马、郑尊之，康成以为《三礼》之首，自是盛行。苏绰、王安石施之为治，以毒天下。乃至大儒朱子，亦称为‘盛水不漏，非周公不能作’，为歆所谩甚矣！歆诸经，唯《周礼》早为人窥破，胡五峰、季本、万斯同辨之已详，姚际恒亦置之《古今伪书考》中矣。又按：贾公彦序《周礼》废兴，引《马融传》云：‘至孝成皇帝，达才通人刘向子歆校理秘书，始得列序，著于《录》《略》。时众儒以为非是，唯歆独识。其年尚幼，末年乃知其周公致太平之迹，弟子死丧，徒有河南缑氏杜子春尚在，永平之初，年且九十，能通其读，颇识其说。郑众、贾逵往受业焉。’云唯歆独识，众儒以为非是，事理可明，此为歆作《周官》最可见。其云向著录者，妄耳。或信以为真出刘向，且谓诟厉《周礼》为误周公致太平之迹，谓郑君取之为不以人废言，则受歆欺绐矣。盖歆为伪经，无事不力与今学相反，总集其成，则存《周官》。今学全出于孔子，古学皆托于周公，盖阳以周公居摄，佐莽之篡，而阴以周公抑孔子之学，此歆之罪不容诛者也。其本原出于《管子》及《戴记》。《管子·五行篇》曰：‘昔者黄帝得蚩尤而明于天道，得大常而察于地利，得奢龙而辨于东方，得祝融而辨于南方，得大封而辨于西方，得后土而辨于北方。黄帝得六相而天地治，神明至。蚩尤为学时，大常为廪者，奢龙为土师，祝融为司徒，大封为司马，后土为李。春者，土师也；夏者，司徒也；秋者，司马也；冬者，李也。’即为六官所自出。《曲礼》六太五官六府六工，亦其题也。《盛德篇》云：‘冢宰之官以成道，司徒之官以成德，宗伯之官以成仁，司马之官以成圣，司寇之官以成义，司空之官以成礼。是故天子御者，太史内史，左右手也。六官亦六辔也。天子三公合以执六官，均五政，齐五法，以御四者，故亦唯其所引而之，以之道则国治，以之德则国安，以之仁则国和，以之圣则国平，以之义则国成，以之礼则国定，此御政之体也。是故官属不理，分职不明，法政不一，百事失纪，曰乱也，乱则饬冢宰。地宜不殖，财物不蕃，万民饥寒，教训失道，风俗淫僻，百姓流亡，人民散败，曰危也，危则饬司徒。父子不亲，长幼无序，君臣上下相乖，曰不和也，不和则饬宗伯。贤能失官爵，功劳失赏禄，爵禄失则士卒疾怨，兵弱不用，曰不平也，不平则饬司马。刑罚不中，暴乱奸邪不胜，曰不成也，不成则饬司寇。百度不审，立事失理，财物失量，曰贫也，贫则饬司空。'《千乘篇》云：'司徒典春，司马司夏，司寇司秋，司空司冬。'《文王官人篇》云：'国则任贵，乡则任贞，官则任长，学则任师，族则任宗，家则任主，先则任贤。'《朝事篇》则几于全袭之。歆之所为，大率类是。歆既多见故书雅记，以故规模弥密，证据深通，后儒生长其下，安得不为所惑溺也？"（《新学伪经考》）

眉按：姚氏《通论》不可见。《周礼》一书，于诸经最为晚出。《史记》唯《封禅书》中有"周官"字；《汉书·艺文志》礼家著《周官经》六篇，《周官传》四篇；又言孝文时，窦公献《周官》"大宗伯"之"大司乐"章；武帝时，河间献王与毛生等共采《周官》及诸子言乐事者，以作《乐记》；而《景十三王传》言河间献王所得古文先秦旧书，即《周官》《尚书》之属；《平帝纪》征天下通知逸经古记、天文历算、钟律小学、史篇方术、《本草》及以《五经》《论语》《孝经》《尔雅》教授者，虽不及《周官》，而《王莽传》仍及之。然《周礼》字，则仅见于《莽传》，莽母功显君死，刘歆与博士诸儒七十八人议其服，中有"发得《周礼》，以明因监"及《周礼》曰，"王为诸侯缌缞，弁而加环绖，同姓则麻，异姓则葛"之语。荀悦《前汉纪·孝成皇帝纪》：刘歆以《周官》十六篇为《周礼》，王莽时，歆奏以为博士。《后汉书·郑玄传》：玄从东郡张恭祖受《周官》《礼记》《左氏春秋》《韩诗》《古文尚书》，尝著《答临孝存周礼难》。《儒林传》：孔安国所献《礼古经》五十六篇，及《周官经》六篇，前世传其书，未有名家。又言中兴郑众传《周官经》，后马融作《周官传》授郑玄，玄作《周官注》。盖唐以前人述《周礼》传授源流者止此。玄注《周礼》"惟王建国"句云："周公居摄而作六典之职，谓之《周礼》。营邑于土中，七年，致政成王，以此礼授之，使居雒邑治天下。"是则以《周官》为《周礼》，乃出刘歆，以《周礼》为周公作，始见于郑《注》，前此固未有言《周礼》为周公作者。自宋以来，疑之者多。张载、程颐并云有末世增入者。苏辙以论周公而大畅其说曰："言周公之所以治周者，莫详于《周礼》，然以吾观之，秦汉诸儒以意损益之者众矣，非周公之完书也。何以言之？周之西都，今之关中也，其东都，今之洛阳也。二都居北山之阳，南山之阴，其他东西长，南北短，短长相补，不过千里，古今一也。而《周礼》王畿之大，四方相距千里，如画棋局，近郊远郊，甸地稍地，大都小郡，相距皆百里，千里之方地，实无所容之，故其畿内远近诸法，类皆空言耳。此《周礼》之不可信者一也。《书》称武王克商而反商政，列爵惟五，分土惟三，故《孟子》曰：'天子之制，地方千里，公侯百里，伯七十里，子男五十里，不能五十里，不达于天子，附于诸侯曰附庸。'郑子产亦云，古之言封建者盖若是。而《周礼》，诸公地方五百里，诸侯四百里，诸伯三百里，诸子二百里，诸男百里，与古说异。郑氏知其不可而为之说曰：'商爵三等，武王增以子男，其地犹因商之故，周公斥大九州，始皆益之，如《周官》之法。于是千乘之赋，自一成十里而出车一乘，千乘而千成，非公侯之国无以受之。'吾窃笑之，武王封之，周公大之，其势必有所并，并必有所徙，一公之封，而子男之国为之徙者十有六，封数大国，而天下尽扰，此书生之论，而有国者不为也。传有之曰，方里而井，十井为乘，故十里之邑而百乘，百里而千乘，千里之国而万乘，古之道也。不然，百乘之家为方百里，万乘之国为方数圻矣，古无是也。语曰，千乘之国，摄乎大国之间。千乘虽古之大国，而于衰周为小，然孔子犹曰'安见方六七十如五六十而非邦也者'，然则虽衰周列国之强家，犹有不及五十里者矣。韩氏羊舌氏，晋大夫也。其家赋九县，长毂九百，其余四十县，遗守四千，谓一县而百乘则可，谓一县而百里则不可。此《周礼》之不可信者二也。王畿之内，公邑为井田，乡遂为沟洫，此二者，一夫而受田百亩，五口而一夫为役，百亩而税之十一，举无异也。然而井田自一井而上，至于一同而方百里，其所以通水之利者，沟洫浍三。沟洫之制，至于万夫，方三十二里有半，其所以通水之利者，遂沟洫浍川五，利害同而法制异，为地少而用力博，此亦有国者之所不为也。楚芀掩为司马，町原防，井衍沃，盖平川广泽可以为井者井之，原阜堤防之间，狭不可井，则町之为小顷。町，杜预以町皆因地以制广狭多少之异，井田沟洫，盖亦然耳。非公邑必为井田，而乡遂必为沟洫。此《周礼》之不可信者三也。三者既不可信，则凡《周礼》之诡异远于人情者，皆不足信也。古之圣人，因事立法以便人者有矣，未有立法以强人者也。立法以强人，此迂儒之所以乱天下也。"（《栾城后集》卷七）立法强人以乱天下，辙意盖指王安石。其后胡宏、洪迈、包恢等，并推而上之，集矢于刘歆（恢撰《六官疑辨》，已佚）方苞承之，历指某节某句为刘歆所窜益，至康有为乃悍然断为刘歆伪撰。按毛奇龄谓："刘歆不能造为《周礼》出处踪迹，以欺当世"，《四库提要》亦谓"作伪者必剽取旧文，借真者以实其赝，《古文尚书》是也。刘歆宗《左传》，而《左传》所云礼经，皆不见于《周礼》；《仪礼》十七篇皆在《七略》所载古经七十篇中，《礼记》四十九篇，亦在刘向所录二百十四篇中；而《仪礼·聘礼》宾行饔饩之物，禾米刍薪之数，笾豆簠簋之实，铏壶鼎瓮之列，与'掌客'之文不同，又《大射礼》天子诸侯侯数侯制，与《司射》之文不同。《礼记·杂记》载子男执圭，与'典瑞'之文不同，《礼器》天子诸侯席数，与'司几筵'之文不同。如斯之类，与二礼多相矛盾，歆果赝托周公为此书，何难牵就其文，使与经传相合，以相证验，而必留此异同，以启后人之攻击？然则《周礼》一书，不尽原文，而非出依托，可概睹矣。"则康说不足凭（符定一撰《新学伪经考驳谊》，意在驳康说以护古学，亦不足凭）。万斯大撰《周官辨非》，取其不合于《五经》《论》《孟》者辨之，凡五十余节；崔述称此书条理详备，诚有可观，然其说多出于后人臆度，非周公所作周一代之制。（见《丰镐考信录》）而汪中《述学内篇·周官征文》，则以六征明《周官》与诸书合。盖汪氏见其合，而不知其所以合，万、崔二氏见其不合，而亦未知其所以不合。窃谓《周礼》实为中国前代政治家理想中之建国方略。其书非一人一时之笔，且必有一思致缜密之政治家集其大成，惟不能决定其始于何人，终于何人。要之春秋以前决不能孕此钜制，可断言也。黄遵宪曰："世儒议《周官》或真或伪，纷如聚讼。其诋之尤力者，则曰刘歆以媚莽，苏绰以乱周，王安石以误宋，一若苍姬六典，苟袭其说，必贻乱阶者。夫莽之矫揉造作，侮圣蔑经，不足论矣。宇文氏特借《周官》官号以粉饰治具耳，于国之治乱无与也。若夫荆公当北宋积弱以后，慨然欲济以富强，又恐富强之说为儒者所排击，于是附会经义，以间执儒者之口，其误宋也，乃借《周礼》以坚其说，并非信《周礼》而欲行其道也。然而世之论者，纷纷集矢于经矣。宋欧阳公者，号知治体，其论《周礼》，谓六官之属，见于经者，五万余人，而间里县啬之长，军师卒伍之徒，仍不与焉。王畿千里之地，为田几井，容民几家，王官王族之国邑几数，民之贡赋几何，而又容五万者于其间，其人不耕而赋，将何以给之？则疑其设官之繁若此。或者申其说，又谓《周礼》举市廛门关、山林川泽，所有鸟兽鱼鳖、草木玉石，一切货贿之属，莫不设之厉禁而尽征之，入市有税，入门有税，入关有税，辟而不入，则没入之，地所从产，又官守而以时入之，是则天之所生，地之所长，人之所养，俱入朝廷，不留一丝毫之利以予民，虽王莽之虐，恐其力亦不能悉如书中所载，以尽行其厉民之事，则又疑其赋敛之重如彼。然以观于泰西各国，其设官之繁，赋敛之重，莫不如是，而其国号称平治者，盖举一国之财，治一国之事，仍散之一国之民，故上无邕财，国无废政，而民亦无游手，然则一切货贿之税，即以养此五万余人，以是知《周礼》固不容疑也。泰西自罗马一统以来，二千余年；具有本末，其设官立政，未必悉本于《周礼》，而其官无清浊之分，无内外之别，无文武之异，其分职施治，有条不紊，极之至纤至悉，无所不到，竟一一同于《周礼》；乃至卝人之司金锡，林衡之司材木，匡人撣人之达法则，诵王志，为秦汉以下所无之官，而亦与《周礼》符合，何其奇也！朱子谓《周官》如一桶水，点滴不漏，盖综其全体，考其条目，而圣人制作之精意乃出，苟执其图便己私之说，以贻误责《周礼》，《周礼》不任受过也。"（《日本职官志序》）孙诒让亦曰："粤昔周公缵文武之志，光辅成王，宅中作雒，爰述官政，以垂成宪，有周一代之典，炳然大备，然非徒周一代之典也；盖自黄帝、颛顼以来，纪于民事以命官，更历八代，斟酌损益，因袭积累，以集于文武，其经世大法，咸萃于是。故虽古籍沦佚，百不存一，而其政典沿革，犹约略可考：如《虞书》羲和四子为六官之权舆；《甘誓》六卿为夏法；《曲礼》六大五官，郑君以为殷制，咸与此经多相符会，是职名之本于古也。至其宏章缛典，并苞远古，则如五礼六乐三兆三易之属，咸肇端于五帝，而放于二王，以逮职方州服，兼综四朝，大史岁年，通晐三统，若斯之类，不可殚举。盖鸿荒以降，文明日启，其为治靡不始于粗粗而渐进于精详。此经上承百王，集其善而革其弊，盖尤精详之至者。故其治跻于盛太平之域。作者之圣，述者之明，蟠际天地，经纬万端，究其条绪，咸有原本，是岂皆周公所臆定而手创之哉？其闳意眇旨，通关常变，榷其大较，要不越政教二科：政则自典法刑礼诸大端外，凡王后世子燕游羞服之细，嫔御阉阍之昵，咸隶于治官，宫府一体，天子不以自私也。而若国危国迁立君等非常大故，无不曲为之制，豫为之防。三询之朝，自卿大夫以逮万民，咸造在王庭，与决大议。又有匡人撣人大小行人掌交之属，巡行邦国，通上下之志，而小行人献五物之书，王以周知天下之故，大司寇大仆树肺石，建路鼓，以达穷遽。

诵训土训夹王车，道图志，以诏观事辨物，所以宣上德而通下情者，无所不至，君民上下之间，若会四枝百脉而达于胸，无或雍阂而弗畅也。其为教，则国有大学小学，自王世子公卿大夫士之子，众夫邦国所贡，乡遂所进，贤能之士咸造焉；旁及宿卫士庶子六军之士，亦皆辈作辈学，以德行道艺相切劘。乡遂则有乡学六，州学三十，党学百有五十，遂之属别如乡，盖郊甸之内，距王城不过二百里，其为学辜较已三百七十有奇，而郊里及甸公邑之学尚不与此数，推之郎县置之公邑采邑，远及于畿外邦国，其学盖十百倍蓰于是，无虑大数，九州之内，意当有学数万，信乎教典之详，殆莫能尚矣。其政教之备如是。故以四海之大，无不受职之民，无不造学之士，不学而无职者，则有罢民之刑。贤秀挟其才能，愚贱贡其忧悃，咸得以自通于上，于以致纯太平之治，岂偶然哉！此经在西周盛时，盖百官府咸分秉其官法以为司存，而大宰执其总会，司会天府大史藏其副贰；成康既没，昭夷失德，陵迟以极于幽厉之乱，平之东迁，而周公之大经良法，荡灭殆尽；然其典册散在官府者，世或犹遵守勿替，虽更七雄去籍之后，而齐威王将司马穰苴尚推明《司马法》为兵家职志，魏文侯乐人窦公犹裒《大司乐》一经于兵火丧乱之余。他如朝事之义，大行之赞，述于大小《戴记》，《职方》之篇，列于《周书》者，咸其枝流之未尽澌灭者也。其全书经秦火而几亡。汉兴，景武之间，五篇之经，复出于河间，而旋入于秘府，西京礼家大师，多未之见。至刘歆、杜子春始通其章句，著之竹帛，三郑贾马诸儒，赓续诠释，其学大兴。而儒者以其古文晚出，犹疑信参半。今文经师何休、临硕之伦，相与摈斥之，唐赵匡陆淳以逮宋元诸儒，訾议之者尤众，或谓战国渎乱不经之书，或谓莽歆所增傅。其论大都逞臆不经，学者率知其谬，而其抵巇索瘢，至今未已者，则以巧词邪说附托者之为经累也。盖秦汉以后，圣哲之绪，旷绝不续，此经虽存，莫能通之于治。刘歆、苏绰托之以佐王氏、宇文氏之篡，而卒以踣其祚；李林甫托之以修《六典》而唐乱；王安石托之以行新法而宋亦乱：彼以其诡谲之心，刻核之政，偷效于旦夕，校利于黍秒，而谬托于古经以自文，上以诬其君，下以敔天下之口，不探其本而饰其末，其侥幸一试，不旋踵而溃败不可振，不其宜哉！而惩之者遂以为此经诟病，即一二闳揽之士，亦疑古之政教不可施于今，是皆胶柱锲舟之见也。夫古今者，积世积年而成之者也。日月与行星，相摄相绕，天地之运犹是也。圆颅而方趾，横目而直干，人之性犹是也。所异者其治之迹与礼俗之习已耳。故画井而居，乘车而战，裂壤而封建，计夫而授田，今之势必不能行也，而古人行之。祭则坐孙而拜献之以为王父尸，昏则以姪娣媵而从姑姊，坐则席地，行则立乘，今之情必不能安也，而古人安之，凡此皆迹也习也。沿袭之久而无害，则相与遵循之；久而有所不安，则相与变革之，无勿可也。且古人之迹与习，亦有至今不变者：日月与地行同度，则相掩蚀，地气之烝荡，则为风雨，人之所稔知也，而薄蚀则拜跪而救之，湛旱则号呼而祈之，古人以为文，至今无改也。枕敔拊搏，无当于铿锵之韵，血腥全烝，无当于饮食之道，而今之大祀，犹沿而不废。然则古人之迹与习，不必皆协于事理之实，而于人无所厌恶，则亦相与守其故常，千百岁而无变；彼夫政教之闳意眇恉，固将贯百王而不敝，而岂有古今之异哉！今泰西之强国，其为治非尝稽核于周公、成王之典法也，而其所为政教者，务博议而广学，以众通道路严追胥化土物矿之属，咸与此经冥符而遥契；盖政教修明，则以致富强若操左券，固寰宇之通理，放之四海而皆准者，此又古政教必可行于今者之明效大验也。"（《周礼正义序》）又曰："中国开化四千年，而文明之盛，莫尚于周，故《周礼》一经，政法之精详，与今泰东西诸国所以致富强者若合符契。然则华盛顿、拿破仑、卢梭、斯密亚丹之伦所经营而讲贯，今人所指为西政之最新者，吾二千年前之旧政已发其端。吾政教不修，失其故步，而荐绅先生咸茫昧而莫知其原，是亦缀学者之耻也。"（《周礼政要序》）孙、黄之辨《周礼》，意在援一中国之古书，比附东西诸国近代之政治，晚清学者当新旧激荡之际，多有此等搬运家世之论调，未足以言读书之识；然《周礼》本身价值，实有如孙、黄所言者，故揭二氏之语于此，以示与其他浅驳之伪书不同。且余以为孙、黄忘时代之差异，辨此书为周公所作，推重愈甚，则晚出之说亦愈觉有力，以彼之矛，陷彼之盾，转足为此书不伪而伪之显证耳。

大戴礼

陈直斋曰："汉信都王太傅戴德，九江太守圣，皆受礼于后苍。汉初以来，迄于刘向校定中书，诸家所记殆数百篇。戴德删其繁重，为八十五篇。圣又删为四十九篇。相传如此。今小戴之书行于世，而大戴之书止此。篇第自三十九而下，止于八十一，前阙三十八篇，末阙四篇，中间又有阙有重。意其阙者即圣所删耶？然《哀公问》《投壶》二篇，与今《礼记》文不异；他亦间有同者。《保傅篇》，世言贾谊书所从出也；今考《礼察篇》'汤武秦定取舍'一则，尽出谊疏中，反若取谊语劗入其中者。《公符篇》至录汉昭帝冠辞。则此书殆后人好事者采获诸书为之，故驳杂不经，决非戴德本书也。题'九江太守戴德撰'，九江太守乃戴圣所历官，尤非是。"（予前作《古文尚书通论》，其中辨《大戴记》非本书，乃后人之伪，未见直斋此论也。今从《通考》中阅之，正相合。）

【补证】

眉按：《隋书·经籍志》曰："汉初，河间献王得仲尼弟子及后学者所记一百三十一篇献之。时亦无传之者。至刘向考校经籍，检得一百三十篇，向因第而叙之，而又得《明堂阴阳记》《孔子三朝记》王氏史氏《记》《乐记》凡五种，合二百十四篇。戴德删其烦重，合而记之，为八十五篇，谓之《大戴记》。而戴圣又删大戴之书为四十六篇，谓之《小戴记》。汉末，马融遂传小戴之学。融又足

《月令》一篇，《明堂位》一篇，《乐记》一篇，合四十九篇。"陆德明《释文序录》引陈邵《周礼论序》曰："戴德删古礼二百四篇为八十五篇，谓之《大戴礼》。戴圣删《大戴礼》为四十九篇，是为《小戴礼》。"韩元吉《大戴礼记序》曰："《大戴礼》十三卷，总四十篇。《隋志》所载亦十三卷，而《夏小正》别为卷。《唐志》但云十三卷，而无《夏小正》之别矣。《崇文总目》则十卷，而云三十五篇，无诸本可正定也。其缺者或既逸，其不见者抑圣所取者也。然《哀公问》《投壶》二篇，与小戴书无甚异；《礼察篇》与《经解》亦同；《曾子大孝篇》与《祭义》相似，则圣已取之篇，岂其文无所删者也。《劝学》《礼三本》见于荀卿子，至取舍之说及《保傅》，则见于贾谊疏，间与经子同者，尚多有之。"戴震《大戴礼记·目录后语》曰："郑康成《六艺论》曰'戴德传记八十五篇'，《隋书·经籍志》曰'《大戴礼记》十三卷，汉信都王太傅戴德撰'，今是书传本卷数与《隋志》合，而亡者四十六篇，《隋志》言'戴圣删大戴之书为四十六篇，谓之《小戴记》'，殆因所亡篇数，傅合为是言欤？其存者《哀公问》及《投壶》，《小戴记》亦列此二篇，则不在删之数矣。他如《曾子大孝篇》见于《祭义》，《诸侯衅庙》见于《杂记》，《朝事篇》自聘礼至诸侯务焉，见于《聘义》，《本命篇》自有恩有义至圣人因教以制节，见于《丧服四制》，凡大小戴两见者，文字多异。《隋志》以前，未有谓小戴删大戴之书者，则《隋志》不足据也。"钱大昕《汉书艺文志考异》曰："按郑康成《六艺论》云'戴德传记八十五篇，戴圣传记四十九篇'，此云百三十一篇者，合大小戴所传而言。《小戴记》四十九篇，《曲礼》《檀弓》《杂记》皆以简策重多，分为上下，实止四十六篇。合大戴之八十五篇，正协百三十一之数。谓大戴删古礼二百四篇为八十五篇，小戴又删为四十九篇，其说始于晋司空长史陈邵，而陆德明引之，《隋志》又附益之，然《汉书》无其事，不足信也。"又跋《大戴礼记》曰："今此书与小戴略同者凡六篇，可证其非删取之余。"陈寿祺《左海经辨》曰："《礼记正义》引《六艺论》

云：'戴德传记八十五篇，则《大戴礼》是也；戴圣传记四十九篇，则此《礼记》是也。'寿祺案：二戴所传记，《汉志》不别出，以其具于百三十一篇记中也。《乐记正义》引《别录》有《礼记》四十九篇，此即小戴所传；则大戴之八十五篇，亦必存其目，盖《别录》兼载诸家之本，视《汉志》为详矣。"又曰："二戴、庆氏皆后苍弟子，恶得谓小戴删大戴之书耶？"又曰："二戴于百三十一篇之说，各以意断取，异同参差，不必此之所弃，即彼之所录也。"余谓戴震、钱大昕、陈寿祺不信小戴删大戴之说是也；其信今本《大戴礼记》为戴德残书则非也。郑康成《六艺论》之言，以先后论之，当较陈邵之言为可信，康成不云删，而陈邵独云删，意康成以后，隋唐以前，已有一篇卷较少之《大戴》伪本，与《小戴》并行，并托为小戴所删（《隋志》，《大戴礼记》十三卷，戴德撰。《礼记》二十卷，戴圣撰），故陈邵云然耳。然今本《大戴礼记》，则又唐以来所伪托。《卫将军文子篇》"德恭而行信，终日言不在尤之内，在尤之外，贫而乐也，盖老莱子之行也"一段，司马贞《史记·仲尼弟子列传索隐》引《大戴记》作"蹈忠而行信，终日言不在尤之内，国无道，处贱不闷，贫而能乐，盖老莱子之行"，恰与今本《家语》同。此可证今本《大戴礼记》，非司马贞所见之本；又可证司马贞所见之本，乃王肃以后人所伪托也。《索隐》又曰："戴德撰礼，号曰《大戴礼》，合八十五篇。其四十七篇亡，今存者三十八篇。"则《夏小正》一篇，亦司马贞后始窜入。若《盛德篇》后之《明堂篇》题，盖由宋人窜入，《四库提要》已辨之矣。至于孝昭冠辞，乃《博物记》语，刘昭《后汉书·礼仪志注》所引较备，作伪者删取入篇，尤为卤莽可笑。要之其书踳驳太甚，伪托不俟多辨，史绳祖谓其"杂取《家语》子史之书，分析而为篇目"（《学斋占毕》卷四"成王冠颂"条），最得其实。顾实《汉书艺文志讲疏》欲以《尔雅》二十篇，与王仁俊《礼记篇目考》所考得之佚篇，合成《大戴礼记》所佚四十六篇之目；不知今本篇目，既系杂凑而成，则佚篇又安能恰符其数？且《礼》有《尔雅》之说，臧庸《拜经日记》、陈寿祺《左海经辨》，不过据张揖上《广雅》表中"叔孙通撰置《礼记》"语耳；然《汉志》礼家不及叔孙通，则张揖所言，岂足据哉！

孝　经

《汉志》曰："汉兴，长孙氏，博士江翁，少府后仓，谏大夫翼奉，安昌侯张禹传之。"《隋志》曰："遭秦焚书，为河间人颜芝所藏。汉初，芝子贞出之，凡十八章；而长孙氏、江翁、后仓、翼奉、张禹皆名其学。"按：是书来历出于汉儒，不惟非孔子作，并非周秦之言也。其《三才章》"夫孝，天之经"至"因地之义"，袭《左传》子太叔述子产之言，惟易礼字为孝字。《圣治章》"以顺则逆"至"凶德"，袭《左传》季文子对鲁宣公之言。"君子则不然"以下，袭《左传》北宫文子论仪之言。《事君章》"进思尽忠"二语，袭《左传》士贞子谏晋景公之言。《左传》自张禹所传后，始渐行于世；则《孝经》者，盖其时之人所为也。勘其文义，绝类《戴记》中诸篇，如《曾子问》《哀公问》《仲尼燕居》《孔子闲居》之类，同为汉儒之作。后儒以其言孝，特为撮出，因名以《孝经》耳。按：诸经古不系以经字，惟曰《易》曰《诗》曰《书》，其经字乃俗所加也。此名《孝经》，自可知非古；若去经字，又非如《易》《诗》《书》之可以一字名者矣。班固似亦知之，曰："夫孝，天之经，地之义，民之行也。举大者言，故曰《孝经》。"此曲说也。安有取"天之经"经字，配孝字以名书，而遗去天字，且遗去"地之义"诸句之字者乎？书名取章首之字或有之，况此又为第七章中语耶？至谓孔子所作，本不必辨；今姑以数端言之：篇首云"仲尼居"，便非自作矣。又《论语》，曾子曰："吾闻诸夫子，人未有自致者也，必也亲丧乎？"向称曾子志存孝道，故孔子授以《孝经》；则此二语，曾子亲述其闻者，何以反见遗乎？又孔子曰："事父母几谏，见志不从，又敬不违，劳而不怨。"多少低徊曲折！今《谏争章》云："父有争子，故当不义，子不可不争于父；从父之令，焉得为孝！"又何其径直而且伤于激也？其言绝不伦类。孟子曰"父子之间不责善"，此深合天理人情之言。使此为孔子言，孟子岂与之相异如是耶！朱仲晦亦尝疑之，而作《孝经刊误》。然疑信相参，妄以意分经传，皆附会牵合。其不能牵合者，则曰："此不解经，别发一义"，可笑也。其论文义，如谓"《三才章》用《左传》易礼为孝，文势反不若彼之贯通，条目反不若彼之完备，明是此袭彼，非彼袭此也"。又谓："先王见教之可以化民，与上文不相属；故温公改教为孝，乃得粗通。然谓圣人见孝可以化民而后以身先之，于理又已悖矣；况先之以博爱，亦非立爱惟亲之序，若之何能使民不遗其亲耶？"此数处辩驳皆是，可以参观。至于移易其文，实以本文原自重复，及不连接，非脱误也。又据称"衡山胡侍郎疑《孝经》引诗，非经本文（所引实本文也）；玉山汪端明亦以此书多出后人附会"。是胡也，汪也，朱也，固尝疑之若此矣，非自予始也。予著《通论》止九经，其别伪类不及《孝经》，故特著于是焉。又归熙甫曰："昔孔子尝不对或人之问禘矣，其言明王之以孝治天下，至于刑四海，事天地，言大而理约，意所以告曾子者如此哉？虽然，其书非孔氏之旧也。宋元大儒，其所去者是矣，而所存者亦未必孔氏之旧也。"其言盖亦遵朱及吴临川之意云。

【补证】

眉按：《孝经》有古文今文之争：今文《孝经》十八章，谓河间人颜芝所藏，而芝子贞出之者。传之者有长孙、江、后、翼四家。古文《孝经》二十二章，谓系孔安国本，孔氏壁中所藏，孝昭时鲁国三老所献，建武时议郎卫宏所授，皆口传，官无其说。（见《说文》许冲所上书）至隋开皇十四年，秘书学生王逸得古文本于市人，刘炫校定之，著《稽疑》一篇，以为《孔传》复出，当时俱哗其伪。（宋翔凤曰："唐司马贞议云，古文二十二章，中朝遂亡其本，近儒欲崇古学，妄作此传，假称孔氏，穿凿更改，又作《闺门》一章，刘炫诡随，妄称其善。且《闺门》之义，近俗之语，必非宣尼正说。按其文云：'闺门之内，具礼矣乎，严父严兄，妻子臣妾，由百姓徒役也'，是比妻子于徒役。文句凡鄙，不合经典。按司马氏驳《闺门》之义甚当。况《孝经》已云：'治家者不敢失于臣妾，而况于妻子乎？'是以妻子亲于臣妾，兹又以妻子臣妾并举，而比于百姓徒役。且百姓，百官也，即臣之类，岂可侪于徒役？圣人必无是言。"（见《过庭录》卷十）唐开元七年，史官刘子玄请行《孔传》而废《郑注》。郑即郑玄。南齐陆澄与王俭书曰："世有一《孝经》，题为郑玄注。观其用辞，不与注书相类。案玄自序所注众书，亦无《孝经》。"（《南齐书·陆澄传》）子玄更伸其说，辨《郑注》有十谬七惑（《国史志》谓郑氏乃玄之孙小同，非玄也）而当时儒者亦尽非子玄。元宗因纂诸说自注，卒以十八章为定，是为石台《孝经》，而古文遂废。宋咸平中，诏邢昺、杜镐等依以为讲义。司马光撰《孝经指解》，又尊古文而诋今文。朱熹乃参合古今文撰《孝经刊误》，自以意分经传。而元吴澄又斥古文之伪，因朱熹《刊误》，多所更定。此《孝经》今古文争之大概也。汪绂《孝经章句自序》，谓："《孝经》之有今文古文之异，非若河汉之绝不相侔，又非有如伪《泰誓》《九共》之书之渺然无据也。所异同者，不过分章之多寡，简策之先后，字句之增减已耳。至经传之混淆，引援之失类，其失略等。"则承朱熹《刊误》之说，而欲调和于今古文之间耳。故又曰："今文得之记忆传写，不能无遗忘错乱，故伏胜今文《尚书》，只得二十七篇，而《孝经》无《闺门章》，实出于遗忘也。古文藏之孔壁百有余年，至鲁共王坏孔氏宅而后出之，则简编之序，又安能尽无错乱朽败；而儒者之校订，又未必不以己意挪移补缀于其间，则古文亦有未尽得其实者矣。朱子因古文《孝经》而定刊误之本，此亦非独信古文，而实斟酌于今文古文之间，删其傅会，去其支离，定其经纬，通其脉络，此千古折衷之大衡也。"（《孝经或问》）然究其实，朱熹一无所挟，凭臆删定，吾人亦何能信其所折衷者之必是？姚氏悍然斥之为附会牵合，良非过当。杨椿《读孝经》曰："余读《孝经》，知非孔氏全书，盖汉晋诸儒剽窃为之者。何也？其中名言至理颇多；游辞晦语，浮而不实，泛而不切者，亦有之。又其甚者：孝一而已，乃分之为五，曰，天子之孝，诸侯之孝，卿大夫之孝，士之孝，庶人之孝。所分又俱未的，诸侯之孝曰，在上不骄，制节谨度，天子卿大夫非在上者乎？又孰可骄乎？可不制节谨度乎？卿大夫之孝曰，非法不言，非道不行。上而天子诸侯，下而士庶人，言可非法，行可非道乎？自天子至于庶人，父母同也，自诸侯以下，君父同也。士之孝曰，资于事父以事母而爱同，资于事父以事君而敬同，故母取其爱而君取其敬，兼之者父也，将母有不敬并不爱，君有不爱并不敬者乎？其它傅会《诗》《书》，好言后效，裂取成文，强加装缀，诚有如朱子所讥者，盖微特不如《论语》之言孝，且与《大戴记》《曾子》诸篇迥别矣。"（《孟邻堂文钞》卷六）姚舜牧撰《孝经疑问》曰："至德要道，天经地义，昭如日星，何复可疑，而何俟于问？所可疑者：谓'母取其爱，君取其敬'等语之未必出于孔氏也；谓'则天之经'以下等语之类于汉儒也；谓'先之以博爱'以下等语之多纷杂也；谓所引'赫赫师尹，民具尔瞻'之语之不亲切也；谓'以顺则逆'以下等语，杂取《左传》所载季文子之言，朱子所谓并宜删去者也；又谓《开宗明义》何以名章也？又谓'天经''地义''民行'何以名章也？又谓至德、要道本同一理，何以云《广要道》《广至德》之分割也？又谓'行成于内，而名立于外'，何以云《广扬名》也？诸如此类，大有可疑，而必待问焉。"此皆因刊误而广其说，要不出刊误范围，非敢疑其书之为全伪也。姚姬传曰："《孝经》非孔子所为书也。而义出于孔氏，盖曾子之徒所述者耳。朱子疑焉，为之刊误。夫古经传远，诚不能无误也；然朱子所刊，亦已甚耳。夫其书有不可通者，非本书之失，后人离合其章者之过，而文有讹失，不能明也。若其辞有同于《左传》者，盖此固曾氏之书，而《左传》传自曾申，刘向《别录》记之矣；意或为传时取辞于是，未可知也。不幸《孝经》之文，讹脱不具，朱子觉此文义之不完，反不如《左氏》之可通，遂疑为袭《左氏》也。其病亦由混合为章者过也。德行之儒，或疏于辞，若《坊记》《表记》《缁衣》之类，每一言毕，辄引《诗》《书》文以证之，间有不甚比附而强取者矣，亦洙泗间儒者之习然也。子思、孟子然后不为是习，至荀子则亦有之矣。《孝经》引《诗》《书》，亦颇有然。知其取义有疏密则可耳；而节去之，恐未可也。"（《孝经刊误书后》）此则并朱熹所疑者而不敢疑，亦太怯矣。余谓其文不若《左传》之可通，则袭《左传》复何疑？且不特袭《左传》也：《孟子》曰"子服尧之服，诵尧之言，行尧之行"，《孝经》袭之而为"非先王之法服不敢服，非先王之法言不敢道，非先王之德行不敢行"等语。《孝经·天子章》曰"刑于四海"，《诸侯章》曰"保其社稷"，《卿大夫章》曰"守其宗庙"，《庶人章》曰"谨身"，亦袭《孟子》"天子不仁，不保四海，诸侯不仁，不保社稷，卿大夫不仁，不保宗庙，士庶人不仁，不保四体"之意。陈澧乃因是谓"《孟子》七篇中，多与《孝经》相发明"，岂非颠倒！（见《东塾读书记》）吕思勉《经子解题》曰："《孝经》一书，无甚精义。姚际恒以为伪书。然其书在汉时实有传授，且《吕览》即已引之，则姚说未当。此书虽无甚精义，而汉儒顾颇重之者，汉时社会，宗法尚严，视孝甚重，此书文简义浅，人人可通，故用以教不能深造之人，如后汉令期门羽林之士通《孝经》章句是也。"余按《汉书·王莽传》云，"请令天下吏能诵公戒者，以著官簿比《孝经》"，后汉荀慈明对策，亦有"汉制，使天下诵《孝经》"之语（《后汉书》本传），而汉代诸帝，又始以孝为谥，可知《孝经》之产生，必与汉代最有关。思勉既知汉代之重视《孝经》，而犹以《吕览》有《孝经》语（《孝行览》言孝，与《孝经》有相同处。又《先识览·察微篇》引《孝经》曰："高而不危，所以长守贵也。满而不溢，所以长守富也。富贵不离其身，然后能保其社稷，而和其民人。"）信为先秦之书，未免不充其类。（黄震亦以《吕览》有引，信《孝经》为古书。汪中《经义知新记》同。)《吕览》亦不可全靠；且高诱注《孝行览》，亦引《孝经》语，则《察微篇》所引《孝经》，安知非高诱之注而误入正文耶？要之此书内容，甚不足观，其作期必在《戴记》后。后人以其言孝，未敢直斥其伪；不知孝盖天性，非待教而后能，若此书所言，矫揉肤泛，又非所以为教者也。然则此书之为汉人伪托，灼然可知。其徒事今文古文之争者末也；辨孔子自作或曾子之徒所作者妄也；据《孝经纬》"志在《春秋》，行在《孝经》"之语，谓《孝经》二字标题，乃孔子所自名者（见阮元《揅经室一集》卷二《孝经解》），则妄之尤妄也。孔子不自以经名六经，乃独于此矫揉肤泛之书，而自以经名之乎？（魏文侯有《孝经传》，见蔡邕《明堂论》，亦不足据。）然姚氏所辨，亦多依傍朱说；顾颉刚谓"《伪书考》最精之言，莫《孝经》若；他条皆依附人说，发明者鲜矣"（《古今伪书考跋》），亦非。

又按：日本有太宰纯校刊之《古文孝经孔氏传》，鲍廷博刻之，卢文弨序之，谓"按传文以求之，如《闲居》静而思道也，则陆德明引之矣；脱衣就功，暴其肌体云云，则司马贞引之矣；上帝亦天也，则王仲邱引之矣。其文义典核，又与《释文》《会要》《旧唐书》所载一一符合，必非近人所能撰造"。郑珍则发十证以断其必伪，谓"彼穷岛僻墺一空腐之人，见前籍称引《孔传》，中土久无其书，漫事粗揾，自诩绝学，以耀其国富秘藏耳。不知孔氏原未为《孝经》作传，就令唐人所见《孔传》，至今尚存，亦是刘炫伪撰，不足与汉儒诸说并重；矧不善作伪浅陋至于此极也！"（见《巢经巢文集》卷一《辨日本国古文孝经孔氏传之伪》）珍所言未全确，但谓此《孔传》为日人粗揾而成，则无可疑。

忠 经

托名马融作，其伪无疑。张溥辑《汉魏六朝文集》，列于融集中，何也？

【补证】

《四库总目提要》曰："旧本题汉马融撰，郑玄注。其文拟《孝经》为十八章，经与注如出一手。考融所述作，具载《后汉书》本传。玄所训释，于《郑志》目录尤详。《孝经注》依托于玄，刘知幾尚设十二验以辨之，其文具载《唐会要》，乌有所谓《忠经注》哉？《隋志》《唐志》皆不著录，《崇文总目》始列其名，其为宋代伪书，殆无疑义。《玉海》引《宋两朝志》，载有海鹏《忠经》，然则此书本有撰人，原非赝造，后人诈题马郑，掩其本名，转使真本变伪耳。"

朱一新曰："《忠经》世以为伪。丁俭卿《论语孔注证伪》谓'《崇文总目》有马融《绛囊经》一卷。融乃唐居士。《忠经序》有"臣融岩野之臣"云云，马季良贵戚豪家，安得称岩野？是唐马融所作明矣'。今案《忠经·广至理》章有'邦国平康'之语，汉人讳邦，邦国未有连文者，足见丁氏之言，信而有征。《四库提要》谓《玉海》引《宋两朝志》，载有海鹏《忠经》，疑此书为鹏所作；然书中讳民字治字，似当以丁说为正，后人误题南郡太守耳。"（《无邪堂答问注》）眉按：朱说近是。

孔子家语

《汉志》："《孔子家语》二十七卷。"颜师古曰："非今所有《家语》也。"按：《唐志》有王肃注《家语》十卷，此即肃掇拾诸传记为之，托名孔安国作序，即师古所谓今之《家语》是也。今世所传《家语》，又非师古所谓今之《家语》也。司马贞与师古同为唐人，贞作《史记索隐》，所引《家语》，今本或无，可验也。元王广谋有《家语注》。明何孟春亦注《家语》，其言曰："未必非广谋之庸妄，有所删除而致然。"此言良是。然则今世《家语》，殆元王广谋本也。

【补证】

眉按:《七修类稿》曰:"鲁斋王文宪公柏《家语考》一编,以四十四篇之《家语》,乃王肃自取《左传》《国语》荀孟二戴之书,割裂织成之;孔衍叙亦王肃自为也。"则自宋以来已有辨之者矣。崔述《洙泗考信录》谓:"《家语·观周篇》'孔子见老聃而问焉,曰:甚矣!道之于今难行。吾比执道,而今委质以求当世之君而弗受也'云云。按此文本之《庄子·天运篇》,采其意而改其文者。不知《庄子》一书,特欲张大其荒诞之说,以言清净者之宗老聃也,故多托为老聃之言;以儒者之尊孔子也,故又借孔子以尊老聃之言,皆非以为实然也。《家语》乃列之于孔子事中,谬矣。孔子年三十余而适周,尚未及强仕之年,何得云道之难行耶?尚未历经列国,何得云委质以求当世之君而弗受耶?《家语》乃载之于《观周篇》中,疏矣。"虽力攻《家语》,而犹未敢颂言王肃所伪撰,以为此书"乃肃之徒所撰,助肃而攻康成者"(见《古文尚书辨伪》)。然清人攻《家语》者已颇多,范家相有《家语证伪》十一卷,孙志祖有《家语疏证》六卷,辨《家语》为王肃伪撰,援据甚博,此不复详。陈士珂之《家语疏证》十卷,虽但辑《家语》所采诸书而不加断语,然比而观之,其所增损改易者,冗弱浅陋,远不如本书,甚或失本书之旨,亦可与两书相参证。至黄式三《读家语》"一卷《始诛篇》所言父子讼事,以《荀子·宥坐篇》《说苑·政理篇》《韩诗外传》三校之,'有父子讼者,夫子拘之,三月不别',月当作日,拘之谓拘其子,不别谓不决其讼也;故下言'其父请止,夫子舍之',其文原顺,而王肃乃增'同陛'二字,同陛执之于义大谬,孙氏未辨此,则不足以知王肃之阇也。二卷《致思篇》载子路问管仲事,本见《说苑·善说篇》。末言'子纠未成君,管仲未成臣',乃王肃《论语注》之臆见,特羼入此以证己说之可信,孙氏反称此足以定管仲不死子纠之案,尤不足以见王肃之奸且闇也。"则于志祖《疏证》略有补正，于大体无出入也。又马骕《绎史》曰："《史记》传仲尼弟子七十有七人，注云，《孔子家语》亦有七十七人，然今之《家语》，止七十六人耳。《史》载颜何字冉，注云，《家语》字称，颜氏八人，而今之《家语》止七，是脱颜何一人也。诸姓名之相乱者：如'壤'之为'穰'，'后'之为'石'，'坚'之为'肩'，'罕'之为'宰'，'祖'之为'相'，'旗'之为'祈'，'首'之为'守'，'伋'之为'级'，'欨'之为'欣'，'巽'之为'选'，或以形误，或以音舛，是皆可以意会者无论已。其差异尤甚者，《史》有公伯僚、秦冉、鄡单，《家语》不载，而载陈亢、琴牢、县亶，又《史记》所无。夫陈亢拟子贡于夫子，而知殉葬之非礼，琴张欲吊于宗鲁，孔子止之，而与曾点并称为狂士，是犹得为孔子徒也。公伯谗愬之人，亦可列为弟子乎？"马骕所举，或为后人传写之误，或为王肃有意参差以惑后人，皆未可知。《史记》秦冉字开，《家语》琴牢字子开，一字张。秦琴音舛，冉牢形误。其于"开"字上加一"子"字，乃略以示区别，又加"一字张"者，则欲牵合《孟子》《左传》之琴张为一人耳。此王肃有意参差之显证也。志祖《疏证》谓"《史记》无县亶而有鄡单，盖一人。'县'当作'鄹'，即'鄡'字，'亶''单'通"。是所异者仅公伯僚与陈亢耳。公伯谗愬之人，孔不责而云命，《古史考》已疑非弟子之流；王肃知后人必疑之，故改公伯僚为陈亢；使后人疑《史记》为不足凭，其用心可谓甚巧。至七十七人减为七十六人，则今本固非唐本面目，何孟春注《家语》，于他书所载为《家语》者，别为外集，可知今本被删除者多矣。（惟何孟春注本，有较今本为更少者，则今本亦未必为王广谋本也。）

小尔雅

称孔鲋撰。陈直斋曰："《汉志》有此书，亦不著名氏。今《馆阁书目》云孔鲋撰。盖即《孔丛子》第十一篇也。当是好事者抄出为之。"余详子类《孔丛子》。

【补证】

戴震曰："《小尔雅》一卷，大致后人皮附掇拾而成，非古小学遗书也。如云鹄中者谓之正，则正鹄之分，未之考矣。四尺谓之仞，则筑官仞有三尺，不为一丈，而为及肩之墙矣；浍深二仞，无异浍深八尺矣。《广量》曰：'豆四谓之区，区四谓之釜'，本《春秋传》'四升为豆，各自其四以登于釜'之文。'釜二有半谓之籔'，本《聘礼记》十六斗曰籔。'籔二有半谓之缶'，此句无本。'缶二谓之钟'，所谓'陈氏新量，皆登一焉，钟乃大矣'者。齐旧量盖先王之制，区斗六升，釜六斗四升，钟六斛四斗。陈氏从而诡更之，釜登一区则八斗，区登一豆则二斗，豆登一升则五升，而钟实八斛。兹用旧量之豆区釜，用新量之钟，两法杂施，显相刺谬。《广衡》曰：'两有半曰捷，倍捷曰举'，皆于古无本。'倍举曰锊'，贾景伯所称俗儒以锊重六两是也。不稽古训，故目之曰俗儒云尔。或曰，《小尔雅》者，后人采王肃、杜预之说为之也。"（《东原集》卷三《书小尔雅后》）

孙志祖曰："《孔丛子》语，多与《书孔传》《家语》合，予以为皆王肃一人所作也。惟《书·旅獒传》及《家语·致思篇》注，并云'八尺曰仞'，以异于康成之'七尺曰仞'也；而《小尔雅》则云'四尺谓之仞'，又与《书传》《家语注》不同，他书亦无有同《小尔雅》者，不应歧互乃尔！丁小山云：'当是"四尺谓之"下脱五字，盖四尺别有度名，而倍之为仞，仍是"八尺曰仞"也。'其说颇确。"（《读书脞录》）

康有为曰："以宋翔凤《小尔雅训纂》逐条按之，无一字出于古文伪经之外者。盖与《尔雅》同为刘歆伪撰。至宋人以为孔鲋撰者，盖五代之乱，此书已佚，而伪造《孔丛》者，尝刺取以入其书，宋人又就《孔丛》录出之，故当代书目遂题为孔鲋所撰，则辗转附会，歧

中之歧，不足辨也。"（《伪经考·汉书艺文志辨伪》）

顾实曰："《汉志》《小尔雅》一卷，不著撰人，盖出西京儒者相传，以求占毕之正名，辅奇觚之绝谊，其来古矣。晋李轨曾撰《小尔雅解》一卷，见于隋、唐《志》，下迄五季，并原书而俱佚。宋室南渡，古籍凌夷，当时录馆书，从《孔丛子》中采出，故自后录《小尔雅》者，并以为孔鲋所撰，非其实也。且王肃辈伪造《孔丛子》，捃摭及于《小尔雅》，岂无变乱窜定，而遽以当《汉志》之书，恐未必为归赵之完璧乎。"（《重考古今伪书考》）

眉按：王先谦《汉书艺文志·小尔雅补注》："沈钦韩曰，陈振孙云，盖即《孔丛》第十一篇，当是好事者钞出别行。按班氏时《孔丛》未著，已有《小尔雅》，亦孔氏壁中文，不当谓其从《孔丛》钞出也。先谦曰：官本无尔字，引宋祁曰：小字下邵本有尔字。钱大昕云，李善《文选注》引《小尔雅》皆作《小雅》。此书依附《尔雅》而作，本名《小雅》。后人伪造《孔丛》，以此篇窜入，因有《小尔雅》之名，失其旧矣。宋景文所引邵本，亦俗儒增入，不可据。"然则《汉志》之《小尔雅》，实《小雅》也。今之《小尔雅》，是否即《汉志》之《小雅》，盖不可知；即是，亦为王肃所变乱，决非原书，以其窜入《孔丛》，非无因而然也。

家礼仪节

似近世坊贾射利而刻。是书假杨升庵作序，讹谬不通。序以为邱琼山纂辑《家礼》而为仪节，亦未有据。

以上经类

史

类

竹书纪年
汲冢周书
穆天子传

"汲冢""竹书"，分冠《周书》《纪年》上，文互见也。《穆天子传》以字多故，不复及之。

以上三书，《晋书·束皙传》云"太康二年，汲郡人不准盗发魏襄王墓，或言安釐王冢，得竹书数十车，皆漆书科斗字。武帝以其书付秘阁校缀次第，以今文写之。皙在著作，得观竹书"云云。凡有七十五篇。今世所传此三书，即在其中者也。《纪年》，《晋史》称"益干启位，启杀之；太甲杀伊尹"。即此二事，荒诞已甚，其他可无论。然今本惟有太甲杀伊尹事，无启杀益事。又杜预《集解后序》谓"《纪年》起自夏殷"，今本起轩辕氏，则又后人增改，非晋本矣。《周书》，《汉志》本有七十一篇。（注引刘向曰"今存者四十五篇"，盖汉时已散失，今此四十五篇亦亡矣。）今七十篇，似以序一篇合七十一篇之数。其序全仿《书序》。又《克殷》《度邑》等篇袭《史记》；《时训篇》袭不韦《月令》；《明堂篇》袭《明堂位》；《职方篇》袭《周礼·职方氏》；《王会篇》尤怪诞不经。陈直斋曰："相传以为孔子删《书》所余，本必然；似战国后人仿效为之。"李巽严曰："战国处士私相辑缀。"恒按：不止此，殆汉后人所为也。《穆天子传》本《左传》"穆王欲肆其心，周行天下，将皆有车辙马迹焉"，又本《史秦纪》"造父为穆王得骥，温骊，骅骝，騄耳之驷，西巡狩，乐而忘归"诸说以为之也。多用《山海经》语，其体制亦似起居注。起居注者，始于明德马皇后，故知为汉后人作。又多与《纪年》相合，亦知为一人之作也。《纪年》沈约注，《周书》孔晁注，《穆天子传》郭璞注，皆浅陋之甚，至有经史而不知引者，亦皆伪也。《穆天子传》称璞注者，盖即取璞所注《山海经》以移入之，故因谓璞注也。汲冢又有《师春》一卷，杜预称纯集《左传》卜筮事。黄长睿曰："《师春》纪诸国世次，及十二公岁星所在，并律吕卦变诹法等，非专载《左传》卜筮事。其纪岁星，有'杜征南洞晓阴阳'之语，由是知此书亦西晋人集录，而未必尽出汲冢也。"《师春》之书，宋世有之，今则未见，故不录。然据《纪年》《师春》二书，皆与杜预所述不合。予于《纪年》以为后人增改，非汲冢本书；长睿又以《师春》为西晋人集录，未必出于汲冢；二者又不同。

【补证】

《四库总目·竹书纪年提要》曰："今世所行《竹书纪年》，顾炎武《日知录》中往往引以为据，然反复推勘，似非汲冢原书。考平王东迁以后，惟载晋事，三家分晋以后，惟载魏事，是魏承晋史之明验；然晋灵公桃园之事，董狐所书，明见《左传》，孔子称赵盾为法受恶，足知未改史文，乃今本所载，仍以赵穿弑狱，则非晋史之旧也。《束晳传》称《竹书》'夏年多殷，益干启位，启杀之'，今本皆无此文，又杜预注《左传》携王奸命句，引服虔说以为伯服，《疏》并引束晳以为伯盘，今本乃有余臣之说，使《竹书》原有此文，不应二人皆未睹，则非束晳、杜预所见本也。郭璞注《穆天子传》引《纪年》七条，以今本核之，相同者三条；璞称《纪年》而今在注中者三条。璞时不应先有注，且三条并为一条，文亦不属。其'穆天子见西王母，西王母止之曰，有鸟谪人'一条，今本无之，则非郭璞所见本也。《隋书·经籍志》曰：'《纪年》皆用夏正建寅之月为岁首'，今本自入春秋以后，时月并与经同，全从周正，则非隋时所见本也。《水经注》引《竹书》七十六条，皆以晋国纪年，如《春秋》之为鲁史，而此本晋国之年，皆附周下；又所引出公六年荀瑶城宅阳，梁惠王元年邺师邯郸师次于平阳，魏襄王六年秦取我焦及齐师伐赵东鄙围中牟诸条，今本皆无；其他年月亦多舛异，则非郦道元所见本也。《史通》引《竹书》文王杀季历，今本作文丁；又引《竹书》郑桓公厉王之子，今本锡王子多父命居洛，在宣王二十二年，王子多父为郑公在幽王二年，皆不云厉王子，则非刘知幾所见本也。《文选注》引《竹书》五条，今惟有太甲杀伊尹一条，则非李善所见本也。《开元占经》引《竹书》四条，今本皆无，则非瞿昙悉达所见本也。《史记索隐》引《竹书》晋出公二十三年奔楚，乃立昭公之孙，是为敬公，今本作出公虇；又引秦与卫战岸门，惠王后元十一年会齐于平阿，十三年会齐于甄，齐桓公君母，齐宣王后，宋易成肝废君自立，楮里疾围蒲七条，今本皆无，则非司马贞所见本也。《谷梁传疏》引《竹书纪年》周昭王胶舟之事，以驳《吕氏春秋》，今本但曰王陟，无胶舟事，则非杨士勋所见本也。《元丰九域志》引《竹书》阴司马败燕公子翌于武垣一条，今本亦无，则非王存所见本也。《路史》引《竹书》周武王年五十四，辨武王非年九十三，今本乃作九十三；又《注》引《竹书》夏后不降六十九年，证世纪五十九年之异，今本乃亦作五十九；《路史》又引梁惠成八年，雨骨于赤鞞，《注》又引夏桀末年社坼裂，今本并无。则非罗泌、罗苹所见本也。《战国策注》引《竹书》魏救中山塞集胥口，今本无之，则非鲍彪所见本也。《广川书跋》引《竹书》秦穆公十一年取灵邱，今本无之，则非董逌所见本也。虽其他证以《竹书》，往往相合，然《允征》称辰弗集于房，《说命》称旧学于甘盘，均出梅赜《古文尚书》，在西晋之后，不应先见《竹书》，岂亦明人钞合诸书以为之，如《十六国春秋》类欤？观其以《春秋》合夏正，断断为胡《传》盛行以后书也。沈约注外，又有小字夹行之注，不知谁作。中殷小庚一条，称约案《史记》作太庚，则亦当为约说；考《元和郡县志》魏武定七年，始置海州，隋炀帝时始置卫县，而注舜在鸣条一条，称今海州。夏启十一年放武观一条，称今顿邱卫县，则非约语矣。又所注惟五帝三王最详，他皆寥寥，而五帝三王皆全

钞《宋书·符瑞志》语，约不应既著于史，又不易一字移而为此本
之注，然则此注亦依托耳。"

　　《逸周书提要》曰："旧本题曰《汲冢周书》。考隋《经籍志》、
唐《艺文志》俱称此书以晋太康二年得于魏安釐王冢中，则汲冢之
说，其来已久。然《晋书·武帝纪》及《荀勗》《束皙传》载汲郡人
不准所得竹书七十五篇，具有篇名，无所谓《周书》；杜预《春秋集
解后序》，载汲冢诸书，亦不列《周书》之目，是《周书》不出汲冢
也。考《汉书·艺文志》先有《周书》七十一篇，今本比班固所纪惟
少一篇。陈振孙《书录解题》称凡七十篇，叙一篇，在其末，京口刊
本始以序散入诸篇，则篇数仍七十有一，与《汉志》合。司马迁纪武
王克商事，亦与此书相应。许慎作《说文》，引《周书》'大翰若翚
雉'，又引《周书》'獂有爪而不敢以撅'；马融注《论语》，引《周
书月令》；郑元注《周礼》，引《周书·王会》，注《仪礼》，引《周
书》兆唐以间，皆在汲冢前，知为汉代相传之旧。郭璞注《尔雅》称
《逸周书》，李善《文选注》所引，亦称《逸周书》，知晋至唐初旧本，
尚不题汲冢。其相沿称汲冢者，殆以梁任昉得竹简漆书，不能辨识，
以示刘显，显识为孔子删书之余，其时《南史》未出，流传不审，遂
误合汲冢竹简为一事，而修《隋志》者误采之耶？郑元祐作《大戴礼
后序》，称'《文王官人篇》与《汲冢周书·官人解》相出入，《汲冢
书》出于晋太康中，未审何由相似'云云，殊失之不考。《文献通考》
所引李焘跋及刘克庄《后村诗话》，皆以为汉时本有此书，其后稍隐，
赖汲冢竹简出，乃得复显，是又心知其非，而巧为调停之说；惟旧本
载嘉定十五年丁黼跋，反覆考证，确以为不出汲冢，斯定论矣。其书
载有太子晋事，则当成于灵王以后。所云文王受命称王，武王周公私
计东伐，俘馘殷遗，暴殄原兽，辇括宝玉，动至亿万，三发下车，悬
纣首太白，又用之南郊，皆古人必无之事。陈振孙以为战国后人所
为，似非无见。然《左传》引《周志》'勇则害上，不登于明堂'，又
引《书》'慎始而敬终，终乃不困'，又引《书》'居安思危'，又称

周作九刑，其文皆在今书中，则春秋时已有之，特战国以后，又辗转附益，故其言驳杂耳。究厥本始，终为三代之遗文，不可废也。近代所行之本，皆阙《程寤》《秦阴》《九政》《九开》《刘法》《文开》《保开》《八繁》《箕子》《耆德》《月令》十一篇，余亦文多佚脱，今考《史记·楚世家》引《周书》'欲起无先'，《主父偃传》引《周书》'安危在出令，存亡在所用'，《货殖传》引《周书》'农不出则乏其食，工不出则乏其事，商不出则三宝绝，虞不出则财匮少'，《汉书》引《周书》'无为创首，将受其咎'，又引《周书》'天予不取，反受其咎'，《唐六典》引《周书》'汤放桀，大会诸侯，取天子之玺，置天子之座'，今本皆无之，盖皆所佚十一篇之文也。观李焘所跋，已有脱烂难读之语，则宋本已然矣。"

《穆天子传提要》曰："按《束皙传》云，太康二年，汲县人不准盗发魏襄王墓，得竹书《穆天子传》五篇，又杂书十九篇，《周食田法》，周书论楚事，周穆王美人盛姬事。案：今盛姬事载《穆天子传》第六卷，盖即《束皙传》所谓杂书之一篇也。寻其文义，应归此传，束皙别出之，非也。此书所纪，虽多夸言寡实；然所谓西王母者，不过西方一国君，所谓悬圃者，不过飞鸟百兽之所饮食，为大荒之圃泽，无所谓神仙怪异之事，所谓河宗氏者，亦仅国名，无所谓鱼龙变见之说，较《山海经》《淮南子》犹为近实。郭璞注《尔雅》，于'西至西王母'句，不过曰西方昏荒之国；于'河出昆仑墟'句，虽引《大荒西经》，而不言其灵异。其注此书，乃颇引志怪之谈，盖释经不敢不谨严，而笺释杂书，则务矜博洽故也。"

眉按：姚氏谓《纪年》即晋本亦属荒诞；《周书》系后人作；《穆天子传》似起居注，亦汉后人作，以与《纪年》相合，又定为一人之作：单辞弱证，斥三书为伪书，其论古之态度，殊不及《四库总目》之审慎。大抵三书最成问题者为《纪年》，以其有夏启杀伯益，太甲杀伊尹，文丁杀季历等事，全与儒家旧说相反也。次为《逸周书》，以其叙武王残暴之状，亦与儒书不相容也。《穆天子传》体类小说（《四库》入之小说家类），与儒家无出入，故注意者少。然今世所传《纪年》，实非古本面目（见《汉魏丛书》者为张遂辰阅本；见《天一阁》者为范钦订本；见《五经翼》者为蔡文范校本；见《史拾遗闻》者为吴宏基校本；见《古今逸史》者为吴琯校本；见《秘书廿一种》者为汪士汉校本。其间颇有异同，而汪本错简尤甚）。孙之骒之《考订竹书》四卷，徐文靖之《竹书统笺》十二卷，郑环之《竹书考证》，张宗泰之《校补纪年》，陈诗之《纪年集注》，赵绍祖之《校补纪年》，韩怡之《纪年辨证》，洪颐煊之《校本竹书纪年》，陈逢衡之《竹书纪年集证》五十卷，林春溥之《竹书纪年补证》四卷，仅于今本有所补正；惟朱右曾别辑《汲冢纪年存真》二卷，近人王国维继之，更成《古本竹书纪年辑校》一卷（王并有《今本竹书纪年疏证》），古本面目，稍稍可识；然王本所辑，亦仅得四百二十八条，较《束晳传》十三篇，《隋志》十二卷，尚甚远也。钱大昕曰："《水经注》引《竹书纪年》之文，其于《春秋》时皆纪晋君之年，三家分晋以后，则纪魏君之年，未有用周王年者。盖古者列国各有史官，纪年之体，各用其国之年，孔子修《春秋》，亦用其法。今俗本《纪年》改用周王之年，分注晋魏以下，此例起于紫阳《纲目》，唐以前无此式也，况在秦汉以上乎？《纪年》出于魏晋，固未可深信，要必不如俗本之妄，唯明代人空疏无学而好讲书法，乃有此等迂谬之识，故愚以为是书必明人所茸。宋晁氏陈氏马氏书目，皆无此书，知非宋人伪撰也。"（《十驾斋养新录》卷十三）崔述曰："《竹书纪年》凡十三篇，本战国人所著而出于西晋者。自魏逮唐，文学之士多引用之。大抵记东周事，多与《春秋》经传相应，而自获麟以后，载籍多缺，观之尤足以证《史记》之舛误，而补其缺漏。惟其纪述三代，事多荒谬。自宋元以来，学士皆不之见疑。其经唐末五代之乱而失之，仅于前人之所征引，存千百之一二。不知何人浅陋诈妄，不自量度，采摘《水经》《索隐》所引之文，而取战国邪说，汉人谬解，晋代伪书以附益之，作纪年书二卷，以行于世。"（见《考古续说》卷二《竹书纪年辨伪》。以下历引杜氏序、《史通》《史记正义》《索隐》之文，以证今书之舛误。文长不备录。）盖皆以今本为明人钞合，与《提要》所言同，较姚氏但云后人增改者为确。而林春溥《补证后案》，力驳钱说，谓：“《竹书》之出，多为发冢者所散乱，定之非一人，传之非一本，故诸书所引多不同。今本但有脱落，实未经后人修辑。其书法亦皆依古简原文，无所改窜。”则强翻前人之案耳。古本《纪年》于东周事核于《史记》，崔说诚确，惟谓记述三代事多荒谬，未免于旧说犹有所执。梁玉绳《史记志疑》已多采《竹书》；近人亦有据古本《纪年》，以证《史记》之疏误者。盖《史记》载《春秋》后事，最疏失者，在三家分晋、田氏篡齐之际。其记诸国世系，错误最甚者，为田齐魏宋三国。《庄子》曰：“田成子弑齐君，而十二世有齐国。”今《史记》自成子至王建之灭祇十代，纪年则多悼子及侯剡两世，凡十二代，与《庄子》说合。又齐伐燕，据《孟子》及《国策》，为宣王，非湣王。而《史记》于齐系前缺两世，威宣之年，误移而上，遂以伐燕为湣王，与《孟子》《国策》皆背。昔人谱孟子者，于宣湣年世，争不能决，若依《纪年》增悼子及侯剡，排比而下，威宣之年，俱当移后，乃与《孟子》《国策》冥符。此《纪年》胜《史记》之明证一也。《史记》梁惠王三十六年卒，子襄王立，十六年卒，并惠襄为五十二年。魏齐会徐州相王，在襄王元年。是惠王在世未称王，孟子书何乃预称惠王为王？又《史记》，梁予秦河西地，在襄王五年，尽入上郡于秦，在襄王七年，楚败魏襄陵，在襄王十二年，皆惠王身后事；而惠王告孟子，乃云“西丧地于秦七百里，南辱于楚”，何能预知而预言之？若依《纪年》，惠王三十六年改元，后元十六年而卒，则魏齐会徐州相王，正惠王改元称王之年也，然后孟子书皆可通。又与《吕览》诸书所载尽合。此《纪年》胜《史记》之明证二也。《史记》魏文侯三十八年，魏武侯十六年，而《纪年》文侯五十年，武侯二十六年，相差二十二年。昔人疑子夏为文侯师，已踰百岁，今依《纪年》，则文侯元当移前二十二年，子夏之年，初无可疑。而李克、吴起之徒，其年辈行事，皆可确指。此《纪年》胜《史记》之明证三也。《史记》魏惠王三十一年，徙都大梁，而《纪年》在惠成王九年，阎若璩本此，论《纪年》不可信。然细核之：惠王十八年，魏围邯郸，齐师救赵，直走大梁。三十年，魏伐韩，齐田忌救韩，亦直走大梁。又秦孝公十年，即魏惠王十九年，卫鞅围魏安邑降之。此皆魏都自惠王九年已自安邑徙大梁之证。据《纪年》，则《史记》之说皆可通；专据《史记》，则自相乖违，不得其解。此《纪年》胜《史记》之明证四也。三家分晋，田氏篡齐，为春秋至战国一大变，其后魏齐会徐州相王，秦亦称王，宋亦称王，赵燕中山韩魏五国，又相约称王，为战国中局一大变。《史记》于此，年事多误，未能条贯。今据《纪年》，证以先秦他书，为之发明，而当时情实，犹可推见。此《纪年》胜《史记》之明证五也。其他不胜缕举。（见《古史辨》第六册）则古本《纪年》在古代史料上之价值，不容复置疑其间，盖断然尔。至今世所传《逸周书》，亦非古本面目：颜师古注《汉志》，已云“今之存者四十五篇矣”（按：姚氏此句直接刘向云，恐误读），安得传至今世，反较颜师古所见之本为多？则最少十余篇，必为后人伪撰无疑；其他窜乱之处亦多，盖真伪杂糅之书也。姚氏谓袭诸书而成固非；《提要》信其篇第为汉代相传之旧，亦非。而其大部分为极有价值之史料，则不可诬。梁启超曰：“《竹书纪年》中启杀益，太甲杀伊尹两事，后人因习闻《孟子》《史记》之说，骤睹此则大骇。殊不思孟子不过与魏安釐王时史官同时，而孟子不在史职，闻见本不逮史官之确；司马迁又不及见秦所焚之诸侯史记，其记述不过蹿孟子而已，何足据以难《竹书》？而论者或因此疑《竹书》之全伪，殊不知凡作伪者，必投合时代心理，经汉魏儒者鼓吹以后，伯益、伊尹辈早已如神圣不可侵犯，安有晋时作伪书之人，乃肯立此等异说，以资人集矢者？实则以情理论，伯益、伊尹既非超人的异类，逼位谋篡，何足为奇！启及太甲为自卫计而杀之，亦意中事。

故吾侪宁认《竹书》所纪为较合于古代状况。《竹书》既有此等记载，适足证其不伪，而今本《竹书》削去之，则反足证其伪也。又如孟子因《武成》血流漂杵之文，乃叹'尽信书不如无书'，谓以至仁伐至不仁，不应如此。推孟子之意，则《逸周书》中《克殷》《世俘》诸篇，益为伪作无疑。其实孟子理想中的仁义之师，本为历史上不能发生之事实，而《逸周书》叙周武王残暴之状，或反为真相，吾侪所以信《逸周书》之不伪，正以此也。"（《中国历史研究法》）启超所论，极为痛快！前人辨此二书，但为古本今本问题，至其中非常可怪之事，则异口同声，斥之为战国邪说，盖当儒家思想牢不可破之时，即有明知其真者，亦无敢冒不韪而持异说，况其为身在此山中者乎？此诚未可以吾辈今日之眼光绳古人矣。《穆天子传》固富小说意味，然与《纪年》有相合处，则其间岂无可宝贵之史实，为吾辈所欲闻者。虽未必为古本，亦不必定为汉后人作。所称西王母，汉人皆以为女仙人（见司马相如《大人赋》及扬雄《甘泉赋》），后乃谓为西方一国名。梁玉绳曰："西王母，西方一国名。如《周书·王会篇》东方有姑蔑国，《后汉·桓帝纪》羌勒姐，《西羌传》夕姐之类。其名见《尔雅·释地》。《大戴礼·少闲篇》云'舜时献白琯'，《竹书纪年》云'舜时西王母来献白环玉玦'，《贾子·修政语》上云'尧西见王母'，即《穆天子传》叙西王母事，与曹奴巨蒐诸人无异；《竹书》亦但言'王西征见西王母，其年来朝，宾于昭宫'而已。自《山海·西山经》撰为豹尾虎齿蓬发戴胜之说，至《汉武内传》又有天姿绝世之语，嗣后神仙家递相附会，诡设姓名，何足述哉？"（《史记志疑·赵世家》）近人丁谦《穆天子传地理考证》，谓西王母邦上古时名加勒底，炎黄时名巴比伦，商周时名亚细利亚；顾实《穆天子传西征今地考》，谓西王母之邦，盖即今之波斯，或亦备一说。然未可据为定谳。丁谦又有《穆天子传纪日干支表》。刘师培亦有《穆王西征年月考》。

晋史乘
楚梼杌

以上二书，元吾衍伪撰。陶九成《辍耕录》明载衍之著述有此二书。

【补证】

顾实《重考》曰："倪氏钱氏两家补《元志》，亦俱作吾衍撰。考王袆《忠文集》、张习孔《云谷卧余》二书所言，则吾子行衍采摭《左》《国》及诸子书，汇次为书，标列篇名，《乘》凡十二篇，《梼杌》凡二十七篇，所以补二书之阙，非有心于作伪也。后人刻其书者，伪撰子行题辞于前，以盗流传古书之名，当出于明万历以后人所为。汪士汉又录晋楚两世家《索隐》述赞，各加以按语，为《晋史考》《楚史考》，分冠于卷首，其诬益甚矣！"

眉按：焦竑亦定为吾衍作，谓其意与刘炫伪造《鲁史记》《连山易》诸书攫赏者不同。见《焦氏笔乘续》卷三。

汉武故事

汉班固撰。然与《汉书》绝不同，一览可辨。晁子止曰："唐人书《洞冥记》后云：'汉武故事，王俭造。'"

【补证】

黄廷鉴《跋重辑汉武故事》曰："《汉武故事》一书，《隋志》著录，不著撰人名氏。晁公武《读书志》云汉班固撰，又引张柬之《洞冥记跋》，谓出王俭所依托，盖疑而未定也。其书，自明以来无完帙。爰重辑一编，以《古今逸史·续谈助》本尚具首尾，据以为主，而以《太平御览》《史记正义》及《通鉴考异》《西汉年纪》《小学绀珠》诸书所引诸条，约略先后附之，共得三十一条，较世传本已多一倍。而《四库提要》所云，诸书中引甲帐珠帘，王母青雀，茂陵玉椀，及柏谷亭事，亦已无遗，计其全书亦十得八九矣。"又曰："宋刘云龙（弇）先生文集中，有《汉武故事书后》（见卷二十九）云：'撰人班周，世出官次不他见。书中言仪君传东方朔术，至今上元延中，一百三十七岁。元延，汉成帝年号也。则周者，其成哀间人欤？'又云：'敷叙精致，虽多诞谩不经，不与《外戚》《郊祀志》相表里者盖鲜，非西汉人文章不到此。'按此说甚新。然余疑周字即固字之讹。如此书古本果作班周，何以《郡斋读书志》及他书所载，又皆作固，可知自宋以来相传之本，只作固字，独刘所见本偶不同耳，恐未可为据也。惟所云元延为成帝年号，而作者既称今上，则当为西汉末人，此说近是。读范书《孟坚传》，永平初，固始弱冠，卒于汉和之永元四年（年六十一），上距汉成之代已百有余年，其不出固手，有断然者。而书中有与浮屠相类，贵施与，不杀生云云，又似出东汉后人语。窃疑此书本成哀间人所记，而孟坚修《汉书》时所尝采录者，或因其传自班氏，遂属之孟坚，而后人复有附益耳。"（《第六弦溪文钞》卷三）

顾实《重考》曰："唐张柬之书《洞冥记》后云：'《汉武故事》，王俭造。'柬之尚属初唐人，其言当有所受之，或不诬也。所记多出入《史》《汉》，而更傅益以妖妄之语。但诸书所引，今本反多不载，疑宋晁公武诸家所见本已亡，今本又为后人钞合而成，非王俭原书已。"

眉按：顾实未见黄廷鉴重辑本，其谓诸书所引，今本反多不载，殆据《四库提要》所举而云然。然此书《隋志》始著录，未必成哀间人所记，或掇拾成哀间人书，如今上等语，未及削改耳。

飞燕外传

称汉伶玄撰。陈直斋曰："玄自言与扬雄同时，而史无见。或曰，伪书也。"恒按：此自好事者为之。后又有《汉杂事秘辛》，言梁后事，明王世贞伪撰。又有《焚椒录》，言辽后事，不知何人撰，尤秽亵不堪。皆祖述此也。

【补证】

《四库总目提要》曰："题汉伶玄撰。末有玄自序，称字子于，潞水人，由司空小吏历三署，刺守州郡，为淮南相。其妾樊通德，为樊嬺弟子不周之子，能道飞燕姊弟故事，于是撰《赵后别传》。其文纤靡，不类西汉人语。序末又称玄为河东都尉时，辱班彪之从父躅，故彪续《史记》，不见收录。其文不相属，亦不类玄所自言。后又载桓谭语一则，言更始二年，刘恭得其书于茂陵卜理，建武二年贾子翊以示谭，所称埋藏之金縢漆匮者，似不应如此之珍贵。又载荀勖校书奏一篇，《中经簿》所录，今不可考，然所校他书，无载勖奏者，何独此书有之？又首尾仅六十字，亦无此体，大抵皆出于依托。且闺帏媟亵之状，嬺虽亲狎，无目击理；即万一窃得之，亦无娓娓为通德缕陈理，其伪妄殆不疑也。晁公武颇信之。陈振孙虽有或云伪书之说，而又云通德拥髻等事，文士多用，而'祸水灭火'之语，司马公载之《通鉴》，夫文士引用，不为典据，采涉方成语以入史，自是《通鉴》之失，乃援以证实是书，纰缪殊甚；且祸水灭火，其语亦有可疑：王懋竑《白田杂著》有《汉火德考》曰：'汉初用赤帝子之祥，旗帜尚赤，而自有天下后，仍袭秦旧，故张苍以为水德。孝文帝时，公孙臣言当改用土德，色尚黄，其事未行，至孝武帝改正朔，色尚黄，印章以五字，则用公孙臣之说也。王莽篡位，自以黄帝之后，当为土德，而用刘歆之说，尽改从前相承之序，以汉为火德。后汉重图谶，以赤伏符之文，改用火德，班固作志，遂以著之《高帝纪》，而后汉人作《飞燕外传》（按：懋竑此语，尚以此传为真出伶玄，盖未详考），有"祸水灭火"之语。不知前汉自王莽、刘歆以前，未有以汉为火德者，盖其误也'云云。据此，则班固在莽歆之后，沿误尚为有因，淖方成在莽歆之前，安得预有灭火之说？其为后人依托，即此二语，亦可以见，安得以《通鉴》误引，遂指为真古书哉！"

又《杂事秘辛提要》曰："不著撰人名氏。杨慎序，称得于安宁土知州万氏。沈德符《敝帚轩剩语》曰：'即慎所伪作也。'叙汉桓帝懿德皇后被选及册立之事。其与史舛谬之处，明胡震亨、姚士粦二跋，辨之甚详。其文淫艳，亦类传奇，汉人无是体裁也。"

又《焚椒录提要》曰："辽王鼎撰。前有大安五年自序。王士禛《居易录》曰：'《契丹国志·后妃传》道宗萧皇后本传云："性恬寡欲。鲁王宗元之乱，道宗同猎，未知音耗，后勒兵镇帖中外，甚有声称。崩葬祖州"云云而已；《焚椒录》所记，绝无一字及之。又《录》称后为南院枢密使惠之少女，而《志》云同平章事显烈之女。《志》云勒兵，似娴武略，而《录》言幼能通诗，旁及经子，所载射虎应制诸诗及回心院词皆极工，而无一语及武事。且《本纪》道宗在位四十七年，改元者三，清宁、咸雍、寿昌，初无太康之号，而耶律乙辛密奏太康元年十月云云，皆牴牾不合。按《辽史·宣懿皇后传》虽略，而与《焚椒录》所纪同，盖《契丹志》之疏耳。'今考叶隆礼《契丹国志》，皆杂采宋人史传而作，故苏天爵《三史质疑》讥其未见国史，传闻失实。又沈括《梦溪笔谈》称辽人书禁甚严，传至中国者法皆死，是书事涉宫闱，在当日益不敢宣布，宋人自无由而知。士禛以史证隆礼之失，诚为确论。或执《契丹国志》以疑此书，则误矣。"
眉按：《杂事秘辛》杨慎伪撰，姚氏谓为王世贞，误也。《焚椒录》言
辽后事，王士祯《居易录》信为实录，而李有棠则力辨其诬，详《辽
史纪事本末考异》中。然其书并非伪撰，姚氏联类及之，亦误。

西京杂记

　　《隋志》载之，不著撰人名。陈直斋曰："称葛洪撰。其卷末言
'洪家有刘子骏书百卷，先父传之。歆欲撰《汉书》，杂录汉事，未及
而亡。试以此书考校班固所作，殆是全取刘书，有少异同耳。固所遗
不过二万余言，今抄出为二卷，以裨《汉书》之阙'。按洪博闻深学，
江左绝伦，著书几五百卷，本传具载其目，不闻有此书；而向、歆父
子，亦不闻其尝作史传于世。使班固有所因述，亦不应全没不著也。
殆有可疑者，岂惟非向、歆所传，亦未必洪之作也。"恒按：直斋谓
未必洪之作者，亦有所本。黄长睿《东观余论》曰："《西京杂记》
中，'余就上林令虞渊得朝臣所上草木名'。按《晋史》，葛未尝至长
安，而晋官但有华林令而无上林，其非稚川决也。"晁子止曰："人或
以为吴均依托为之。"恒按：谓吴均者，《酉阳杂俎》"庾信作诗，欲
用《西京杂记》事，旋自追改曰，'此吴均语，恐不足用也'"。

【补证】

　　《四库总目提要》曰："按《隋书·经籍志》载此书二卷，不著
撰人名氏。《汉书·匡衡传》颜师古注，称今有《西京杂记》者，出
于里巷，亦不言作者为何人。至段成式《酉阳杂俎·广动植篇》，始
载葛稚川就上林令鱼泉问草木名，今在此书第一卷中。张彦远《历代
名画记》载毛延寿画王昭君事，亦引为葛洪《西京杂记》。则指为葛

洪者，实起于唐。故《旧唐书·经籍志》载此书，遂注曰晋葛洪撰。然《酉阳杂俎·语资篇》别载庾信作诗，用《西京杂记》事，旋自追改曰：'此吴均语，恐不足用。'晁公武《读书志》亦称江左人或以为吴均依托，盖即据成式所载庾信语也。今考《晋书·葛洪传》，载洪所著有《抱朴子》《神仙》《良吏》《集异》等传，《金匮要方》《肘后备急方》，并诸杂文，共五百余卷，并无《西京杂记》之名，则作洪撰者，自属舛误。特是向、歆父子作《汉书》，史无明文，而以此书所纪，与班书参校，又往往错互不合。如《汉书》载文帝以代王即位，而此书乃云文帝为太子；《汉书》载广陵王胥、淮南王安并谋逆自杀，而此书乃云胥格猛兽陷脰死，安与方士俱去；《汉书·杨王孙传》即以王孙为名，而此书乃云名贵：似是故谬其事，以就洪跋中小有异同之文。又歆始终臣莽，而此书载吴章被诛事，乃云章后为王莽所杀，尤不类歆语。又《汉书·匡衡传》'匡鼎来'句，服虔训'鼎'为'当'，应劭训'鼎'为'方'，此书亦载是语，而以'鼎'为匡衡小名，使歆先有此说，服虔、应劭皆后汉人，不容不见，至葛洪乃传。是以陈振孙等皆深以为疑。然庾信指为吴均，别无他证，段成式所述信语，亦未见于他书，今姑从原跋，兼题刘歆、葛洪以存其旧。"

李慈铭曰："此书托名刘歆所撰，葛洪所录。论者谓实出梁吴均之手。其文字固不类西汉人。且序言班固《汉书》全出于此，洪采班书所未录者，得此六卷；然其中如赵飞燕女弟居昭阳殿一段，傅介子一段，又皆班书所已录。稚川之言，固未可信。至谓出于吴均，则未必然。观所载汉事：如杀赵隐王者为东郭门外官奴，惠帝后腰斩之，而吕后不知；元帝以王昭君故，杀画工毛延寿、陈敞、刘白、龚宽、阳望、樊育等；高贺诮公孙弘内服貂蝉，外衣麻枲，内厨五鼎，外膳一肴，弘叹曰，宁逢恶宾，不逢故人；高祖为太上皇作新丰，匠人吴宽所营；匡衡勤学，穿壁引光，又从邑人大姓文不识家佣作读书；王凤以五月五日生；杨王孙名贵，京兆人；平陵曹敞在吴章门下，好斥人过，世称轻薄，后独收葬章尸，平陵人生为立碑于吴章墓侧，在龙首山南；霍将军妻，一产二子，疑兄弟先后；广川王去疾好聚无赖少年，发掘冢墓诸条，必皆出于两汉故老所传，非六朝人所能凭空伪造。惟所载靡丽神怪之事，乃由后人添入，或出吴均辈所为耳。其显然乖误者：如云霍光妻遗淳于衍蒲桃锦、散花绫、走珠等，为起第宅，奴婢不可胜数；按《汉书》言衍毒许后，出过见显，相劳问，亦未敢重谢衍，且此时方有人上书，告诸医侍疾无状，显恐急语光，署衍勿论，岂有为起第宅厚相赂遗之理！又云太史公迁作《景帝本纪》，极言其短，及武帝之过，后坐举李陵，下迁蚕室，有怨言，下狱死；按迁作《史记》，在遭李陵祸之后，《史记》《汉书》俱有明文，《汉书》又言迁被刑之后，为中书令，尊宠任职，故有报故人任安一书，而云下狱死，纰缪尤甚！若果出叔庠，则史言均好学，将著史以自名，欲撰《齐书》，从梁武求借齐起居注及群臣行状，帝不许，使撰《通史》，起三皇，讫齐代，均草本纪世家已毕，惟列传未就而卒，又注范晔《后汉书》九十卷，著《齐春秋》二十卷，《庙记》十卷，《十二州记》十六卷，《钱塘先贤传》五卷，是叔庠固深于史学者，岂于《史记》《汉书》转未照覆，致斯舛误乎！盖由汉代稗官记载，传讹致然，故历代引用，皆不能废。其赵飞燕女弟居昭阳殿一条云，砌皆铜沓，黄金涂，正可证今本《汉书·赵后传》作切皆铜沓冒黄金涂，冒字为涉注文而衍者也。"（《孟学斋日记乙集》上）

眉按：《汉书·匡衡传》颜师古注："今有《西京杂记》者，其书浅俗，多有妄说，乃云匡衡小名鼎，盖绝知者之听。"则此书殆出于隋唐间。其言武帝欲杀乳母，东方朔救之事，亦见《史记·滑稽传》褚先生所附文中，特褚言欲徙乳母家于边，而救之者为武帝所幸倡郭舍人，意作《西京杂记》者，故示异以明其书之出于西京耶？然即以此事言之，亦极浅俗，吴均善史学，未必取之，故谓为吴均作，亦非也。惟所谓外家之语，汉以来已多有之，此书采辑所及，未必皆为西京所无耳。

天禄阁外史

称汉黄宪撰。明王逸年伪撰。

元 经

称隋王通撰，唐薛收传，宋阮逸补，并注。起晋惠帝，终于陈。陈直斋曰："河汾王氏诸书，自《中说》之外，皆《唐志》所无。其传出阮逸，或曰皆逸伪作也。今考唐神尧讳渊，其祖景皇讳虎，故《晋书》戴渊、石虎皆以字行。薛收唐人，于传称戴若思、石季龙宜也。《元经》作于隋世大兴四年，亦书曰若思，何哉？意逸之心劳日拙，自不能掩耶？"恒按：胡元瑞谓《元经》今藏书家不复有，不知《汉魏丛书》已刻之矣。

【补证】

顾实《重考》曰："《元经》，《隋志》《旧唐志》《崇文目》俱不载，《新唐志》《读书志》《书录解题》《通考》《宋志》始载之。晁氏摘其经文'帝问蛙鸣'四字，以疑其伪。陈氏更质言之，既如所云，故世咸以为此书阮逸所伪撰也。且试审其内容，则拟孔子《春秋》而作，起晋惠帝太熙元年，终于陈亡。以晋系正统，每岁书春帝正月。自刘宋立国，始进魏于经，而南北并列。至刘宋亡，遂黜齐而进魏，尤为荒谬之极，揆诸《春秋》，'内诸夏而外夷狄'之大义何在哉！则此书直无知妄作而已矣。"

眉按：《元经传》皆阮逸伪作无疑。詹景凤《詹氏小辨》（卷六十）云："《元经传》谓为薛收作，光谓经传悉伪也。何以明之？以是非予夺不明。贾后诚不后，然废为庶人，在永康元年四月，则元康九年以前未废也，经何以擅废而先称庶人乎！谢淑妃虽生愍怀太子，未立为后也，经何以擅予而径称谢太后乎！如《春秋》夫人姜氏孙于齐，夫子固未尝以废夫人，而《元经》之擅废立，非法也。《春秋》末有孔邱卒，今《元经》末亦有文中子卒，文中子既以义宁元年丁丑卒矣，至戊寅又书曰，唐高祖武德元年，唐祖在位九年，历居太上皇，至某年崩，崩后始有庙号，既云崩后始有庙号，则文中子时何以先称唐祖庙号！"此亦以书法攻《元经》伪，甚当，惟但疑为唐太宗以后人伪作，则未免过慎。

十六国春秋

魏崔鸿撰。此书本有百卷，见本传。旧称温公所考《十六国春秋》，犹非鸿全书，则散亡久矣。明屠乔孙、项琳之虽云为之订补，然即出此二人手也。

【补证】

全祖望《答史雪汀问十六国春秋书》曰："马氏《通考·经籍考》中不列是书，则在宋时已鲜传者。乃有明中叶以来，居然有雕本百卷行世。以愚观之，直近人撮拾成书，驾托崔氏，并非宋时所有也。宋龚颖《运历图》载前凉张实改元永安，张茂改元永元，张重华改元永乐，张祚改元和平，张天锡改元太清，张大豫改元凤凰，谓出鸿书。晁公武曰：'晋世张轨世袭凉州，但称愍帝建兴正朔，其间惟张祚篡窃，改建兴四十二年为和平元年，祚诛后，复奉穆帝升平之朔，不知颖何所据？或云出崔氏书，崔书久不传于世，莫能考也。'愚以今本对之，并无此事。孔毅甫谓从古史法，两人一事，必曰语在某人传，《晋书》王隐谏祖约弈棋一节，两传俱出，为文烦复，是乃史法紊乱之滥觞者。若在崔氏，今本有同一事而三四见者。况其列传大都寥寥数行，不载生卒，不叙职官，东涂西抹，痕迹宛然，是不辨而自见者，古今无此史例也。然且伦父不学，所有坊间《汉魏丛书》，再取今本芟之，百不存一，则即系崔氏旧本，经此刊除，已不足观，况其为伪书乎！"

钱大昕《十驾斋养新录》曰："今世所传《十六国春秋》凡两本。其一见于何镗等所刊《汉魏丛书》，仅十六卷，寥寥数简，殆出后人依托。其一明万历中嘉兴屠乔孙、项琳之所刊，前有朱国祚序，凡百卷，盖钞撮《晋书·载记》，参以他书，附合成之，其实亦赝本也。考《宋史·艺文志》《崇文总目》晁、陈、马三家书目，不载崔鸿《十六国春秋》，是宋人已无见此书者。明人好作伪书，自具眼者观之，不值一哂耳。《北史·崔鸿传》，鸿既为《春秋》百篇，别作序例一卷，年表一卷，今本无序例年表；又鸿子子元奏称亡考刊著赵、燕、秦、夏、西凉、乞伏、西蜀等遗载，为之赞序，褒贬评论，今本有叙事而无赞论，此其罅漏之显然者。"

王鸣盛《十七史商榷》曰："此书《隋志》一百卷，《唐志》一百二十卷，至《宋志》则无之，盖当五代及宋初而亡。故晁说之称司马温公所考《十六国春秋》，已非鸿全书。《文献通考·经籍考》亦不载。明樵李、屠乔孙迁之刻，贺燦然为序者，亦为一百卷，乃乔孙与其友人姚士粦辈取《晋书·载记》《北史》《册府元龟》等书为之，非原本。浦起龙注《史通》，中一条云：'屠欲起斯废，毋假初名，毋袭卷数，显号补亡可也。匿所自来，掩非己有，真书悉变为赝书矣。'或云，杭本《汉魏丛书》所收十六短录，故为鸿之旧，是说也，予犹疑之：鸿本传所载鸿书之误，如天兴二年，姚兴改号鸿始，而鸿以为改在元年，此必鸿书本用魏年号纪年，而分书各僭号于下故耳。今屠氏刻本，则直用各僭号纪年；即如鸿始元年，直叙姚氏事，未及魏事只字，观者亦何由而知其为误作改元在天兴元年乎？即此考之，伪作显然。"

眉按：杨复吉曰："《十六国春秋》，前人疑为屠乔孙、项琳之伪作，然当时事迹，散佚已久，二人自群籍中摭拾联络，至百卷之多，其才识亦有明所罕见矣。"（《梦阑琐笔》）余谓屠本《十六国春秋》，就体制言，不足以当才识之称；然缀集之功，未可以其伪而没之。《汉魏丛书》本，则不存可也。

隆平集

称宋曾巩撰。晁子止曰："似非巩撰。"

【补证】

《四库总目提要》曰："是书纪太祖至英宗五朝之事。凡分目二十有六，体似会要。又立传二百八十四，各以其官为类。前有绍兴十二年赵伯卫序。其记载简略琐碎，颇不合史法。晁公武《读书志》摘其记《太平御览》与总类为两书之误，疑其非巩所作。今考巩本传不载此集，曾肇作巩行状及韩维撰巩神道碑，胪述所著书甚备，亦无此集。据《玉海》，元丰四年七月，巩充史馆修撰，十一月，巩上《太祖总论》，不称上意，遂罢修五朝史。巩在史馆首尾仅五月，不容遽撰此本以进，其出于依托，殆无疑义。"

致身录

叙明建文壬午之事，从亡者三十二人，史彬与焉。云藏之茅山，道士手授焦竑，故竑为之序。科臣欧阳调律上其书于朝。惟钱牧斋

以吴匏庵、史彬墓表核之，断其必无者十，见《初学集》。又有程济
《从亡日记》，钱以为踵《致身录》之伪而为之也。

【补证】

眉按：钱谦益所谓必无者十，见所作《致身录考》（《初学集》卷
二十二）中。谓"《表》称彬幼跌宕不羁，国初，与诸少年缚贪纵吏
献阙下，赐食与钞，给舟遣还。恭谨力田为粮长，税入居最。每条上
利害，多所罢行，乡人赖之。如是而已。今彬果逊国遗臣，纵从亡访
主，多所讳忌，独不当云曾受先朝辟召乎？即不然，亦一老明经也，
其生平读书缵文，何以尽没而不书乎？文定之《表》，盖据明古（史
鉴）、《行状》，何失实一至于此？此其必无者一也。《表》称每治水
诸使行县，县官以为能，推使前对，反覆辩论无所畏。彬既从亡闲
归，尚敢印首伸肩，领诸父老抗论使者，独不畏人物色乎？其必无者
二也。洪熙初，奉诏籍报民间废田，减邑税若干石，以《录》考之，
彬方访帝于滇南，何暇及此？其必无者三也。《表》言彬重然诺，遇
事不计利害，至死不悔，而《录》云以从亡为仇家所中，死于狱。彬
实未曾死狱，而云以从亡死狱，甚其词以觊恤也。卒之年与日，《表》
与《录》皆舛误。其必无者四也。从亡徇志之臣，身家漂荡，名迹漫
漶，安有晏坐记别，从容题拂曰，某为补锅匠，某为葛衣翁，某为东
湖樵，比太学之标榜，拟期门之会集哉？其必无者五也。《录》载彬
入官后，元年谏改官训，四年请坚守，请诛增寿，皆剽窃建文时政，
以彬事傅致之也。不然，何逊国诸书，一时论谏皆详载，而独于彬削
之耶？其必无者六也。《录》后有敷奏记事，洪武二十四年八月廿五
日，东湖史仲彬缚贪纵官吏见上于奉天门，赐酒馔宝钞。次日陛辞，
朱给事吉祖之秦淮，王文学彝，张待制羽，布衣解缙，赋诗赠行，而
给事黄钺记其事。按：朱吉是年正辞疾里居，尚未入官；张羽自沉于
洪武初年；王彝于七年与魏观、高启同诛；解缙二十三年除江西道监

察御史，旋放归，是年缙不在朝，又不当称布衣也。黄钺于建文二年始授刑科给事中，安得洪武中先官给事？其必无者七也。《录》云，吴江县丞到彬家问建文君在否，彬曰未也。微哂而去。当时匿革除奸党，罪至殊死，何物县丞，敢与彬开笑口相向乎？其必无者八也。当明古时，革除之禁少弛矣，明古之友，自吴文定外，如沈启南、王济之辈，著书多讼言革除，何独讳明古之祖？明古为姚善、周是修、王观立传，具在《西郏集》中，何独于己之祖，则讳而没其实乎？其必无者九也。郑端简载梁田王等九人，松阳王诏得之治平寺转藏上，彼云转藏，此云道书，其傅会明矣。序文芜陋，亦非修撰笔也。其必无者十也"。吴江朱鹤龄非之曰："此论出，而《致身录》几不行。然吾邑二百年以来，父老相传，谓建文尝居史氏今所遗水月观，匾额是建文篆书，其说必有自来，非可凿空为之者。或谓建文既出，必深潜远引，不当近伏畿甸，是不然。方金川失守之时，遗臣多亡命三吴，密谋举义，事虽不成，建文深得人心，其间岂无悲感故君，阴相翼卫者！况仲彬为人，素仗气任侠，鱼服暂留，然后为冥飞寥廓之计，此亦事理之所宜有。即尔时法网严峻，然吾邑如杨任之匿黄子澄，吴贵三之庇袁杞山，率破千金，湛七族而不顾，安得谓仲彬之必非其人乎！夫建文逊国本末，《实录》未有明文，诸臣从亡，不过得之野老之传闻，稗编之笔录，其间影响失实者固多矣。仲彬之事，其过信之者，既比之介推割股，弘演纳肝；而力驳之者，直以为子虚亡是，诪张为幻而已。皆非古人疑则传疑之意也。"（《愚庵杂著·书史仲彬事》）余谓《明史·恭闵帝纪》虽并存帝由地道出亡之说，而《牛景仙传》谓《致身录》"一时士大夫皆信之，给事中欧阳调律上其书于朝，欲为请谥立祠，然考仲彬实未尝为侍书，《录》盖晚出附会，不足信"。黄宗羲亦谓《致身录》托名翰林史彬作，吴宽表史鉴之墓，书其曾祖彬未尝入仕（按钱所据者，为《匏庵家藏集》卷七十《清远史府君墓表》，黄所据者，则卷七十四《隐士史明古墓表》），则伪不待辨矣。（见《弘光实录钞》）是其书实不足信。前乎此者，如《忠贤奇秘录》，后乎此者，如《从亡日记》之类，不一而足，其记载且愈后愈凿凿，殆由惠帝之死或出亡，有以深入人心，故正义感之反映，乃历久而不息，鹤龄之不满于钱说，亦以此欤？杨复吉曰："当成祖诛夷忠义时，语言忌讳，文网密罗，为仲彬者既属从亡，敢著书以暴己之行迹乎？《致身录》之作，大抵其子若孙伪造以实之者。事业勋名，半从附会，遂开指摘之端，是仲彬之行，反为《致身录》所晦也。从亡之真，断无可疑，《致身录》之伪，亦断无可疑。"（《梦阑琐笔》）余谓是言颇近理。而复吉又引黄唐堂言，谓"谦益回护成祖，尽削建文之忠臣义士，其《列朝·闰集》载僧博洽为建文薙发忏诅长陵事，曰：'逊国之事，国史实录，削而不书，观洽公下狱之故，则金川夜遁之迹，于是益彰明较著矣。'在胜国时，著十辨以为尊者讳，已入本朝，不嫌吐露于笔墨而自相矛盾"云云，此对谦益为诛心之论。然《致身录》之伪，钱说诚确，固未有能针对其事而否定之者。

以上史类

子

类

鬻　子

　　世传子书始于《鬻子》。《汉志》道家有《鬻子》二十二篇，小说家有《鬻子说》十九篇。（本注云：后世所加。）今一卷，止十四篇，唐逢行珪所上。案：《史记·楚世家》："熊通曰：吾先鬻熊，文王之师也，蚤终。"叙称见文王时行年九十，非矣。又书载"三监""曲阜"事，寿亦不应如是永也。是其人之事已谬悠莫考，而况其书乎！论之者叶正则、宋景濂，皆以两见《汉志》为疑，莫知此书谁属。胡元瑞则以属小说家，亦臆测也。高似孙以为汉儒缀辑。李仁父以为后世依托。王弇州疑其七大夫之名。杨用修历引贾谊书及《文选注》所引《鬻子》，今皆无之，此足以见其大略矣。

【补证】

　　《四库总目提要》曰："旧本题周鬻熊撰。《崇文总目》作十四篇。高似孙《子略》作十二篇。陈振孙《书录解题》称陆佃所校十五篇。此本题唐逢行珪注，凡十四篇，盖即《崇文总目》所著录也。考《汉书·艺文志》道家《鬻子说》二十二篇，又小说家《鬻子说》十九篇，是当时本有二书。《列子》引《鬻子》凡三条，皆黄老清静之说，与今本不类，疑即道家二十二篇之文；今本所载，与贾谊《新书》所引六条，文格略同，疑即小说家之《鬻子说》也。杜预《左传注》称鬻熊为祝融十二世孙，孔颖达《疏》谓不知出何书。《史记》载鬻熊子事文王早卒，其子曰熊丽，熊丽生熊狂，熊狂生熊绎，成王时举文武勤劳之后嗣，受封于楚；《汉书》载魏相奏记霍光，称文王见鬻子年九十余，虽所说小异，然大约文武时人。今其书乃有昔者鲁周公语，又有昔者鲁周公使康叔往守于殷语，而贾谊《新书》亦引其成王

问答凡五条，时代殊不相及。刘勰《文心雕龙》云，鬻熊知道，文王
咨询，遗文余事，录为《鬻子》。则裒辑成编，不出熊手，流传附益，
或构虚词，故《汉志》别入小说家欤？独是伪《四八目》一书，见北
齐阳休之序录，凡古来帝王辅佐有数可纪者，靡不具载，而此书所列
禹七大夫，汤七大夫，皆具有姓名，独不见收，似乎六朝之末，尚无
此本，或唐以来好事之流，依仿贾谊所引，撰为赝本，亦未可知。观
其标题甲乙，故为佚脱错乱之状，而谊书所引，则无一条之偶合，岂
非有心相避，而巧匿其文，使读者互相检验，生其信心欤？"

眉按：贾谊《新书·修政语》引《鬻子》凡七条：对周文王者
一，对武王者一；对成王者五；其他二条，则王子旦与师尚父对武
王之言也。又《文选注》引《鬻子》"武王率兵车以伐纣，纣虎旅
百万，阵于商郊，起自黄鸟，至于赤斧，三军之士，莫不失色"。而
今本《鬻子》皆无之，故杨慎以为伪书。（《升庵全集》卷四十六）
《列子·天瑞篇》引鬻熊曰："运转亡已，天地密移，畴觉之哉？故物
损于彼者盈于此，成于此者亏于彼，损盈成亏，随世（生）随死，往
来相接，闲不可省，畴觉之哉？凡一气不顿进，一形不顿亏，亦不觉
其成，不觉其亏，亦如人自世（生）至老，貌色智态，亡日不异，皮
肤爪发，随世（生）随落，非婴孩时有停而不易也。闲不可觉，俟至
后知。"《力命篇》引鬻熊语文王（注：鬻熊，义王师也）曰："自长
非所增，自短非所损，算之所亡若何。"《杨朱篇》引鬻子曰："去名
者无忧。"而今本亦皆无之，故胡应麟以为今本非属于道家之《鬻子》
而亦未必小说家之旧。（《四部正伪》）余谓鬻熊为楚之先，见《左传》
僖公二十六年，事迹无考。《史记》言鬻子事文王早卒，而《汉书》
言文王见鬻子年九十余，其说不同，已难凭信，然要之不及见成王。
今贾谊《新书》记鬻子对成王者凡五条，显由读《汉书·艺文志》自
注"鬻子为周师，自文王以下问焉"之语而依傍为之。《列子》则任
意自撰道家语，分属古道家，非必有据。盖《新书》《列子》皆伪书，
今本《鬻子》不见《新书》及《列子》所引文，不足证今本《鬻子》

之伪。《汉志》著录之《鬻子》，当为战国时所依托，而今本《鬻子》，如《四库提要》所言，唐以来依仿贾谊所引，撰为赝本，则毋宁谓今本《鬻子》，与今本《新书》，皆唐以来人所依托，而其有心相避，或者竟出于一手，亦未可知也。

关尹子

陈直斋曰："周关令尹喜与老子同时。《汉志》有《关尹子》九篇，而《隋》《唐》及《国史志》皆不著录，其书亡久矣。徐藏子礼得于永嘉孙定。首载刘向校定序，末有葛洪后序。未知孙定从何传授，殆皆依托也。序亦不类向文。"恒按：宋景濂谓其文仿释氏，良然。

【补证】

胡韫玉曰："仁义礼智信，儒家之常言，道家所不言也。老子云：'失德而后仁，失仁而后义，仁义者，治之薄，乱之首。'庄子亦云：'有虞氏招仁义以挠天下。'《关尹子》则累言仁义礼智信，其曰'同之以仁，权之以义，戒之以礼，照之以智，守之以信'，与道家'贵道德，贱仁义'之旨不符。虽其立言之意，在于无我，而以仁义礼智信为用，究非道家之言，盖后人伪为，杂出儒家耳。又《关尹子》曰：'圣人师蜂立君臣，师蜘蛛立网罟，师拱鼠制礼，师战蚁制兵。'此言近于荒唐，与帝喾观鱼翼而创橹，视鸱尾而制柁（见《名物考》），夏禹效鲎鱼而制篷碇帆樯（见《事物绀珠》），同一无稽不可信。然亦非臆说，盖本'近取诸身，远取诸物'二语推而演之耳。《淮南子·说山训》'古人见窾木浮而知为舟'，汉人已习传此语，惟云君臣师蜂兵师蚁，与《易·序卦》之说不合，礼师鼠，与《荀子》

之说不合，观此数语，可确知非尹喜所作，盖周人必无此种附会之谈也。"（《读关尹子》）眉按：韫玉以此书杂出儒家之言，证非尹喜所作，甚当。然其言又谓"《关尹子》九章，一语蔽之，阐明老子虚无之旨耳"。（见同上）则未敢谓是。此书盖杂糅老子儒释仙技之说而成，无所谓"一家言"也。（一家言亦胡语）王世贞《读关尹子》曰："《关尹子》九篇，刘向所进，云其人即老子所与留著五千言者。其持论抑塞支离，而小近实，非深于师老子者也。其辞《潜夫》《论衡》之流耳，不敢望西京，何论庄列？至云'人之厌生死者，超生死者，皆是大患也。譬如化人，若有厌生死心，超生死心，止名为妖，不名为道'。则昭然摩腾入洛后语耳。"（俞樾《湖楼笔谈》七，"《关尹子·三极篇》曰：'蝍蛆食蛇，蛇食蛙，蛙食蝍蛆'，此五行相克之理，佛家果报之说所从出欤"？佛氏无袭《关尹子》之理，则《关尹子》之袭佛氏也明矣。谭献《复堂日记》卷五"《关尹子》句意凡猥，虽间有精语，已在唐译佛经之后，多有与《圆觉》《楞严》相出入者"。姚莹《识小录》卷三《关尹子近释氏》条，亦举其文甚多，可参阅。）岂向自有别本耶？抑向本遗错，后人妄益之耶？夫老子而不为关尹子著五千言已耳；老子而为关尹子著五千言，此其非关尹语也无疑。（《读书后》卷五）又杨慎曰："今世有《关尹子》，其文出于后人伪撰，不类春秋时文也。按：《列子·仲尼篇》引《关尹子》曰：'在己无居，形物其著，其动若水，其静若镜，其应若响。故其道若物者也。物自违道，道不违物。善若道者，亦不用耳，亦不用目，亦不用力，亦不用心。欲若道而用视听形智以求之，弗当矣。瞻之在前，忽焉在后，用之弥满六虚，废之莫知其所，亦非有心者所能得远，亦非无心者所能得近，惟默而性成者得之。知而亡情，能而不为，真知真能也。'又《说符篇》引关尹子谓列子曰：'言美则响美，言恶则响恶，身长则影长，身短则影短，名也者响也，身也者影也。故曰慎尔言，将有和之，慎尔行，将有随之，是故圣人见出以知入，观往以知来，此其所以先知之理也。度在身，稽在人。人爱我，我必爱之，人恶我，我必恶之。汤武爱天下，故王；桀纣恶天下，故亡，此所稽也。稽度皆明而不道也，譬之出不由门，行不从径也。以是求利，不亦难乎！尝观之神农有炎之德，稽之虞夏商周之书，度诸法士贤人之言，所以存亡废兴而非由此道者，未之有也。'按此二条，皆精义格言，今之伪撰者，曾无一语类是，可证矣。"（《升庵全集》卷四十六）盖皆不以此书为得老子之传。《列子》亦伪书，所引关尹子语，不足代表老子，然由此可见造《关尹子》者，即魏晋人所著书，亦未遍涉。盖其说不专主老子，文体又类《楞严》译笔，而嫁名关尹，可怪也！《四库总目提要》曰："刘向序称'盖公授曹参，参薨书葬。孝武帝时，有方士来上，淮南王秘而不出。向父德治淮南王事得之'。其说颇诞！与《汉书》所载得《淮南鸿宝秘书》言作黄金事者不同。疑即假借此事以附会之。故宋濂《诸子辨》以为文既与向不类，事亦无据，疑即孙定所为。然定为南宋人，而《墨庄漫录》载黄庭坚诗'寻诗访道鱼千里'句，已称用《关尹子》语，则其书未必出于定，或唐五代间方士解文章者所为也。"余谓此书所言，释多于老，方士或非所任；然如宋濂所举"婴儿蕊女，金楼绛宫，青蛟白虎，宝鼎红炉"之类，则虽非方士，其必为好仙技者所托无疑矣。

子华子

称程本。陈直斋曰："考前世史志及诸家书目并无此书，盖依托也。《家语》有孔子遇程子倾盖之事，而《庄子》亦载子华子见昭僖侯，昭僖与孔子不同时。《庄子》固寓言，而《家语》亦未可考信。当出近世能言之流，为此以玩世耳。"《周氏涉笔》曰："子华子所著，刘向序者，文字浅陋，不类向笔。"晁子止曰："多用王氏《字说》，谬误浅陋，殆元丰以后举子所为耳。"胡元瑞曰："此必宋人姓程名本者所为。"

【补证】

眉按：王世贞曰："《子华子》十卷，自孔子遇诸剡而赠之以束帛，于是著焉。余得而读之：《阳城渠胥章》颇言阴阳之理，亦有大致语，而风轮水枢之说，亦微近穿凿。其辨黄帝鼎成升遐事甚详，然似是公孙卿以后语。驳剡子礼亦正，然似是《左氏》以后语。《辞赵简子聘章》，则模《檀》《左》文也。晏子之事景公也，不治阿；且其言阿，则烹与封之说也。谓仲尼天也；又曰辙迹病矣，则门弟子之说也。《大道章》颇言身中之造化，时时及养生；《北宫意章》则及医矣，是岐黄之说也。凡《子华子》所言理，在春秋时最近，而文则广有所剿拟，诵之可也，然不可以为真《子华子》。"（《读书后》卷一《读子华子》）詹景凤曰："《子华子》为程本，孔子所称贤者，似老庄而儒，以故其书不儒不庄不老。文稍似汉，但意致不古。如云，元者太初之中气也，人之有元，百骸统焉，古之制字者，知其所以然，是故能固其元为完具之完，残其所固为贼寇之寇，如法度焉为冠冕之冠，意虽新而语落后代。大谛说道德不深致，说事功不剀切，既不可云隐，又不可云费，必赝作也。"（《小辨》卷五十六）然皆仅以其书为伪，而未敢质言其为何时伪托。冯时可曰："《子华子》'五源之溪，天下之穷处也。鼯吟而鼬啼，旦晓昏而日映也苍苍，踟蹰四顾，而无有人声。虽然，其土膏脉以发，其清流四注，无乏于灌溉，其蘋藻之茝，足以供祭，其石皱栗，烂如赭霞，蕙草之芳，从风以扬，垄耕溪饮，为力也佚，而坐啸行歌，可以卒岁'。此数语，词葩而乏混芒，东京以后笔也。"（《雨航杂录》上）则以其书为东汉以后人作。焦竑曰："《子华子》，程本书也。其语道德，则颇袭《老》《列》之旨，语专对，则皆仿《左氏》之文，是何彼此之偶合？作声歌，似指汉武朱雁芝房之事，喻子车，复窃韩愈《宗元墓铭》之意，是何先后之相侔？"（《焦氏笔乘》卷六）则以其书为唐以后人作。其实此书，宋人已群起指摘，谓为近时人所作，晁公武、陈振孙、《周氏涉笔》皆云然，而朱熹之言较详核。朱熹曰："会稽官书版本有《子华子》者，云是程本字子华者所作，即孔子所与倾盖而语者。好奇之士，多喜称之。以予观之：其词故为艰涩而理实浅近；其体务为高古而气实轻浮；其理多取佛老医卜之言；其语多用《左传》班史中字；其粉饰涂泽，俯仰态度，但如近年后生巧于模拟变撰者所为，不惟决非先秦古书，亦非百十年前文字也。原其所以，只因《家语》等书，有孔子与程子倾盖而语一事，而不见其所语者为何说，故好事者妄意此人既为先圣所予，必是当时贤者，可以假托声势，眩惑世人，遂伪造此书以傅合之。正如麻衣道者本无言语，只因小说有陈希夷问钱若水骨法一事，遂为南康军戴师愈伪造《正易心法》之书以托之也。然戴生朴陋，予赏识之，其书鄙俚，不足惑人。此《子华子》者，计必一能文之士所作，其言精丽过《麻衣易》远甚，如论河图之二与四，抱九而上跻，六与八，蹈一而下沈，五居其中，据三持七，巧亦甚矣，唯其甚巧，所以知其非古书也。又以洛书为河图，亦仍刘牧之谬，尤足以见其为近世之作。或云王铚性之、姚宽令威多作赝书，二人皆居越中，恐出其手；然又恐非其所能及。如《子华子》者，今亦未暇详论其言之得失，但观其书数篇与前后三序，皆一手文字；其前一篇托为刘向而殊不类向他书，后二篇乃无名氏岁月，而皆托为之号，类若世之匿名书者。至其首篇风轮水枢之云，正是并缘释氏之说。其卒章宗君三祥蒲璧等事，皆剽剥他书，傅会为说。其自叙出处，又与《孔丛子》载子顺事略相似。又言有大造于赵宗者，即指程婴而言，以《左传》考之，赵朔既死，其家内乱，朔之诸弟，或放或死，而朔之妻，乃晋君之女，故武从其母，畜于公宫，安得所谓大夫屠岸贾者兴兵以灭赵氏，而婴与杵臼以死卫之云哉？且其曰有大造者，又用吕相绝秦语，其不足信明甚。而近岁以来，老成该洽之士，亦或信之，固已可怪；至引其说以自证其姓氏之所从出，则又诬其祖矣。"（《朱文公集》卷七十一《偶读漫记》）然则此书为宋人伪撰，已无疑义。《四库提要》谓："其文虽稍涉曼衍，而纵横博辨，亦往往可喜，殆能文之士，发愤著书，托其名于古人者。观篇末自叙世系，以程出于赵，眷眷不忘其宗，属其子勿有二心以事主，则明寓宋姓，其殆熙宁绍圣之间，宗子之忤时不仕者乎？"谭献则谓"三经义行，为荆公之学者作伪欺世"。（《复堂日记》卷四）亦各有见，然其断为宋人伪撰则同也。至胡应麟谓："必元丰间越中举子姓程名本而不得志场屋者所作，盖版出会稽则越；文类程试则举子；义取《字说》则元丰；辞多拂郁，且依托前人，则困于场屋，思以自见，又虑不能远传，故传于春秋姓同而字相近者。"（《四部正伪》）其说虽甚新，要未敢许为不中不远耳。

亢仓子

柳子厚曰："太史公为《庄周列传》，称其为书，畏累虚亢桑子，皆空言无事实。今世有《亢仓子》，其首篇出《庄子》，而益以庸言。盖周所云者尚不能有事实，又况取其语而益之者，其为空言尤也。刘向、班固录书无《亢仓子》，而今之为术者乃始为之传注以教子世，不亦惑乎！"高似孙曰："开元天宝间，天子方乡道家之说，尊表《老》《庄》《列》；又以《亢仓子》号《洞灵真经》，既不知其人，又未有此书，一旦表而出之。处士王褒乃趋世好，迎上意，撰以献之。今读其篇，往往采《列子》《文子》及《吕氏春秋》《新序》《说苑》，又时采《戴氏礼》，源流不一。可谓杂而不纯，滥而不实者矣。"恒按：唐刘肃《大唐新语》，李肇《国史补》，并以《亢仓》作《庚桑》，亦言其伪。

【补证】

《四库总目提要》曰："晁公武《读书志》曰：'案：唐天宝元年，诏号《亢桑子》为《洞灵真经》，然求之不获。襄阳处士王士元谓

《庄子》作《庚桑子》，太史公《列子》作《亢仓子》，其实一也，取诸子文义类者补其亡。今此书乃士元补亡者。宗元不知其故而遽诋之，可见其锐于讥议也。'今考《新唐书·艺文志》载王士元《亢仓子》二卷，所注与公武所言同，则公武之说有据。又考《孟浩然集》首有宣城王士元序，自称修《亢仓子》九篇。又有天宝九载韦滔序，亦称'宣城王士元藻思清远，深鉴文理，常游山水，不在人间，著《亢仓子》数篇，传之于代'云云，与《新唐书》所言合，则《新唐书》之说，亦为有据。宋濂作《诸子辨》，乃仍摘其以'人'易'民'，以'代'易'世'，断为唐人所伪，亦未之考矣。惟是庚桑楚居于畏垒，仅见《庄子》，而《史记·庄周列传》，则云周为书如畏垒亢仓子，皆空言无事实，则其人亦鸿蒙云将之流，有无盖未可定。（眉按：俞樾《庄子人名考》曰：'司马云，楚名，庚桑姓也，太史公书作亢桑。按：《列子·仲尼篇》，老聃之弟子有亢仓子者，张湛注曰：音庚桑。贾逵《姓氏英览》云：吴郡有庚桑姓，称为七族。然则庚桑子吴人欤？'亦不足据。）刘恕《通鉴外纪》引封演之言曰：'王巨源采《庄子·庚桑楚》篇义补葺，分为九篇，云其先人于山中得古本，奏上之，敕府学士详议，疑不实，竟不施行。今《亢桑子》三卷是也。'然则士元此书，始犹伪称古本，后经勘验，知其不可以售欺，乃自承为补亡矣。"

眉按：方苞曰："《亢桑子》之伪，柳子厚辨之。晁氏谓唐天宝中诏求其书不得，而襄阳王士元乃假托焉。士元年世，先后于柳，虽不可知；然果诏求不得，而伪者晚出，则辨宜及之。且是书剽剟《戴记》诸子语甚众，而子厚第云首篇出《庄子》而益以庸言。又以文章取士及被青紫章服，为唐以后人语明甚。不据是斥之，而独以刘向、班固无其录为疑，然则今所传者，又可谓即子厚之所斥耶？"（《望溪集》卷五《书柳子厚辨亢桑子后》）其言亦颇当理。然则虽使王士元之本为补亡之本，而今本非王本，其为伪书也又奚疑？

晏子春秋

陈直斋曰："《汉志》八篇，但曰《晏子》。《隋》《唐》七卷，始号《晏子春秋》。今卷数不同，未知果本书否？"《崇文总目》曰："《晏子》八篇，今亡；此书盖后人采婴行事为之。"

【补证】

眉按：孙星衍曰："实是刘向校本，非伪书也。柳宗元文人无学，谓墨氏之徒为之。《郡斋读书志》《文献通考》承其误，可谓无识。晏子尚俭，礼所谓国奢则示之以俭。其居晏桓子之丧尽礼，亦与墨子短丧之法异。《孔丛》云，察传记晏子之所行，未有以异于儒焉。儒之道甚大。孔子言儒行有过失，可微辨而不可面数，故公伯寮愬子路而同列圣门。晏子尼溪之阻，何害为儒？且古人书外篇半由依托，又刘向所谓疑后世辩士所为者，恶得以此病晏子！"（《晏子春秋序》）此说似是而实非。故管同驳之曰："孙星衍甚好《晏子春秋》，为之音义。吾谓汉人所言《晏子春秋》不传久矣，世所有者，后人伪为者耳，何以言之？太史公为《管晏传赞》曰：'其书世多有，故不论；论其轶事。'仲之传载仲言交鲍叔事独详悉，此仲之轶事，《管子》所无；以是推之，荐御者为大夫，脱越石父于缧绁，此亦婴之轶事，而《晏子春秋》所无也。假令当时书有是文如今《晏子》，太史公安得称曰轶事哉？吾故知非其本也。唐柳宗元者，知疑其书，而以为出于墨氏。墨氏之徒，去晏子固不甚远，苟所为犹近古，其浅薄不当至是。是书自管、孟、荀、韩，下逮韩婴、刘向书，皆见剽窃。其诋訾孔子事，本出《墨子·非儒篇》。为书者见墨子有是意，婴之道必有与翟同者，故既采《非儒篇》入《晏子》，又往往言墨子闻其道而称之。

是此书之附于墨氏，而非墨氏之徒为是书也。且刘向、歆，班彪、固父子，其识皆与太史公相上下，苟所见如今书多墨氏说，彼校书胡为入之儒家哉？然则孰为之？曰，其文浅薄过甚，其诸六朝人为之者欤？"《读〈晏子春秋〉》余谓管同之说甚确。是书之剽窃古书，不必多引，即举内篇景公问吾欲观于转附朝舞一章，以与《孟子·梁惠王》篇对勘，而作伪之迹若揭矣。如改《孟子》秋省敛为秋省实，饥者弗食为贫苦不补，从流下而忘反为从南历时而不反，从流上而忘反为从下而不反，从兽无厌为从兽而不归，乐酒无厌为从乐而不归，不特无谓已甚，竟至不成文理。盖从流下而忘反四句，晏子不过泛解流连荒亡四字之意义，非在比切遵海而南之事实，而是书乃曰从南历时而不反谓之流，岂非作伪者强事牵合乎！又若方命虐民四句，与上饥者弗食四句，为子书中所恒有之韵语，而是书则妄删睊睊胥谗，民乃作慝，及方命虐民四句以为简古，是孟子引前人书，反得详于前人，有是理乎！盖作伪者意在使后人疑《孟子》异于《晏子》，不知适以使后人疑《晏子》异于《孟子》耳。恽敬谓其中"如梁邱据、高子、孔子皆讥晏子三心；路寝之葬，一以为逢于何，一以为盆成括；盖由采掇所就，故书中歧误复重多若此。而最陋者：孔子之齐，晏子讥其穷于宋、陈、蔡是也。鲁昭公二十九年，孔子之齐，至哀公三年，孔子过宋，桓魋欲杀之，明年厄于陈蔡绝粮，皆在定公十年晏子卒之后，今晏子乃于之齐时逆以讥孔子，岂理也哉！"（《读晏子》）则仅申述《崇文总目》后人采掇之说，而未敢质言其有意作伪。夫使此书而非出于有意作伪，则不应采掇《孟子》与之异同如此；与《孟子》而异同如此，此正作伪者之谬拙，而非采掇之疏略矣。

鬼谷子

《汉志》无。《隋志》始有，列于纵横家。《唐志》以为苏秦之书。

按《史·苏秦传》云："东事师于齐而习之于鬼谷先生。"《索隐》曰："乐壹注鬼谷子书云，秦欲神秘其道，故假名鬼谷。"然则其人本无考，况其书乎？是六朝所托无疑。晁子止、高似孙皆信之，过矣。柳子厚曰："《鬼谷》后出，而险盭峭薄，恐其妄言乱世难信，学者宜其不道。"宋景濂曰："鬼谷所言捭阖钩箝揣摩之术，皆是小夫蛇鼠之智，家用之则家亡，国用之则国偾，天下用之则天下失。学士大夫宜唾去不道。其中虽有'知性寡累，知命不忧'等言，亦恒语尔。"恒按：杨升庵谓《汉志》有《鬼容区》三篇，即《鬼谷子》，然无考；即有之，亦非今所传也。

【补证】

眉按：鬼谷当属假托之名。然自司马迁有苏秦习于鬼谷先生之言，而汉人已盛传其人。扬雄《法言·渊骞篇》曰："或问仪、秦学乎鬼谷术，而习乎纵横言，安中国者各十余年，是夫？曰，诈人也，圣人恶诸！"王充《论衡·明雩篇》曰："苏秦、张仪，悲说坑中，鬼谷先生，泣下沾襟。"（即《答佞篇》意）郭璞《登楼赋》曰："揖首阳之二老，招鬼谷之隐士。"又《游仙诗》曰："青溪千余仞，中有一道士；借问此何谁？云是鬼谷子。"《文选注·鬼谷子序》曰："周时有豪士隐于鬼谷者，自号鬼谷子，言其自远也。"则鬼谷子有其人矣。《史记·苏秦列传》，裴骃《集解》徐广曰："颍川阳城有鬼谷，盖是其人所居，因为号。"司马贞《索隐》曰："鬼谷，地名也。扶风池阳、颍川阳城并有鬼谷墟，盖是其人所居，因为号。"王应麟《玉海》引张守节《正义》曰："鬼谷谷名，在雒州阳城县北五里。"则鬼谷有其地矣。刘向《说苑·善说篇》引《鬼谷子》曰："人之不善而能矫之者难矣。"《汉书·杜周传》"业因势而抵陒"，颜师古曰："抵，击也。陒，毁也。陒音诡，一说陒，读与戏同。《鬼谷》有《抵戏篇》也。"《文选·蜀都赋》"剧谈戏论"注，"鬼谷先生书有《抵戏篇》"。

《史记·田世家》《索隐》引《鬼谷子》云:"田成子杀齐君十二代而有齐国。"(《庄子·胠箧篇》文与此同)《苏秦传集解》:"《鬼谷子》有《揣摩篇》也。"《索隐》引王劭云:"《揣情摩意》是《鬼谷》之二章名,非为一篇也。"《太史公自序》:"故曰,圣人不朽,时变是守。"《索隐》:"此出《鬼谷子》,迁引之以成其章,故称'故曰'也。"则《鬼谷子》有其书矣。然要之皆由司马迁之言而来,前此未有称鬼谷者。窃谓苏秦当时以一贫士,藉三寸舌,致势位富厚,不有所托,不足以取重立异,故诡称师事鬼谷以欺人耳。不然,岂有如此韬光匿采不识姓名之高士(高士之称,见《中兴书目》),肯以捭阖钩箝揣摩之术,教人取富厚祸败乎?《史记》所纪,得诸传闻,本不足据;自后人纷纷实之以地,赘之以书,而后所谓鬼谷先生者,遂若确有其人,而为谈纵横短长术者之所宗矣。古史上假托之名,渐演渐变,往往形成一极有权威之人,此例正多,不仅一鬼谷然也。若其书之伪托,则《揣摩》两篇,即其铁证。《战国策》载苏秦得太公阴符之谋,伏而诵之,简练以为揣摩,期年揣摩成。《史记》载苏秦得周书《阴符》,伏而读之,期年以出揣摩曰:"此可以说当世之君矣。"玩其语气,不过谓苏秦伏读《阴符》,以期年之功,成揣摩之术,而出以说当世之君耳。成者成是术也,出者出是术也,非谓成是书而出是书也。今《鬼谷子》乃有《揣摩》之篇,其不可信一也。就令《揣摩》系书名,则此书乃由苏秦用苦功读太公之《阴符》而来,非习之于鬼谷,何以《揣摩》之篇,乃在鬼谷之书?其不可信二也。若谓苏秦所读之《阴符》,即今《鬼谷》中之《阴符》,则《阴符》可属鬼谷,《揣摩》应属苏秦,今《鬼谷子》既有《阴符》,又有《揣摩》,其不可信三也。揣摩二字,其含义何若,虽难确定,然大率当连读,不当分读。高诱曰:"揣,定也。摩,合也。定诸侯使雠其术以成六国之从也。"江邃曰:"揣人主之情,摩而近之。"果如二说,则连为一篇可耳。今《鬼谷子》乃分为《揣篇》《摩篇》,既状一"揣"字,又状一"摩"字,义相属而辞不相涉,分之不患其拘耶!若如王劭所云"揣为《揣情》",

摩为《摩意》"(《太平御览》亦称《揣情摩意篇》），则情之与意，相混既易，揣之与摩，相去更近，分之不嫌其复耶！其不可信四也。陈三立亦以《揣摩》篇疑《鬼谷子》为伪书（《读鬼谷子》），而未尽其辞；今畅言之，使知其书之伪，即此两字加以研诘，便足令伪托者无可逃遁，不俟烦引博援也。王应麟谓："乐壹有苏秦假名鬼谷之语，而《鬼谷子》有《阴符》七术及《揣摩》二篇，合之《秦策》所记，则《鬼谷子》乃苏秦书明矣。"（见《汉书艺文志考证》）不知此书之有《阴符》及《揣摩》篇，正以暗射《秦策》也。《杜周传》服虔注抵陒曰："抵音低，陒音义，谓罪败而复抨弹之。苏秦书有此法。"与师古注不同。顾实据之，遂谓："《鬼谷子》十四篇，本在《汉志》之《苏子》三十一篇中，盖《苏子》为总名，而《鬼谷子》其别目也。"（《重考古今伪书考》）不知此书之有《抵戏篇》，正以暗射服说也。胡应麟曰："《鬼谷子》，《汉志》绝无其书，文体亦不类战国，晋皇甫谧序传之。案《汉志》纵横家有《苏秦》三十一篇，《张仪》十篇，隋《经籍志》已亡，盖东汉人本二书之言，荟萃附益为此，或即谧手所成，而托名鬼谷，若子虚亡是云尔。"此说虽未见其必然，然谓《鬼谷子》即《苏子》，毋宁谓为《鬼谷子》盗《苏子》以成书耳。《苏子》书久亡，《鬼谷子》乃后人伪托，自后人以《鬼谷子》为《苏子》，而《苏子》与《鬼谷子》，又生无端之纠葛。严可均曰："近有为《鬼谷子篇目考》者，据《御览》等书所引《苏子》三条，谓其文与《鬼谷子》不类，盖不知道家之《苏子》，乃苏彦非苏秦也。"（《铁桥漫稿·苏子叙》）黄以周曰："《意林》载苏淳语曰：'兰以芳致烧，膏以肥见炀，翠以羽殃身，蚌以珠碎腹。'《北堂书钞》《太平御览》并引之。《困学纪闻》以为苏秦语固误；后人以为彦语，亦未是。"（《子叙·苏子叙》）以苏淳误苏彦，以苏彦误苏秦，以苏秦误鬼谷子，其病皆由于不知《鬼谷子》之伪。而近人金天翮曰："鬼谷书无言纵横者。纵横家乃其弟子苏张所立，以游士而丧其名，并以其师为天下诟。鬼谷子高蹈，未尝蕲用于世，其术未必仅传诸苏张，易世而为道家宗，其所以摄阴阳之钥

而法龟龙也，可不谓智乎哉！"（《读〈鬼谷子〉》）噫！其与宋濂所谓
"小夫蛇鼠之智"者何远耶！盖尤为不善读书者之说已。

尹文子

《汉志》名家有《尹文子》一篇。晁子止曰："《尹文子》二卷，
周尹文撰，仲长统所定。序称'周尹氏，齐宣王时居稷下，学于公孙
龙，龙称之'，而《汉志》序此书在龙上。按龙客于平原君，君相赵
惠文王，文王元年，齐宣没已四十余岁矣，则知文非学于龙者也。"
宋景濂曰："仲长统卒于献帝让位之年，而序称其'黄初末到京师'，
亦与史不合。（此亦本晁说）予因知统之序，盖后人依托者也。呜呼，
岂独序哉！"

【补证】

梁启超曰："今本《尹文子》二篇，精论甚多，其为先秦古籍，
毫无可疑；但指为尹文作，或尹文学说，恐非是。《庄子·天下篇》
尹文与宋钘并称，其学以为无益于天下者，明之不如其已。名家所提
出种种奥赜诡琐之问题，皆宋尹一派所谓无益于天下者也。故彼宗专
标'见侮不辱''情欲寡浅'两义，以此周行天下，上说下教，自余
一切闲言，皆从剪断。《吕氏春秋·正名篇》引尹文语，专论'见侮
不辱'，正与《庄子》所说同。然则尹文非邓析、惠施一派之名家明
矣。今本《尹文子》'名以检形，形以定名'等语，皆名家精髓，然
与庄子所言尹文学风，几根本不相容矣。卷首一序，题云山阳仲长氏
撰定，似出仲长统所编次。然序中又有'余黄初末始到京师'语，统
卒于汉建安中，不能及黄初（眉按：《后汉书·仲长统传》言统卒于
献帝逊位之岁，《三国魏志·刘劭传》注引缪袭撰统《昌言表》，言统

卒于延康元年，盖即献帝逊位之岁，亦即曹丕称帝之岁黄初元年也。则统《序》云‘黄初末始到京师’，固误；梁氏云统卒于建安中，不能及黄初，亦误也），疑魏晋人所编，托统以自重。其书则本为先秦名家言，编者不得其主名，遂归诸尹文耶？尹文为齐湣王时人，见《吕氏春秋》，班云宣王，亦微误。”（《汉书·艺文志·诸子略考释》）

唐钺曰：“现行《尹文子》上下两篇，可疑之点甚多：其一，此书来历，据卷首山阳仲长氏序云：‘余黄初末始到京师，缪熙伯以此书见示，意甚玩之，而多脱误，聊试条次，定为上下篇。’《郡斋读书志》云：‘李献臣云，仲长氏，统也，熙伯，缪袭字也。传称统卒于献帝逊位之年，而此云黄初末到京师，岂史之误乎？’《四库总目提要》以为撰序之仲长氏未必是统，而谓晁公武因此而疑史误，未免附会。按《魏志·刘劭传》：‘缪袭亦有才学，多所述叙。（注引《文章志》曰，袭字熙伯。）袭友人山阳仲长统，汉末为尚书郎。’是撰序者有意影射仲长统，而未细考仲长氏之年代，以至露出破绽耳。且序云‘尹文与宋钘、彭蒙、田骈同学于公孙龙’，尹文约生于西纪前三六二至（前）二九三年，公孙龙当周赧王五十八年，信陵君破秦救赵时尚在，姑定此时为七十岁，则龙之生年，最早不过前三二六年，是尹文当大于公孙龙约三十六岁，岂反为其弟子乎？是序之为后人伪撰无疑。其二，引古书而掩晦来源。如下篇语曰‘恶紫之夺朱，恶利口之覆邦家’，见《论语·阳货篇》。上篇彭蒙曰：‘雉兔在野，众人逐之，分未定也；鸡豕满市，莫有志者，分定故也。’乃删用《吕氏春秋·慎势篇》所引《慎子》语。又上篇古语曰‘不知无害为君子’一段，乃《荀子·儒效篇》语。明用孔子、荀子之言而改作古语；且尹文为荀子前辈而以荀语为古语，岂非奇谈！其三，用秦以后之辞。先秦无‘韵’字，而《尹文子》有‘韵商而舍徵’语；汉始有‘名法’之辞，而上篇‘名法’凡三用。其四，文体不类先秦。如‘趋利之情，不肖特厚；廉耻之情，仁贤偏多’。特厚偏多，对太工整。又下篇‘故仁者所以博施于物，亦所以生偏私’一段，叠用八长句，而字数又整齐，非魏晋以前所宜有。其五，剿袭他书大段文字。如上篇'宣王好射'一段，共六十九字，与《吕氏春秋·贵直论·壅塞篇》文相同。下篇'孔兵摄鲁相'一段，共二百余字，与《荀子·宥坐篇》文，几于不改一字。又下篇'郑人谓玉未理者璞'一段五十字，抄《战国策·秦策》应侯语逸文。（《御览》四百九十四引）'虎求百兽食之'一段，共八十三字，抄《战国策·楚策》江乙对荆宣王语。其六，袭用古书而疏谬。如'接万物使分，别海内使不杂'，此误解《庄子·天下篇》'接万物以别宥为始'之语。又如上篇'见侮不辱'四语，及'苟连于人，俗所不与，苟忮于众，俗所共去'一段，皆失《天下篇》原意。又如下篇田子读书曰：'尧时太平。'宋子曰：'圣人之治以致此乎？'彭蒙在侧，越次答曰：'圣法之治以致此，非圣人之治也。'田子曰：'蒙之言然。'此不过搬弄《天下篇》中几个脚色，不知田骈、彭蒙本另是一家，作者误将论两家之文字连读，以致宋子与田子、彭蒙平生辍輠。且《天下篇》明称田骈学于彭蒙，岂有弟子直呼师名之理乎？其七，一篇之中自相矛盾。如上云'有名者未必有形'下又云'万名具列，不以形应之则乖'。其八，书中无尹文子之主张。《汉志》列《尹文子》为名家，则尹文书中，即不言名理，亦应述其别宥、情欲寡浅、见侮不辱等学说。但现行尹文子书中，言名理者极少；其余亦仅有'见侮不辱，见推不矜，禁暴息兵，救世之门'四语，而上下文对于见侮不辱、禁攻寝兵之说，全无发挥。又强入'见推不矜'之语。大部均言法术权势，岂不可怪！其九，书中有与尹文子主张相反者。如下篇有'以权术用兵，万物所不能敌'之语。其十，书中之错误，与序中之错误同。书中以宋钘、彭蒙、田骈扰成一堆，此由误会《天下篇》而致然，而序亦云与宋钘、彭蒙、田骈同学于公孙龙。然则序既伪托，书亦伪托无疑矣。或者云：'《说苑》述《尹文子》语，有近于道家无为之主张；而《周氏涉笔》引刘向，《容斋续笔》引刘歆之语，皆云尹文子意本《老子》，则与今本《尹文子》内容似相合。'然上述诸书所引，本不可靠；即可靠，亦仅能谓为伪撰《尹文子》者受刘氏父子之暗示而已。或者又云：'今本《尹文子》中亦有精采语，如马总《意林》、陈澧《东塾读书记》、胡适《中国哲学史大纲》所引皆是。'不知此特伪撰者捃撺古书中名家法家之思想，夹入文中，以坚读者之信心耳。且后人伪撰古书，虽不免露出文体上或年代上之错误，亦不能定谓后人说不出精采若古人之语。况《尹文子》中固有不少浅陋文耶？又有疑今本《尹文子》为后人补辑者，此亦非是。若系补辑，何以不将《吕氏春秋》《说苑》所引收入？又何以误会《庄子·天下篇》如是？又不应于两篇之中，含如许时代错误及其他破绽。可见此书是伪撰，不是补辑。按魏徵《群书治要》所录，及《意林》、杨倞《荀子·正论篇注》、《容斋续笔》所引，皆与今本大同小异。黄震《黄氏日钞》读《尹文子》造好牛好马之说，复掇拾名实相乱之事以证之，亦与今本上篇之文相合。可见唐宋人所见，即为今本。惟《文心雕龙·诸子篇》称'辞约而精，《尹文》得其要'，今本恐不能当此褒美。大抵刘勰所见非今本，今本或为陈隋间人所伪托。《汉志》一篇，《隋志》二卷，所谓二卷者，殆即今本上下两篇之书欤？姚际恒虽疑《尹文子》为伪书，而无明证；本文所举，可以证今本《尹文子》之确为伪书矣。"（节《清华学报》四卷一期《尹文和尹文子》）

公孙龙子

陈直斋曰："赵人公孙龙，为'白马非马''坚白'之辨者也。其为说浅陋迂僻，不知何以惑当世之听？《汉志》十四篇，今书六篇。首叙孔穿事，文意重复。"恒按：《汉志》所载而《隋志》无之，其为后人伪作奚疑。

【补证】

眉按：周有两公孙龙。汪琬曰："《史记·仲尼弟子传》龙字子石，《家语》以为卫人，郑玄又以为楚人，已莫知其真。追论岁月，决非赵之辨'坚白同异'者也。龙少孔子五十三岁。《年表》孔子卒于鲁哀公之十六年，是岁周敬王十四年也，龙年二十岁。至周赧王十七年，是岁，赵惠文王元年，封公子胜为平原君，距孔子卒时已一百七十九年矣。龙若尚在，当一百九十八岁，得毋为人妖欤！故吾谓春秋六国间，当有两公孙龙，决非一人。"（《尧峰文钞》卷九《辨公孙龙子》）。按：朱彝尊《曝书亭集》卷五十七《孔子门人考·公孙段》条，崔适《史记探源》卷七《孟子荀卿列传》条，并言《史记索隐》以两公孙龙为一人之误。）俞樾《庄子人名考》亦曰："据《弟子传》，公孙龙少孔子五十岁，而说'坚白异同'之公孙龙，则与孔穿同时。考《孔子世家》孔穿乃孔子之昆孙，去孔子六世矣，必不得与少孔子五十岁之公孙龙辩论也。庄子书之公孙龙，则即与孔穿辩论之人，而非孔子弟子。"今书《公孙龙子》之撰人，当属于后者。《公孙龙子》中《通变》《坚白》《名实》三篇，内容文字，多与《经》上下、《经说》上下四篇同；而《庄子·天下篇》所举二十一事，《列子·仲尼篇》所举七事，亦可与《墨辩》龙书相参发。盖龙以博辩驰骋当时，后之学者虽多诋讥，皆不能撇其说而不论。（《淮南子·诠言训》："公孙龙粲于辞而贸名。"《扬子·法言·吾子篇》："或问公孙龙诡辞数万，以为法法与？曰：'断木为棊，捖革为鞠，亦皆有法焉；不合乎先王之法者，君子不法也。'"杨倞注《荀子·修身篇》以"坚白同异"为曲说异理。《列子·仲尼篇》："公孙龙之为人，行无师，学无友，佞给而不中，漫衍而无家，好怪而妄言。"《庄子·天下篇》："公孙龙辩者之徒，饰人之心，易人之意，能胜人之口，不能服人之心。"）其学大抵以极微奥，核名实为归，与《墨辩》关系最深。而其主张偃兵（《吕氏春秋·审应览》一，又《审应览》七），又与《墨子》"兼爱""非攻"之说合。则亦墨子以后一才士矣。然今书《公孙龙子》六篇，果否出自公孙龙之手，则殊可疑。据《汉志》，《公孙龙子》十四篇，师古曰："即为坚白之辩者。"今书由十四篇减为六篇，而第一篇首句"公孙龙六国时辩士也"，明为后人所加之传略，则六篇只得五篇矣。第七以下皆亡。第二至第六五篇，每篇就题申绎，累变不穷，无愧博辩；然公孙龙之重要学说，几尽括于五篇之中。则第七以下等篇又何言耶？虽据诸书所记，五篇之外，不无未宣之余义；然又安能铺陈至八九篇之多耶？以此之故，吾终疑为后人研究名学者附会《庄》《列》《墨子》之书而成，非公孙龙之原书矣。惟姚氏但以"《汉书》所载，《隋志》无之"，断此书为伪作，则非为确证；故近人王琯以"世乱兵燹，典册播荡，即有晦显之遭，宁为真伪之界"驳之（《读公孙龙子·叙录》），良是。且今书虽非原书，然既能推演诸记，不违旨趣，则欲研究公孙龙之学说，亦未始不可问津于此书耳。

商　子

　　《汉志》法家有《商君》二十九篇。周氏《涉笔》曰："商鞅书亦多附会后事，拟取他辞，非本所论著也。其精确切要处，《史记》列传包括已尽。凡《史记》所不载，往往为书者所附会。"

【补证】

　　眉按：吕思勉《经子解题》曰："《通志》谓二十九篇亡其三，《直斋书录解题》谓二十八篇亡其一，严万里得元刻本凡二十六篇，实二十四篇。《史记·商君列传》太史公曰：'余读商君《开塞》《耕战》书，与其人行事相类。'《索隐》：'案商君书：开谓刑严峻则政化开，塞谓布恩惠则政化塞，其意本于严刑少恩；又为田开阡陌及言斩敌首赐爵，是耕战书也。'所释开塞之义，与今本不合。晁公武谓司马贞未尝见其书，妄为之说。今案开塞、耕战，盖总括全书之旨，非专指一两篇，《索隐》意亦如此，晁氏自误解也。《尉缭子·兵教》下，开塞谓分地以限，各死其职而坚守，此开塞二字古义，《索隐》容或误释。然谓其未见商君书固非；或又以与《索隐》不合而疑今书为伪，亦非也。今商君书精义虽不逮管韩之多，然要为古书，非伪撰。"《四库总目提要》则谓："《史记》称秦孝公卒，太子立，公子虔之徒告鞅欲反，惠王乃车裂鞅以徇。则孝公卒后，鞅即逃死不暇，安得著书？如为平日所著，则必在孝公之世，又安得开卷第一篇即称孝公之谥？殆法家者流，掇鞅余论以成是编耳。"顾实谓："《来民篇》曰：'今三晋不胜秦四世矣，自魏襄王以来，野战不胜，守城必拔。'《弱民篇》曰：'秦师至，鄢郢举若振槁，唐蔑死于垂沙，庄蹻发于内楚。'（眉按：《商子》原文庄蹻发于内，楚分为五，《荀子·议兵篇》作庄蹻起，楚分而为三四。）此皆秦昭王时事，非商君所及见也。"（《汉书艺文志讲疏》）余谓今书非司马贞所见之书可；谓司马贞未尝见今书亦可。但就今书而论，既搀入商君卒后事，其非商君撰无疑。司马贞唐人，即令见今书，而所释又不误，亦不得谓之非伪，况是书精义本不多耶！思勉漫谓要为古书，非伪撰，殊无据。俞樾《诸子平议》曰："《日知录》谓：'古无一日分十二时之说，自汉以下，历法渐密，于是以一日分为十二时，不知始于何时，至今不废。'然此书已言年月日时，则六国时已有此说矣。意所谓时者，尚是平旦鸡鸣之属，而非今之所谓十二时欤？"樾以是书并举年月日时，疑十二时之分，当始于六国；继疑始于六国太早，复以平旦鸡鸣之属解之。其实是书既述及长平之役，则离汉兴不过六十年，安知非伪托于历法既密，《史记》既行之后乎？

鹖冠子

《汉志》道家有《鹖冠子》一篇。旧称鹖冠子，楚人，隐居著书。柳子厚曰："余读贾谊《鵩赋》，嘉其辞，而学者以为尽出《鹖冠子》。余往来京师，求其书，无所见。至长沙，始得其书读之，尽浅陋言也。吾意好事者伪为其书，用《鵩赋》以文饰之。《史·伯夷传》称贾子曰：'贪夫徇财，烈士徇名，夸者死权'，不称《鹖冠子》。迁号博极群书，假令当时有其书，迁岂不见耶？"陈直斋曰："韩公颇道其书，而柳以为尽浅陋言。自今考之，柳说为长。"

恒按：《鹖冠子》，《汉志》止一篇，韩文公所读有十九篇，《四库书目》有三十六篇，逐代增多，何也？意者原本无多，余悉后人增入欤？

【补证】

眉按：是书决为后人伪托。前人多以是书《博选》《王鈇》《世兵》等篇为疑，今试校之如下：《博选篇》曰："博选者，以五至为本者也。故北面而事之，则伯己者至；先趋而后息，先问而后默，则什己者至；人趋己趣，则若己者至；凭几据杖，指麾而使，则厮役者至；乐嗟苦咄，则徒隶之人至矣。故帝者与师处，王者与友处，亡主与其徒处。"与《战国策》"郭隗对燕昭王曰，帝者与师处，王者与友处，霸者与臣处，亡国与役处。诎指而事之，北面而受学，则百己者至；先趋而后息，先问而后默，则什己者至；人趋则若己者至；凭几据杖，眄视指使，则厮役之人至；若恣睢奋击，呴藉叱咄，则徒隶之人至矣。此古服道致士之法也。王诚博选国中之贤者而朝其门下，天下闻王朝其贤臣，天下之士必趋于燕矣"同。《王鈇篇》曰："庞子曰，愿闻天曲日术。鹖冠子曰，其制邑理都使曢习者五家为伍，伍为之长，十伍为里，里置有司，四里为扁（陆佃解扁当为甸），扁为之长，十扁为乡，乡置师，五乡为县，县有啬夫治焉，十乡为郡，有大夫守焉"，与《齐语》"管子于是制国五家为轨，轨为之长，十轨为里，里有司，四里为连，连为之长，十连为乡，乡有良人焉以为军令"同。《世兵篇》曰："知者计全，明将不倍时而弃利，勇士不怯死而灭名。是以忠臣不先其身而后其君。是以曹沫为鲁将，与齐三战而亡地千里，使曹子计不顾后，刎颈而死，则不免为败军擒将，曹子以为败军擒将非勇也，国削名灭非智也，身死君危非忠也，故退与鲁君计，桓公合诸侯，曹子以一剑之任，劫桓公坛位之上，颜色不变，辞气不悖，三战之所亡，一旦而反，天下震动，四邻惊骇，名传后世。故曹子去忿悁之心，立终身之功，弃细忿之愧，立累世之名。"与《战国策》鲁仲连遗燕将书"吾闻之，智者不倍时而弃利，勇士不怯死而灭名，忠臣不先身而后君。曹沫为鲁君将，三战三北，而丧地千里，使曹子之足不离陈，计不顾后出，必死而不生，则不免为败军禽将，曹子以败军禽将非勇也，功废名灭，后世无称非智也，故去三败之耻，退而与鲁君计也。曹子以为遭齐桓公有天下，朝诸侯，曹子以一剑之任，劫桓公于坛位之上，颜色不变，而辞气不悖，三战之所丧，一朝而反之，天下震动惊骇，威信吴楚，传名后世。故去忿恚之心，而成终身之名，除感忿之耻，而立累世之功"同。其曰："'乘流以逝，与道翱翔'，'彼时之至，安可复还，安可控搏'，'水激则旱，矢激则远，精神回薄，振荡相转'，'迟速有命，必中三五，合散消息，孰职其时？至人遗物，独与道俱，纵躯委命，与时往来'，'祸乎福之所倚，福乎祸之所伏，祸与福如纠缠，浑沌错纷，其状若一，交解形状，孰知其则'，'众人唯唯，安定祸福，忧喜聚门，吉凶同域，失反为得，成反为败，吴大兵强，夫差以困，越栖会稽，勾践霸世，达人大观，乃见其可'，'至德无师，泛泛乎若不系之舟，能者以济，不能者以覆天，天不可与谋，地不可与虑，圣人捐物，从理与舍，众人域域，迫于嗜欲，小知立趋，好恶自惧，夸者死权，自贵矜容，烈士徇名，贪夫徇财，至博不给，知时何羞'，'细故裂葪，奚足以疑'。"与贾谊《鵩鸟赋》"'祸兮福所倚，福兮祸所伏，忧喜聚门兮，吉凶同域，彼吴强大兮，夫差以败，越栖会稽兮，勾践霸世'，'夫祸之与福兮，何异纠缠，命不可说兮，孰知其极？水激则旱兮，矢激则远，万物回薄兮，振荡相转'，'天不可预虑兮，道不可谋，迟速有命兮，焉职其时？''合散消息兮，安有常则'，'忽然为人兮，何足控搏'，'小智自私兮，残彼贵我，达人大观兮，物无不何，贪夫殉财兮，烈士殉名，夸者死权兮，品庶每生'，'至人遗物兮，独与道俱，众人惑惑兮，好恶积亿'，'寥廓忽荒兮，与道翱翔，乘流则逝兮，得坻则止，纵躯委命兮，不私与己'，'澹乎若深泉之静，泛乎若不系之舟，细故蒂芥，何足以疑'"等语同。剽袭颠倒之迹，历历可见，而以《鵩鸟赋》为尤显。柳宗元辨之甚是！李善注《文选·鵩鸟赋》，多引《鹖冠子》，而颜师古注《汉书·贾谊传》，略不一及，则注书亦贵有识也。沈钦韩曰："其中庞煖论兵法，《汉志》本在兵家，为后人傅会。"（《汉书疏证》）王闿运曰："道家《鹖冠子》一篇，纵横家庞煖二篇，《隋志》道家有《鹖冠》三卷，无庞煖书，而篇卷适相合，隋以前误合之。凡庞子言，皆宜入煖书。"（《湘绮楼集·题鹖冠子》）但以庞子为疑，可谓未窥其全。胡应麟曰："《鹖冠》，韩柳二说，自相纷挐（眉按：柳宗元谓为尽浅陋言，韩愈谓：'使其人遇时，援其道而施于国家，功德岂少哉！'并见本集），宋景濂谓：'其书本晦涩，后人复杂以鄙浅，故读者厌之，不复详悉其旨。'余以此书芜纇不驯，诚难据为战国文字，然词气瑰特浑奥，时时有之，似非东京后人所办。陆佃解《鹖冠》，谓'此书杂黄老刑名，而要其宿，时若散乱无家者，然奇言奥旨，亦往往而有也'。此论甚公而核。盖此书本道家，流入于刑名，固无足怪，而《近迭》《世兵》《天权》《兵政》等篇，始终皆论兵语，考《七略》，兵家有《鹖冠子》，虽班氏省之，而汉世尚传，后人混而为一，又杂以五行家，故驳然无统，陆氏不详考《艺文志》，因云尔尔。"（《四部正讹》）是《鹖冠》不特傅会纵横家兵家之庞煖（应麟亦疑《世贤》《武灵》二篇，为兵家庞煖书，见同上），亦傅会兵家之《鹖冠》矣。顾犹谓非东京后人所办，岂应麟于韩柳二说，未能有所择欤？余谓今本《鹖冠》之伪托，以必柳说为断，浅陋杂凑，非徒傅会他书之谓。《文心雕龙·诸子篇》有"鹖冠绵绵，亟发深言"之语，度刘勰所见，必非今书；若如今书之浅陋杂凑，又安可谓之深言耶？

慎　子

称赵人慎到撰。《汉志》法家有《慎子》四十二篇。《唐志》十卷。《崇文总目》三十七篇。今止五篇，其伪可知。

【补证】

眉按：胡韫玉《周秦诸子书目》曰："《慎子》，《四库书目》列在杂家。今读其书，如云'法虽不善，犹愈于无法'。又云'大君任法而弗躬，则事断于法。法之所加，各以分蒙赏罚而无望于君，是以怨不生而上下和矣'。又云'有权衡者不可欺以轻重，有尺寸者不可差以长短，有法度者不可巧以诈伪'。此皆法家之精言，故仍入法家。"余谓此亦恒语，非精言也。《庄子·天下篇》谓"慎到弃知去己而缘不得已，冷汰于物以为道理。推而后行，曳而后往，若飘风之还，若羽之旋，若磨石之隧。豪杰相与笑之曰，慎到之道，非生人之行，而至死人之理，适得怪焉"云云，求之今书《慎子》，似无些微影响。《天下篇》虽后人所作，若令得见今书，不当复有此语。《荀子·非十二子篇》曰："尚法而无法，下修而好作，上则取听于上，下则取从于俗，终日言成文典；及纠察之，则偶然无所归宿，不可以经国定分；然而其持之有故，其言之成理，足以欺惑愚众，是慎到田骈也。"则谓慎子尚法矣，然细味今书，亦与《荀子》所评不相应。虽曰刑名之学，原于道德，慎到之"弃知去己"，未尝不可以"以无知之法治，代有知之人治"为解；然使慎到之道，果仅如今书所言，则慎到乃一普通之法治家，彼豪杰何以笑其"非生人之行，而至死人之理"乎？吾意今书文字明白，不类先秦残籍，当由后人抄撮诸书法家语而成。《文献通考》引《周氏涉笔》曰："稷下能言者，如慎到最为屏去缪悠，剪削枝叶，本道而附于情，主法而责于上，非尹文、田骈之徒所能及。五篇虽简约，而明白纯正，统本贯末。"果如所言，其书诚伪托矣。夫四十二篇而仅存五篇，又安能统本贯末？五篇而能统本贯末，则其余三十七篇不皆赘耶？（其实是书虽伪托，在唐以前当不止五篇，故马总《意林》所采十二条，皆不见今书，而严可均录自《群书治要》者，盖有七篇，但亦只得七篇耳。《崇文总目》三十七篇，不可考。）

　　又按《四部丛刊》影印之江阴缪氏《慎子》钞本，乃由海宁陈氏所藏明万历间吴人慎懋赏刻本钞得者。分为内外篇。梁启超谓："其书鄙俚芜秽，将见存五篇，改头换面，文义全不相属；诸书佚文，则一无所采；又攀引《孟子》书中之慎滑釐为慎到（眉按：慎子名到，《史记》等书皆同，别有一慎子名滑釐，见《孟子》。而《庄子·天下篇》谓慎子学墨子弟子禽滑釐之术，后人不知其为两人，故有疑为师弟子适同名者。其实《孟子》之慎滑釐，非《庄子》之慎到也。慎懋赏盖故攀引之）；又因《史记》之文，而伪造为邹忌、淳于髡、慎到、田骈、接子、环渊问答语。真所谓小人无忌惮者。"（《汉书·艺文志·诸子略考释》）罗根泽作《慎懋赏本慎子辨伪》，列八证以难之（见《燕京学报》第六期），皆甚确，可参阅。

於陵子

　　刘向曾上《於陵子》，今不传。此乃明姚士粦伪撰，见《秘册汇函》。又宋郑思肖《心史》，相传亦出于姚，世因谓姚造。余按：《心史》言辞甚多，而且郁勃愤懑，自是一种逸民具至性者之笔，非可伪为也。叔祥与胡孝辕辈好搜古籍，谓于吴门承天寺井中得之。林茂之序，谓僧君慧浚井所得，或是。未敢附和以为伪书，附辨于此。

【补证】

《四库总目提要》曰："旧本题齐陈仲子撰。王士祯《居易录》曰：'万历间，学士多撰伪书以欺世，如《天禄阁外史》之类，人多知之；今类书中所刻唐韩鄂《岁华纪丽》乃海盐胡震亨孝辕所造，《於陵子》其友姚士粦叔祥作也。'凡十二篇：一曰《畏人》，二曰《贫居》，三曰《辞禄》，四曰《遗盖》，五曰《人问》，六曰《先人》，七曰《辩穷》，八曰《大盗》，九曰《梦葵》，十曰《巷之人》，十一曰《未信》，十二曰《灌园》。前有元邓文原题词，称前代艺文志、《崇文总目》所无，惟石廷尉熙明家藏；又称得之道流，其说自相矛盾。又有王鏊一引一跋，鏊集均无其文，其伪可验。惟沈士龙一跋，引扬雄《方言》所载齐语，及《竹书纪年》《战国策》《列女传》所载沃丁杀伊尹，齐楚战重邱，及楚王聘仲子为相事，证为古书，其说颇巧。然摭此四书以作伪，而又援此四书以证非伪，此正朱子所谓采《天问》作《淮南子》，又采《淮南子》注《天问》者也。士龙与士粦友善，是盖同作伪者耳。末有徐元文跋词，尤弇鄙，则又近时书贾所增，以冒称传是楼旧本者矣。"

孔丛子

称汉孔鲋撰。汉、隋、唐《志》皆无。宋《中兴书目》始有。嘉祐中，宋咸注。前人辨《孔光传》，孔子八世孙鲋，为陈涉博士，死于陈，固不得为汉人；而其书记鲋之没，其第七卷号《连丛子》者，又记太常臧而下，迄延光三年季彦之卒，则又安得为鲋撰！又书中载孔子与子思问答语，子思年六十三，在鲁穆公时；穆公之立，距孔子七十年，子思尚或未生，安得有问答之事！又《儒林传》所载为博士者曰孔甲，颜师古曰："名鲋而字甲也。"此书称名鲋字子鱼，亦不相合。又《汉志》杂家有《孔甲盘盂》二十六篇，本注谓"黄帝史，或曰夏帝时人"，与孔鲋初不相涉；《中兴书目》乃云"一名《盘盂》"，亦误也。李燫以为东汉末季彦辈为之。朱仲晦以为即注者伪作，其说近是。若为东汉人，隋唐志岂应无乎！

【补证】

臧琳《经义杂记》曰："《礼记·祭法》'相近于坎坛，祭寒暑也'。注：'相近当为禳祈声之误也。禳犹却也，祈求也，寒暑不时，则或禳之，或祈之，寒于坎，暑于坛。'《释文》：'相近依注读为禳祈，如羊反，下音巨依反，王肃作祖迎也。'案禳字从襄，襄与相声乱，祈近皆斤声，故禳祈误为相近，注义甚精，郑不云相近或为祖迎，则知本无作祖迎者。《孔丛子论书》云：'祖迎于坎坛，所以祭寒暑也。'与王肃同。《孔丛子》亦伪书。朱子云：'其文软弱，不类西京，多似东汉人语。'琳考此书解纳于大麓，烈风雷雨弗迷，禋于六宗，皆与伪孔及王肃合。《书正义》云，惟王肃据《家语》六宗与孔同。则《孔子家语》言禋于六宗，亦取《祭法》为说。其相近于坎坛句，必作祖迎于坎坛。今《家语》非完书，故无此文，孔仲达所据唐本有之。尝疑《孔子家语》、孔安国《书传》、《孔丛子》皆出于肃手，故其文往往互相祖述。盖三书皆托之孔氏，以希人之尊信，用以改郑说而申己意，驳郑氏非而证己是者，无不于此取之，故三书即肃之罪案也。试以此条论之，郑以相近为禳祈声近之误，肃于《礼记》改为祖迎，见作相近者，乃形似之误，而非声近之误，又恐后人不信其说，因托之《家语》以证之，复恐后人并疑《家语》为己所私定，故又著之《孔丛子》以证之。肃之诡计劳心，往往若此，非好学深思，心知其意者，恐急索解人不得也。"

眉按：疑《孔丛子》文体者，不特朱熹，洪迈、戴表元亦疑之。迈之言曰："前汉枚乘与吴王濞书曰：'夫以一缕之任，系千钧之重，上县无极之高，下垂不测之渊，虽甚愚之人，犹知哀其将绝，马方骇，鼓而惊之，系方绝，又重镇之，系绝于天，不可复结，坠入深渊，难以复出。'《孔丛子·嘉言篇》载子贡之言曰：'夫以一缕之任，系千钧之重，上县之于无极之高，下垂之于不测之深，旁人皆哀其绝，而造之者不知其危，马方骇，鼓而惊之，系方绝，重而镇之，系绝于高，坠入于深，其危必矣。'枚叔全用此语，《汉书》注诸家皆不引证，惟李善注《文选》有之。予按《孔丛子》一书，《汉艺文志》不载，盖刘向父子所未见。但于儒家有《太常蓼侯孔臧》十篇，今此书之末，有《连丛子》上下二卷，云孔臧著书十篇，疑即是已。然所谓《丛子》者，本陈涉博士孔鲋子鱼所论集，凡二十一篇，为六卷，唐以前不为人所称，至嘉祐四年宋咸始为注释以进，遂传于世。今读其文，略无楚汉间气骨，岂非齐梁以来好事者所作乎！"（《容斋三笔》）表元之言曰："子鱼生于战国之末，一为陈涉出，知难而退，遗言隐行，不传于世者必多，安在猎取一二，自暴其美，侈然上附于先君之列，而谓之著书耶？张耳、陈馀二人者，汉初谓之贤士，又或以叔孙通为圣人，今书数引其名，此后人所推托，若房玄龄、杜如晦之于文中子耳，《连丛》亦非孔臧所为。其四赋尤猥劣，无西都人语气，二书依傍故实，仅仅不失。余故读而疑之。然诸子书自列御寇以下，多非正文，君子之于书，为其可以正人心，息邪说也，则存之。《孔丛子》者，矫矫然守其经生之学，试读而行之，其心之于贫贱患难也，不苟辞之矣。此非孔氏子孙若其徒，孰能为哉？"（《剡源戴先生文集》卷二十三《读孔丛子》）盖二人犹未知为王肃伪撰。清人论《孔丛子》为王肃伪撰者颇多，以臧琳所辨，意虽不在《孔丛》，然最足见王肃重叠作伪之肺肝，故举此以概其余。惟姚氏据高似孙《子略》、宋濂《诸子辨》之说，疑子思年六十三（三系二之误），不及与孔子问答，亦难遽定。汪琬《跋子略》曰："《汉书·孔光传》首载孔氏谱牒，孔子生伯鱼鲤，鲤生子思伋，伋生子尚高，则伯鱼为子思父审矣。《家语》孔子年二十，娶亓官氏，明年生伯鱼，伯鱼年五十，先孔子卒，孔子后三年始卒，使子思犹未生，则孔氏谱不足据耶？《史记·鲁世家》，穆公之立也，距孔子已七十年，子思寿止六十二，使穆公时犹在，则与孔子相隔绝久矣，其去伯鱼当益远，不得为其子；然遍考诸书，又不言孔子有他支庶，何也？予以为宜从《孔丛子》。盖《孔丛子》与谱牒，皆出孔氏子孙之手，其说必有证左，非他书臆度者比。"（《尧峰文钞》卷三十九）则信孔子子思有问答事，而无以祛子思年六十二之疑。梁玉绳曰："王肃《家语后序》从《史记》作六十二，考伯鱼先孔子卒，则孔子卒时，子思当不甚幼，而《孟子》《檀弓》并称子思在鲁穆公时，故《汉艺文志》曰，子思为穆公师也。孔子没于哀公十六年，历悼公元公以至穆公即位之岁已七十年，安得子思年止六十二乎？毛氏《四书剩言》载王草堂复礼辨《史记》六十二是八十二之误；曲阜孔农部继汾《阙里文献考》亦云然，当不谬也。刘恕《外纪》据《孔丛·记问篇》子思孔子问答，与《抗志篇》子思居卫鲁穆公卒之言，以子思年寿为疑；而不知《孔丛》伪书，自不足信，《通考》二百凡引《书录解题》及《余冬叙录》廿六俱辨之。《通鉴》书子思言苟变于卫侯，在周安王廿五年，亦误信《孔丛》尔。"（《史记志疑》卷二十五）然则孔子子思之问答固不足信；即《史记》所载亦误也。王肃《家语后序》从《史记》作六十二，岂非疏软！叶适亦谓《孔丛子》所载子思岁月，全不可考（《习学记言》卷十七）。至《四库提要》谓"《水经注》引《孔丛子》曰：'夫子墓茔方一里，在鲁城北六里泗水上，诸孔邱封五十余所，人名昭穆不可复识，有铭碑三所，兽碣具存'云云，今本无此文，似非完帙。然其文与全书不类，且不似孔氏子孙语，或郦道元误证？抑或传写有讹，以他书误题《孔丛》欤？"，则单文偶征，即出《孔丛》原书，亦与真伪无干。

文中子

（一名《中说》）

称隋王通撰。宋阮逸注。世有以其姓名史所不载，疑并无其人者。按王仲言《挥麈录》曰："唐李习之尝有《读文中子》；刘禹锡作《王华卿墓志》，载其家世及通行事甚详；皮日休有《文中子碑》，见文集。"胡元瑞又言《王勃传》称"祖通，隋末大儒"，则是有其人矣。又有疑其书为阮逸伪造者。按《唐志》已有五卷，胡元瑞谓"刘贲已斥其拟经之罪"，则又非皆逸伪造矣。予谓既有其人，又其书为所作，则适以见通一妄夫耳。尔何人斯，而敢上比孔子，作伪书以拟《论语》乎？即孔子之后再有圣人，亦当别出言行；未闻有比拟其书便可为圣人者！甚至于《颜子》，亦取一门人蚤死者拟之，其可恶甚矣！若夫捏造唐初宰相以为门人，当时英雄勋戚辈直斥之无婉辞，又何其迂诞不经也！以至武夫悍卒，日仆仆于其门而问道讲经，虽三尺童子亦知其无是事矣！说者又以为出于其子福郊、福畤之所为。然则其父报仇，子且行劫，有所由来，宁足为通洗罪乎！至其书之舛错者，尤不一焉。如仁寿四年，通始至长安，李德林卒已九年，而书有德林请见之语。江都有变，而书有泫然而兴之言。关朗在太和中见魏孝文；自太和丁巳至通生之岁开皇四年甲辰，一百七年矣，而书谓问礼于关子明。《隋书》薛道衡子收初生，即出继族父儒，至于长成，不识本生，而书有薛公命子往事之之语。此皆晁氏所摘发者若此，抑又无论矣。自宋之程朱极为揄扬，以为"隐德君子"，以为"其学近正"，以为"愈于退之"，自此后人遂依声附和，不敢于轻议。噫！其书中以佛为圣人，以无至无迹为道，以五典潜五礼错为至治，亦曾见之否耶？诸人于其舛错悖戾，率举而归之于二子与阮逸，然则通之善处又安在也？自予论之，惟以此书为阮逸伪造则已，通犹可解免；若以为非阮逸伪造，则无可解免矣。即以为福郊、福畤之所为，亦于通无可解免矣。通耶，郊耶，畤耶，逸耶，吾不得而知之，总不若火其书之为愈也。

【补证】

眉按：司马光《文中子补传》曰："余窃谓先王之六经，不可胜学也，而又奚续焉？续之庸能出于其外乎？出则非经矣。苟无出而续之，则赘也，奚益哉！今其六经皆亡，而《中说》独存。《中说》亦出于其家。虽云门人薛收、姚义所记，然予观其书，窃疑唐室既兴，凝与福畤辈依并时事，从而附益之也。何则，其所称朋友门人，皆隋唐之际将相名臣，如苏威、杨素、贺若弼、李德林、李靖、窦威、房玄龄、杜如晦、王珪、魏徵、陈叔达、薛收之徒，考诸旧史，无一人语及通名者。《隋史》，唐初为也，亦未尝载其名于儒林隐逸之间。岂诸公皆忘师弃旧之人乎？何独其家以为名世之圣人，而外人皆莫之知也。福畤又云：'凝为监察御史，劾奏侯君集有反状，太宗不信之，但黜为姑苏令。大夫杜淹奏凝直言非辜。长孙无忌与君集善，由是与淹有隙。王氏兄弟皆抑不用。时陈叔达方撰《隋史》，畏无忌，不为文中子立传。'按叔达前宰相，与无忌位任相埒，何故畏之，至没其师之名，使无闻于世乎？且魏徵实总《隋史》，纵叔达曲避权威，徵肯听之乎？此予所以疑也。又淹以贞观二年卒，十四年，君集平高昌还而下狱，由是怨望十七年，谋反诛，此其前后参差不实之尤著者也。"（邵博《闻见后录》）洪迈曰："王氏《中说》所载门人，多贞观时知名卿相，而无一人能振师之道者，故议者往往致疑。其最所称高弟曰程、仇、董、薛。考其行事，程元、仇璋、董常无所见。独薛收在《唐史》有列传，踪迹甚为明白。收以父道衡不得死于隋，不肯仕。闻唐高祖兴，将应义举，通守尧君素觉之，不得去。及君素东连王世充，遂挺身归国，正在丁丑戊寅岁中。丁丑为大业十三年，又为义宁元年；戊寅为武德元年，是年三月，炀帝遇害于江都，盖大业十四年也。而杜淹所作《文中子世家》云：'十三年江都难作，子有疾，召薛收谓曰：吾梦颜回称孔子归休之命，乃寝疾而终'，殊与收事不合，岁年亦不同，是为大可疑者也。又称李靖受诗及问圣人之道，靖既云丈夫当以功名取富贵，何至作章句儒，恐必无此也。今《中说》之后，载文中次子福畤所录，云杜淹为御史大夫，与长孙太尉有隙。予按：淹以贞观二年卒，后二十一年，高宗即位，长孙无忌始拜太尉，其不合于史如此。故或者疑为阮逸所作，如所谓薛收《元经传》亦非也。"（《容斋续笔》。郑瑗《井观琐言》："李翱《答王载言书》云：'理有是者，而词章不能工，王氏《中说》是也。'宋龚鼎臣尝得唐本《中说》于齐州李冠家，则《中说》之传久矣。"因谓龚氏本与阮逸本，文各不同，逸或不能无增损于其间，以启后人之疑。）叶大庆曰："《世家》云，'开皇四年，文中子始生'；又曰'开皇九年，江东平，铜川府君叹曰，王道无叙，天下何为而一乎！文中子侍侧十岁矣'云云。大庆按：开皇四年文中子始生，至九年方六岁，何为而言十岁乎？此其疏略自戾，不待他人攻其失也。又云'十八年文中子有四方之志，受《书》于东海李育，问礼于河东关子明'（时文中子二十五岁）。大庆按：子明乃北魏孝文太和末年，为晋阳穆公公府记室（穆公，文中子高祖），穆公荐于孝文，孝文曰：'嘉谋良策，勿虑不行，朕南征还日，当共论道以究治本。'计其年代，当齐明帝永泰元年戊寅岁也。自是以至开皇十八年戊午，盖一百一岁矣。使子明为记室时方弱冠，至是亦百二十余岁矣，安得有文中子问礼于子明之事？非年岁之牴牾乎？"（《考古质疑》）又曰："《中说》有可疑处，往往王氏子弟如王凝、福畤不无附会于其间。何以言之？《王道篇》云：'李德林请见之，与之言，归有忧色。门人问子。子曰："德林与吾言，终日言文而不及理。"门人退，子援琴鼓《荡》之什，门人皆沾襟焉。'又《礼乐篇》云'安平公问政'，即德林也。大庆按：《通鉴》，德林死于开皇之十年，时文中子方七岁，固未有门人，德林何为而请见，门人何为闻琴而沾襟哉？此其谬误，断无可疑。故谓王凝、福畤不无附会于其间者此也。"（见同上。按：此说亦见白珽《湛渊静语》卷一。宋濂《诸子辨》谓其书出于福郊、福畤之所为。）朱鹤龄曰："今观其书，所称门人李德林、李靖、窦威、房玄龄、杜如晦、王珪、魏徵、陈叔达、薛收之徒，皆位至公辅。及考王无功《游北山赋》，自注云，'吾兄白牛溪之集，门人常以百数，董恒、程元、贾琼、薛收、姚义、温彦博、杜淹等十余人称俊颖'，而不及房、杜、魏，则三人非及门可知矣。郑毅夫獬论《中说》之妄，谓李德林卒于开皇十二年，仲淹时年八九岁，而云德林请见，归而有忧色，援琴鼓《荡》之什，门人皆沾襟，关子明朗，魏太和中见孝文帝，至开皇间已百余年矣，而云问礼于子明。二者，其妄显然。夫仲淹没于大业十三年五月，是岁，唐高祖入关，房、魏诸公或往来河汾，相与讲说，亦未可知。其子见诸公之盛也，遂悉引为弟子以重其父，岂知欲重之而反以诬之也哉！"（《愚庵杂著》）黄式三曰："阮逸序，责房玄龄不能扬师之教。考史，玄龄卒于贞观戊申，年七十一，则生于开皇前四年戊戌，齿长于文中子六岁；即据史开皇庚申，高孝基典选得房玄龄，年十八，则房公生于开皇三年，齿亦长文中子一岁（眉按：王世贞《读书后》云：'李靖以贞观廿三年卒，年七十九，魏徵以十七年卒，年七十三，当并长文中子十六岁。房玄龄以贞观廿二年卒，年七十一，当长文中子九岁。杜如晦以二年卒，年四十六，当长文中子四岁。'）；其举进士，在文中子献策之前三年。房公能不挟长，不挟贵，师文中子于生前，其既死也，乃不能扬于后乎？杜淹、陈叔达，皆书中所指为及门之弟子也。而史载隋文帝恶杜淹之伪隐，流之江表，事在开皇初，则淹著名于文中子初生之时。陈叔达为陈宣帝之子，其封义阳王于大建戊戌，在开皇前三年。然则此书所列弟子之名，等诸乌有子虚而已。"（《儆居集·读中说》）王鸣盛曰："邵氏远平曰：'王通拟经，宋儒讥其僭；然正学蓁芜，通崛起河汾，毅然自任，就其所至，岂出陆德明、颜师古、孔颖达下，乃《隋史》既逸其传，《唐书》又不补入，殊属阙然。'愚谓通隋人，《唐书》本不当有专传；然新、旧《隐逸传》，于通之弟绩传中，已附见通事,非全不见也。而《旧书》乃云通自有传,则史之驳文耳。且以通之浮虚无实,原未足比德明诸人,而今所传《文中子》,在唐已多尊信之者,如陆龟蒙《送豆卢处士谒宋丞相序》,皮日休《文中子碑》,司空图《文中子碑》及《三贤赞》云云。然皮、陆、司空,皆未免于诞;至赵宋妄人阮逸为《中说注》,又多增窜,非尽出通手也。假如其说,唐初房、杜辈皆出通门下,平日讲道论德,佩服训言,后得君秉权,位极将相,纵不能表彰先师,备加崇奉,而《隋书》实出诸公手,为立一传何难,乃亦靳之,有是理乎!腐头巾村学究牛宫傍教三五儿童,日长渴睡,无以自遣,援笔辄效圣经,开口自任道统,非王通、阮逸辈为之作俑哉!"(《十七史商榷》)俞正燮曰:"文中子王通必有其人,作书者盖王凝父子,夸诞可怜人也。其云,子之家庙,座必东南向,不忘先人之国,似非情理。又云,子之家朝服祭器不假。又云,子躬耕,庶人之职也,何当有朝服,盖虚造语言,随意所之耳。"(《癸巳存稿》)吴敏树曰:"通之著书也,皆仿佛孔子之所为,岂不曰我孔子之后一人哉?然通之死,年才三十余耳,其著书固已早矣。以孔子之圣,而曰三十而立,计其时未敢有所为也。至老而不遇,乃退而有删定之事,孔子且然,况通也哉!通岂逆知己年之不永,身之不显,而欲以其言存其道耶?圣人之道,非言之存也,道固存焉;通果有道耶?如通之所为,盖孔子之所慎重,不敢以易言者,则通且贤于孔子邪?通既已如此矣,又何怪传其书者争附会之,以尊其名,使后之论者,疑其事之多虚,而甚且意通之或无其人也,其有以取之矣。"(《书文中子〈中说〉后》)梁启超曰:"隋末有妄人曰王通者,自比孔子,而将一时将相,若贺若弼、李密、房玄龄、魏徵、李勣等,皆攀认为其门弟子;乃自作或假手于其子弟以作所谓《文中子》者,历叙通与诸人问答语,一若实有其事。此种病狂之人,妖诬之书,实人间所罕见;而千年来所谓河汾道统者,竟深入大多数俗儒脑中,变为真史迹矣。"(《中国历史研究法》)余谓王守仁《传习录》中称王通为贤儒,程朱虽称其人,而程疑拟经之类,非其所作,朱疑其书多后人添入,守仁则直谓其拟经为效法孔子。孙奇逢又入之《理学宗传》，称通隐居教授，以洙泗之事为事，粹然无复可议者。钱谦益且谓"文中子序述六经，为洙泗之宗子。有宋巨儒，自命得不传之学，禁遏之如石压笋，使不得出，六百余年矣。斯文未丧，当有如皮袭美、司空表圣其人者，表章其遗书，以补千古之阙"（《跋文中子〈中说〉》），则其魔力之大可知。吴师道曰："愚尝观韩子送王含序，谓读《醉乡记》，悲其托于昏冥以逃不遇圣人为之归者，以为绩盖通之弟，通之学以尊孔子，与韩同科，何以无一言之？称《醉乡》之文辞，而《续经中说》乃反不道耶？因是而思福郊、福畤与其门人既傅会成书，当时耳目犹近，故藏于家而不敢出；意数世之后，殆不复有辨之者，故刘禹锡、李翱始举其名。二人与韩同时，而韩独未见，盖其传犹未广。唐季皮日休、司空图好之而始章。其出没隐显之故可知矣。然其岁月事实，牴牾乖剌，终不足以掩后世之耳目也。虚美诬辞，反为父师之累，至有不信其真有是人者，郊、畤门人之罪，可胜诛哉！"朱一新曰："《中说》非伪书，周秦诸子，无不有自相牴牾之说，盖多为后人杂乱也。惟通既以圣自居，诸弟子遂以圣尊之；唐以前又不知僭经之为非，自子云《法言》后，规橅沿袭，动辄成风，《中说》之摹拟，亦犹是也。知尊其师而不知所以尊，龙川陈氏所谓适足为是书之累耳。"斯二说虽颇致疑于其书之牴牾杂乱，而皆欲为王通开脱，诿过于其门人子弟；余谓王通实有其人，门人皆系虚造，是书当为其自作，或授意子弟所作。（章炳麟谓王勃伪造，亦非确说。）盖谬书而非伪书也。

六　韬

《汉志》无。《隋志》始有，称吕望撰。《汉志》儒家有周史《六弢》六篇，颜师古曰："即今之《六韬》。"按"六弢"之名出《庄子》，然《汉志》儒家，非兵家。其辞俚鄙，伪托何疑。或以其有"避正殿"语，此乃秦汉事；然亦无烦辨此也。惟一端极可笑者，胡元瑞曰:"《六韬》有《太公阴符篇》,云'主与将有阴符,凡八等:克敌之符长一尺,破军之符长九寸,失利之符长三寸而止',盖伪撰之人不识阴符之义,以为符节之符也。"

司马法
(一名《司马穰苴兵法》)

《史·司马穰苴传》曰:"齐威王使大夫追论古者《司马兵法》,而附穰苴于其中,因号曰《司马穰苴兵法》。"论曰:"余读《司马兵法》,闳廓深远,虽三代征伐未能竟其义,如其文也,亦少褒矣。若夫穰苴区区为小国行师,何暇及《司马兵法》之揖让乎!"恒按:《汉志》以此书列于经之礼类,曰军礼《司马法》百五十五篇。言军礼者,本于刘歆《七略》,《周礼》大宗伯有吉、凶、军、宾、嘉五礼之说,故以之入于礼类而曰《军礼》。其实五礼之说,谬妄不足据也。《司马兵法》之书,今不可见;其中必多揖让仪文,故史迁亟称之曰"三代未竟其义"。又曰:"《司马兵法》之揖让也。但班氏既分子类,依任宏兵家四种,奈何又以《司马兵法》入于经之礼类乎?此班氏之误也。当时百五十五篇,《隋志》三卷,不分篇,已亡矣;今此书仅五篇,为后人伪造无疑。凡古传记所引《司马法》之文,今书皆无之;其篇首但作仁义肤辞,亦无所谓揖让之文,间袭《戴记》数语而已。若然,史迁奚至震惊之以为三代不能竟其义乎?是不惟史迁所谓《司马兵法》今不复见,即所谓'附穰苴于其中,号曰《司马穰苴兵法》'者亦不复见矣。"

吴　子

称魏吴起撰。《汉志》四十八篇；今六篇。其论肤浅，自是伪托。中有屠城之语，尤为可恶。或以其有礼义等字，遂以为正大非武之比，误矣。

黄石公三略

《汉志》无。《隋志》始有。其称黄石公者，史载张良过下邳，圯上老人授书曰："《太公兵法》也。或又以为黄石公所授。"故称之。《隋志》无以名之，乃曰"下邳神人撰"，甚可笑。其伪无疑。

尉缭子

《汉志》杂家有二十九篇，兵家有三十一篇。今二十四篇。其首《天官篇》与梁惠王问对，全仿《孟子》"天时不如地利"章为说；至《战威》章则直举其二语矣。岂同为一时之人，其言适相符合如是耶？其伪昭然。又曰："古之善用兵者杀士卒之半；其次杀其十三；其下杀其十一。能杀其半，威加海内；杀十三者，力加诸侯；杀十一者，令行士卒。"教人以杀，垂之于书，尤堪痛恨！必焚其书然后可也。史称杨素每临敌，必求人过失而斩之，多至百人，流血盈前，言笑自若；对阵辄令数百人出，不能陷阵而还者悉斩之，如是往复为常；正与此说同。

李卫公问对

晁子止曰：“史臣谓《李靖兵法》，世无完书，略见于《通典》。今《问对》出于阮逸家；或云逸因杜氏附益之。”陈直斋曰：“亦假托也！文辞浅陋尤甚。今武学以七书试士，谓之武经。何薳《春渚纪闻》言其父去非为武学博士，受诏校七书，以《六韬问对》为疑，白司业朱服，服言此书行之已久，未易遽废，遂止。（恒按：今七书以《六韬问对》抑置于后者，朱服因何去非此言也。）后为徐州教授，与陈师道为代，师道言闻之东坡，‘世传王通《元经》，关朗《易传》，及李靖《问对》，皆阮逸伪撰；逸尝以草示奉常公’云。奉常公者，老苏也。”马贵与曰：“《四朝国史》，神宗诏枢密院曰：‘唐李靖兵法，世无全书；杂见《通典》，离析讹舛。又官号名物与今称谓不同，武人将佐不能通其意。令枢密院官与王震、曾收、王白、郭逢原等校正，分类解释；令今可行。’岂即此《问对》三卷耶？或别有其书也。然晁、陈二家以为取《通典》所载附益之，则似即此书。然神宗诏王震等校正之说，既明见于国史，则非逸之假托也。”恒按：今世传者当是神宗时所定本，因神宗有“武人将佐不能通晓”之诏，故特多为鄙俚之辞。若阮逸所撰，当不尔。意或逸见此书，未慊其志，又别撰之；而世已行此书，彼书不行欤？然总之为伪书矣。

以上《六韬》至《问对》凡六书，暨《孙子》，宋元丰中定为七书，谓之《武经》，以取武士。今世仍之，故予亦类记焉。其《孙子》别出于后。七书中惟《孙子》为古；余皆伪，可废也。

【补证】

姚鼐曰：“世所有论兵书，诚为周人作者，惟《孙武子》耳，而不必为武自著；若其余皆伪而已。任宏以《司马法》百五十五篇入兵权谋，班固出之以入礼经，太史公叹其闳廓深远，则其书可知矣。世所传者，泛论用兵之意，其辞庸甚，不足以言礼经，亦不足言权谋；且仅有卷三耳。《汉艺文志》，《吴起》四十八篇，在兵权谋，《尉缭子》三十一篇，在兵形势；今《吴子》仅三篇，《尉缭子》二十四篇。魏晋以后，乃以笳笛为军乐，彼吴起安得云夜以金鼓笳笛为节乎？苏明允言起功过于孙武，而著书顾草略不逮武，不悟其书伪也。尉缭之书，不能论兵形势，反杂商鞅刑名之说，盖后人杂取，苟以成书而已。《庄子》载女商曰：'横说之则以诗书礼乐，从说之则以金版六弢'，然则六弢之文，必约于诗书礼乐者也。刘向、班固皆列《周史六弢》于儒家，且云'惠襄之间；或云显王时，或曰孔子问焉'。然则其为周史之辞，若周任史逸之言无疑也。非言兵，亦无与太公也。今《六韬》微取兵家之说，附之太公，而弥鄙陋。周之权曰钧不曰斤，其于色曰元曰黑曰缁不曰乌，晋宋齐梁间市井乃有乌衣乌帽语耳；而今《六韬》乃曰斤曰乌。唐修《隋书》，作《艺文志》，不知古书之逸，举《司马法》之类悉载之。颜师古注《汉书》，于《六韬》直以为即今书。此皆不足以言识。至韩退之乃识古书之正伪，惜其于此数者，未及详言之也。《汉书·刑法志》所载古井田出车之法甚详，其文盖出于《司马法》，与包咸注《论语》辞同也。《刑法志》引其文备，故以六十四井出车一乘，别以三十六井当山川沈斥、城池邑、居园囿术路，合之则百井；包咸引其辞略，故第言成出车一乘耳。其原出一也。作伪者其所见书寡于为《古文尚书》者，故举此及他经史明载之《司马法》而并遗之。"（《惜抱轩文集》卷五《读司马法六韬》）

眉按：史志中兵书，今所传者，殆无一为真本，不特以上六书也。姚鼐因论《司马法》《六韬》而斥《吴子》《尉缭子》亦伪，甚是。顾实《重考》除以《吴子》"今本六篇，首尾起讫一贯，结构过小"，疑非原著外；其《三略》《六韬》《司马法》《尉缭子》等，皆辨其非伪。惟归《三略》于太公书中曰："史、汉《张良传》，良受圯上老人书，乃太公《兵法》也。《汉志》兵书略称'汉兴，张良、韩信序次兵法',又于兵权谋十三家下,称省《伊尹太公》等三百五十九种,以此推之,良所得书,亦似当与《六韬》同在《太公》二百三十七篇之内。今观《六韬》《三略》文辞俱相似,可证也。自传学者别尊之曰黄石公书,又以三卷故而称曰略,即黄石公《三略》之名所由来欤?"不知《韬》《略》即俱为太公所作,今本亦决非太公原书。明人疑《韬》《略》者:胡应麟曰:"《三略》称黄石公,中如'柔能制刚,动而辄随'等语,似有见于道德者,以为即圯上老人授子房书则不可,前辈固多以傅会疑之。《六韬》称太公,厥伪瞭然。考《汉志》有《六弢》,初不云出太公,盖其书亡于东京之末,魏晋下谈兵之士,掇拾剩余为此,即《隋志》《六韬》也。'天下者,天下之天下',读者哑称,要之策士浮谈,视丹书敬义之规,何啻倍蓰!至《文伐》《阴书》等篇,尤孙、吴、尉缭不屑道者,太公以告文武乎!"(《四部正讹》)焦竑曰:"《三略》《六韬》,太公书也。然其中杂援军识以足成之。夫谶书起于战国之后,太公之时曾有之乎?中略之末,谓'《三略》为衰世而作',太公之佐文武,果衰世乎?《六韬》中其言多诬圣贤之甚,窃孙吴之陈,而谓太公为之乎!"(《焦氏笔乘》卷六)张萱曰:"兵家《六韬》《三略》,相传为太公望之书,第骑战之法,始见于赵武灵王,而《六韬》首列其说何也?余意太公望尝为此书,久或亡去,今所传《六韬》《三略》,乃楚汉间好事者所补,非望笔也。"(《疑耀》卷二)然明人所言者,前人已多言之,观《周氏涉笔》、叶适《习学记言》、王应麟《汉书艺文志考证》、黄震《日抄》等书可见;而震之言为最劲。其言曰:"《韬》《略》世谓出太公,虽李卫公亦云。以愚观之,伪书尔。春秋荀吴始尝舍车而步;汉以后始有骑将。今其书以车骑步分三,太公时有之乎?春秋后始有霸;三代虽有伯,不以霸称。今其书历叙皇帝王霸,太公时有之乎?春秋霸主始有结连与国,深入人境者。今其书称'必得大国之与,邻国之助',又云'行数百里,人马倦休',太公时有之乎?又谓'取天下者若逐野兽,天下皆有分肉之心',此袭用'秦失其鹿,天下共逐’之语。而赘婿者秦始有之，其书亦称赘婿。且自谓《三略》为衰世作，则不能自掩其为后世之伪明矣。况其为书类多掇拾：《三略》大率以柔弱不贪为主，此老子之说也。《六韬》言犹豫狐疑之戒，乃吴子之所已言也。言山兵者，即吴子之谷战；言泽兵者，即吴子之水战；十四变即吴子之十三击；十一卒即吴子之五练说；《教战》，即其士先教戒之说；《分险》，即其遇敌溪谷之说。雨不张盖等语，出《尉缭子》书。火战等说，亦备孙子书。而涓涓不绝等语，又编集古书者也。要其前后，本无主说。《三略》既不见上中下可分之的，《六韬》亦不见文武龙虎豹犬之义。大抵书之不切于兵者居半，切于兵者多死法，敌而木偶人也则可耳。其最无理者，《文伐》十二节，皆阴刻陷人之语，岂《文伐》之义乎？文王，圣人也，太公闻风兴起，动盍归来乎之思；武王以圣继圣，顺天应人，而太公兴鹰扬之师。今顾以孩提视文武，谓其求教太公，虽帝尧之圣，亦文王所未闻，待倾听而始知焉。此皆根于卜猎得师一语，故附会至此耳。”（《日抄·黄石公〈三略〉〈六韬〉》）《四库总目》论《武经》者多不足录，惟辨《六韬》之伪，亦足与黄说相参发。其言曰：“考《庄子·徐无鬼篇》称‘金版六弢’，《经典释文》曰：‘司马彪、崔撰云：《金版六韬》皆《周书》篇名。本文作《六韬》，谓太公《六韬》文武虎豹龙犬也。’则战国之初，原有是名；然即以为太公《六韬》，未知所据。《汉书·艺文志》兵家不著录；惟儒家有周史《六弢》六篇，班固自注曰：‘惠襄之间；或曰显王时，或曰孔子问焉。’则《六弢》别为一书。（眉按：沈涛《铜熨斗斋随笔》云：‘六盖大字之误。《古今人表》有周史大弢，古字书无弢字，《篇》《韵》始有之，当为弢之误。《庄子·则阳篇》仲尼问于太史大弢，盖即其人。’亦足备一解。）颜师古注以今之《六韬》当之，毋亦因陆德明之说而牵合附会欤！《三国志先主传注》，始称‘闲暇历睹诸子及《六韬》《商君书》，益人志意’，《隋志》始载太公《六韬》五卷，注曰‘梁六卷，周文王师姜望撰’，唐宋诸志皆因之。今考其文，大抵词意浅近，不类古书。中间如避正殿，乃战国以后之事；将军二字，始见《左传》，周初亦无此名。（按：《路史》有'虞舜时伯益为百虫将军'之语，杂说依托，不足为据。）其依托之迹，灼然可验。"（崔述亦尝辨《六韬》之伪，见《丰镐考信录》。大要申说太公为王者佐，不宜有此权谋术数之言，而无具体证伪之事例，不再录。）然则《韬》《略》尚足信耶！其继姚鼐而攻《司马法》者，则以龚自珍之言为最劲。其言曰："予录书至《司马法》深疑焉：古有《司马兵法》，又有《穰苴兵法》，齐威王合之，名曰《司马穰苴兵法》，此太史公所言。《司马》宏廓深远，合于三代，《穰苴》区区小国行师之法而已，又太史公所言。二者合一百五十篇，宋邢昺所见也。见三卷者，晁氏也。见一卷者，陈氏也。实止一卷，为书五篇，则今四库本及一切本是也。其言《孙》《吴》之舆台，尚不如《尉缭子》，所谓宏廓深远者安在！疑者一。自马融以降，引之者数十家，悉不在五篇中（眉按：杨慎曰：'《周礼注》引《司马法》云："昏鼓四通为大鼟，夜半三通为晨戒，旦明三通为发昫。"又引《司马法》云："鼓声不过阗，柝声不过阊，镯声不过阘。"《汉书·李广传》引"登车不式，遭丧不服，振旅抚师，以征不服，率三军之心，同战士之力，故怒形则千里悚，威振则万物伏，是以名声暴于夷貉，威稜憺乎邻国"。《文选注》引"圣人不贵咫尺之玉而重寸阴"之句。《史记注》引"血于黟鼓，神戒器也"。《说文》引"一举足曰跬，跬三尺，两举足曰步，步六尺"，又"晨夜纳钯车"，今文皆无，知非全书也。'见《升庵全集》卷四十四。此即汉以来引文不在今本《司马法》中之例证），疑者二。佚书乃至百四十有五，疑者三。存者是《司马法》，则佚者是《穰苴法》矣；齐威王合之之后，何人又从而分之使之荡析也？疑者四。马融以下群书所引，颇有三代兵法及井田出赋之法，是佚书贤于存书远矣，是《穰苴法》贤于《司马法》远矣，疑者五。邢、陈、邵三君之生，不甚先后，所见悬殊，疑者六。"（《定盦文集补编·最录司马法》）绎此六疑，无异为此书伪构之定谳矣。若《尉缭子》一书，姚鼐谓其杂商鞅刑名之说；姚氏谓其仿《孟子》为说，已足验其依托。而顾实乃云："其卒章所云'古之善用兵者，能杀士卒之半'云云，验诸近世火器杀人之利，不殊烛照数计于千年之前"，何可笑之甚也！《李卫公问对》与王通《元经》、关朗《易传》，同出阮逸，无待更辨。惟胡应麟谓系"唐末宋初，俚儒村学，掇拾贞观君臣遗事，杜佑《通典》原文，傅以闾阎口耳"而成；姚氏则疑为神宗时所定之本，与马端临同；顾实虽以苏轼之言为有据，亦称姚说为近理。按汪宗沂《卫公兵法·辑本自序》曰："有宋之初纂《御览》也，其援引书目，即有《卫公兵法》矣；曾公亮等编《武经总要》，亦多引唐李靖《兵法》矣。及熙宁间，尝诏枢密院检详官与王震等校正《通典》所纪唐李靖《兵法》分类解释，令可施行；而未立学官，未见书目，当由书未编成。元丰之《武经》七书，竟以阮逸伪托之《李卫公问对》备其数。其时如苏轼、何薳、邵博、吴曾、陈师道之俦，皆稔知为伪书；晁公武、陈振孙之释书目，亦确指《问对》一书出于阮逸家。惟马端临《通考》疑此即熙宁所定之本，不知阮逸伪撰，与枢密详正，本出二事。观熙宁校试七军营陈，但据《通典》所引卫公营陈法而重校之，知校正别本初未就；阮逸欲自伸其谈兵之议论，假卫公以徵名，初非因《通典》而有所附益也。卫公兵法单行之本，宋初当尚有存者；然初未刊行，故至元丰间已不传也。"则今本《问对》，仍为阮逸伪僎之本耳。

素　　书

称黄石公撰。宋张商英注。即商英所伪撰；荒陋无足辨。

【补证】

眉按：郑穆曰："宋张商英注《素书》一卷，谓即圯上老人以授张子房者。其曰'晋乱，有盗发子房塚，于玉枕中获之，自是始传人间'。又曰'上有秘戒，不许传于不道不仁不圣不贤之人。若非其人，必受其殃，得人不传，亦受其殃'。以为其慎重如此，此可以见其伪矣。子房以三寸舌为帝者师，而卒之谢病辟谷，托从赤松子游，君子称其明哲保身，顾有死而葬以玉枕，其伪一也。自晋逮宋，历年久远，岂是书既传，而荐绅君子不得而见，亦未闻一言及之，其伪二也。书有秘戒，乃近世术家欲神其术之俚言，而谓圯上老人为之，其伪三也。且书中之言，往往窃吾儒之绪论，而饰以权诈。苏文忠谓圯上老人，秦之隐者，而其言若是，乌足以授子房？其为张氏之伪明矣。"（《听雨纪谈》）余谓《史记·留侯世家》欲神张良佐汉事，所言多不实。彼四皓者，其事其地，前人犹多疑之；圯上老人与仓海君、赤松子等耳，又足信乎？苏轼以为秦世隐君子出而试之（《留侯论》），盖虚拟未定之辞，且云其意不在书，而此书竟托之圯上老人作，诚姚氏所谓荒陋无足辨者。

心　书

称诸葛亮撰，伪也。

风后握奇经

后世伪撰。

【补证】

《四库总目提要》曰："考唐独孤及《毗陵集》有《八阵图记》曰：'黄帝顺煞气以作兵法，文昌以命将风后握机制胜，作为阵图。故八其阵，所以定位也。衡抗于外，轴布于内，风云附其四维，所以备物也。虎张翼以进，蛇向敌而蟠，飞龙翔鸟，上下其旁，所以致用也。至若疑兵以固其余地，游军以按其后列，门具将发，然后合战，弛张则二广迭举，犄角则四奇皆出'云云，所说乃一一与此经合。疑唐以来好事者因诸葛亮八阵之法，推演为图，托之风后；其后又因及此记推衍以为此经；并取记中握机制胜之语以为之名。《宋史·艺文志》始著于录，其晚出之显证矣。高似孙《子略》曰：'马隆本作幄机。序曰幄者帐也，大将所居，言其事不可妄示人，故云幄机。'则因握幄字近而附会其文。今本多题曰握奇，则又因经中有'四为正，四为奇，余奇为握奇'之语改易其名也。"

谢应芝曰："《握奇经》不详所由著。或云出于风后及太公望。又谓乐毅、张良、韩信与为之。然古兵家言不闻有《握奇经》，其书盖晚出也。黄帝阪泉、涿鹿之战，既荒远无征；武王之伐纣，革车三百两，虎贲三千人，一戎衣而有天下，孟子曰：'以至仁伐至不仁，未见其血之流杵也。'彼管仲诡道伐楚师次召陵，且未尝用战，况在风后、太公之伦耶！至若晋楚城濮之战，胥臣、狐毛、栾枝出奇制胜，而先轸、郤溱以中军出击，遂致马牛风于泽，亡大旆之左旃；设得臣以一军袭之，晋兵有不反顾自乱哉？惟《握奇》之言兵也，以奇战，以正守，先为不可败以为胜，断乎其不至此。战国以来，杀人如草芥，独乐毅、韩信之用兵未尝有败；而淮阴垓卜之战，孔将军居左，费将军居右，皇帝在后，绛侯柴将军在皇帝后，或曰即《握奇》阵法也。不得乎此，虽城濮之胜，未尝不危；得乎此，虽以项籍之强，卒胜之于垓下。然项籍既败，以二十八骑分为四队，四向驰击，亦《握奇》之法，而兵败身死何哉？大抵持刚者折，持战者亡，故曰，节制之师，不敌仁义，君子必不以彼而易此。秦人焚书之余，百氏杂家争出，学者又务为隐怪，支离傅会，破谊害道，误人之身家，而《握奇》之言独近正，或出于乐毅、韩信之徒有不可知。言兵者宝焉。"（《辨握奇经》）

眉按：应芝言近迂阔，不如《提要》谓唐以来人所托为确。

周髀算经

《汉志》无。《隋志》始有。"周髀"之义未详。或称周公受之商高，故曰周髀，则益诬矣。

【补证】

顾观光《读周髀算经书后》曰："此书废弃已千余年，虽以梅定九、戴东原诸公竭力表章，而终不克大明于世者，以其所言周径里数，皆非实测故也。今按经文首章，即云：'笠以写天，天青黑，地黄赤。天数之为笠也，青黑为表，丹黄为里，以象天地之位。'而《七衡图》后又云：'凡为此图，以丈为尺，以尺为寸，以寸为分，分一千里。凡用缯方八尺一寸。'然则经中周径里数，皆为绘图而设，非其真也。天本浑圆，而绘图之法，必以视法变为平圆。既为平圆，则不得不以北极为心，而内衡环之，中衡环之，外衡又环。夫外衡之度，本与内衡等也，而自图视之，则内衡之度最小，中衡稍大，外衡乃极大，此其出于不得已者一也。三衡之度，粗细不同，绘图之法，必核其实。若以中衡为主而齐之，则内外衡之度，多寡不均，且奇零难尽，故必变度数为里数，而取数始真，此其出于不得已者二也。中衡距北极九十一度，本为周天四分之一，而自图视之，半径六十〇度，仅得周天六分之一。惟内衡距北极六十六度，与半径略相近，故中外衡距极里数，并以内衡度法起算，此其出于不得已者三也。然半径六十〇度，而内衡距北极六十六度，两数相差五度，乃以黄赤二极联为一线，于此线上距北极五度，指一星以为识，命曰北极璇玑，一昼夜左旋一周，而过一度。恒以冬至夜半加子，春分夜半加卯，夏至夜半加午，秋分夜半加酉。十二月建之名，因之而起，此借象之第一根也。当时实测，内外衡相距四十九度，半之得二十四度，即黄赤大距，加璇玑距北极五度，得三十〇度，适合周天十二分之一。夫中衡距北极，本周天十二分之三也，而中衡距内衡，又为周天十二分之一，则内衡距北极，必为周天十二分之二，而与外衡距内衡之度相等，此借象之第二根也。里数之根，无所取之，乃于王城立八尺表以测日景。夏至午正一尺六寸，冬至午正一丈三尺五寸，其较为一丈一尺九寸，即命十一万九千里为外衡距内衡数，亦即为内衡距北极数，此借象之第三根也。乃置十一万九千里，倍之得二十三万八千里，即内衡径；三之得三十五万七千里，即中衡径；四之得四十七万六千里，即外衡径。以度命之，内衡距北极六十〇度，内衡距中衡，中衡距外衡，各三十〇度，若与实测不符；而中衡距北极九十一度，内衡距璇玑北游六十六度，外衡距璇玑南游百十五度，皆与实测所得，不约而同，且黄赤极并无象可见，今以璇玑表之，可以测北极之高下焉，可以得黄极环绕北极之象焉，可以明天左旋，日右旋，一岁而差一周天焉。呜呼，可谓巧之至矣！但其理隐于法中，而未尝明言其故，自赵君卿以下，随文衍义，未有能阐其微者。戴东原直指北极璇玑为黄极，则璇玑径二万三千里，而内衡距外衡十一万九千里，判若天渊，何可混而为一？钱竹汀以璇玑为近北极大星，似矣；而以十一万九千里为内外衡相距之实数，则黄赤大距三十〇度，亦振古未闻之异说。皆由不知周髀为绘图之法，且其图为借象，而非实数故耳。余于是书，盖尝展转思之而不得其解。后阅西人《浑盖通宪》，见其外衡大于中衡，与《周髀》合，而以切线定纬度，则其度中密外疏，无一等者，乃恍然悟《周髀》之图，欲以经纬通为一法，故曲折如此，非真以地为平远，而以平远测天，如徐文定公所谓千古大愚者也。况地圆之理，经中已不啻三令五申，安得复生异说，故为此论以明其故云。"（《武陵山人杂著》）

　　钱宝琮《周髀算经考》曰："《周髀》首章言昔者周公问于商高，'天不可阶而升，地不得尺寸而度，请问数安从出？'商高答以勾三股四弦五之率，及用矩测望之大要，周公称善。自此以下至于终卷，则为荣方、陈子问答之辞，详述勾股测望之应用，确定盖天学说及历法之基础。全书凡七千余字。首章二百六十四字，约占全书二十七分之一。但注释者自赵君卿以后，皆以陈子、荣方为周公后人。其勾股测望之法，皆肇自周初。且谓荣方问于陈子以下，非《周髀》本文。南宋鲍澣之谓'其书出于商周之间'，明朱载堉谓'为周公遗书'，《数理精蕴》谓'成周六艺之遗文'，皆指首章二百六十四字而言也。然《周髀》开宗明义第一句，为'昔者周公问于商高曰'，《周髀》非周公遗书，不待证而自明。又首章二百六十四字中无'髀'字。'周髀'二字，在荣方、陈子问答中，有明白解释：卷上：'荣方曰，周髀者何？陈子曰，古时天子治周，故曰《周髀》，髀者表也。'惟历来解释《周髀》命名之义者，多穿凿附会之谈：如晋虞喜《安天论》云，'周髀或人姓名，犹星家有甘石'；宋李藉《周髀音义》云，'周天历度，本包牺氏之法，其传自周公受之于大夫商高，周人志之，故曰《周髀》'；清冯泾《周髀算经述》云，'周谓全体，髀谓股分'，皆不以陈子之说为然，不知何取。《周髀》七千余言，几全取陈子之学说；《商高》一篇，不过为全书之导言耳。周髀二字之取义，自当以陈子之说为是。《周髀》书撰著时代，亦当由研究陈子学说决定之。余考《周髀》所详天体论测望星象诸大端，多与《淮南子·天文训》相近，撰书时代，当为略后，而相去不远。《周髀》首章言'方属地，圆属天，天圆地方'，与《淮南子·天文训》'天道曰圆，地道曰方'同意。《大戴礼·曾子天圆篇》亦言'天圆地方'，然恐是伪书，撰著时代未必在《淮南子》之前，其证一也。《周髀》'勾之损益寸千里'，与《天文训》'寸得千里''南千里阴短寸'算法相同。惟《天文训》表高一丈，而《周髀》则表高八尺。《尚书·考灵曜》、张衡《灵宪》皆与《周髀》术同，而时代较后。其证二也。《周髀》'以日始出立表而识其晷，日入复识其晷，晷之两端相直者正东西也，中折之指表者正南北也'，与《天文训》'正朝夕'求'东西之正'大同小异。其证三也。《周髀》以日冬至在牵牛初，夏至在东井，春分在娄，秋分在角，与刘歆《三统历谱》所载牵牛初冬至，娄四度春分，井三十一度夏至，角十度秋分相符；较之《天文训》二月建奎娄，五月建东井，八月建元，十一月建牵牛则稍异。以岁差考之，《周髀》所载实测时代，当较《天文训》为后。其证四也。今传本《周髀》八节二十四气晷影，为注者赵爽新术。据其自注，《周髀》本法，‘以一日之率，十五日为一节’。又云‘旧晷之术，于理未当’。《天文训》亦言‘日行一度，十五日为一节，以生二十四时之变’。计算皆不求精密。其证五也。《周髀》一日分十二时，称曰日加某支，与三统术同。《吕氏春秋》《淮南子》《史记·历书》等书尚无是称。《周髀》撰著时代，较《天文训》为后，其证六也。古无二十四气之分，秦汉间实行颛顼历，以建寅之月为正月，始以立春、立夏、立秋、立冬为四时之始，二至、二分为四时之中。然《吕氏春秋·十二月纪》称二至曰‘日长至’‘日短至’，称二分并曰‘日夜分’，犹与现行者名目稍异；至《淮南子·天文训》，冬至之后，每隔十五日，有小寒、大寒、立春、雨水、惊蛰、春分、清明、谷雨、立夏等二十四气名目，次序皆与现行者相同矣。惟汉武太初元年以后之《三统历》，据《三统谱》所载，立春之后，先惊蛰而后雨水，春分之后，先谷雨而后清明，与今制序次稍异；后汉四分历以后，始改如今制。又按《淮南子·时则训》，孟春之月云‘蛰虫始振苏’，仲春之月云‘始雨水’，《天文训》言清明风为立夏节前后之风，可证《淮南子》二十四气次序，当与《三统历谱》相同，今之传本，殆经后人改窜者也。《周髀》八节二十四气次序，亦与东汉四分术同，而与西汉时实行之三统术异；但《周髀》晷影算法，为注者赵爽新术，其二十四气次序，或经爽据当时历术改正，原文次序，无可考矣。《夏小正》云‘正月启蛰’，惊蛰节原作启蛰，汉人避景帝讳称惊蛰；开元以后又复惊蛰之称。今传本《周髀》以启蛰为二月节，岂其撰著时代远在景帝以前乎？余以为自景帝以至汉末三百余年，《周髀》书辗转传抄，未必能保持原状。今本作启蛰，可有两种解释：一，赵爽似是三国时吴人，对于汉帝名讳，已不必顾忌，更定晷影新术时，改复旧称。二，李淳风造《麟德历术》，主用启蛰旧名，当其校注《周髀》时，改惊为启。二说孰是，则未敢断言。《周髀》算学于分数乘除及开方算法已甚完备，与《九章算术》《方田少广》两章之术难分轩轾，或是同时代之著作。余考《九章算术·勾股章》在东汉末始得成立，刘徽《重差章》则撰于三国时。东汉郑众注《周官·保氏》九数云，'今有勾股重差'，是勾股与重差，在郑众时皆不列于九数之内，距二术草创时期当不甚远，勾股重差在《周髀》书内已略具椎轮，未成大辂，似皆可为《周髀》撰于西汉时之旁证。"（《科学杂志》十四卷一期）

眉按：此书不必论真伪。录顾说，以见此书在科学历史上之一定价值；录钱说，以见此书即为西汉人所撰，亦可证中国先民研究科学历史之久远。

石申星经

《史·天官书》引齐甘公魏石申。今传有《石申星经》，亦伪也。

【补证】

钱大昕《与梁耀北论史记书》曰："《天官书》文字古奥，非太史公所能自造，必得于甘石之传。今世所称甘石《星经》，乃后人伪托，多袭用《晋》《隋》二志而稍为异同，要其剽窃之迹自不能掩，较之太史公书，独周鼎之与康瓠也。"（《跋星经》意同）又《十驾斋养新录》曰："《续汉书·天文志》注引《星经》五六百言，今本皆无之，是刘昭所见之《星经》久失其传矣。"

吴汝纶《廿八宿甘石不同考》曰："甘石之《星经》亡久矣，不见于《汉书·艺文志》。今所传《星经》以为石氏书者赝也。太史公言星多采之二家，然不取其占验，以为米盐凌杂，以故其说不传。今其遗说之可考者，独廿八宿之名目耳。自《周礼》载廿八星而不详其目，《尔雅》止十七星，《月令》则廿六星，今所传廿八宿之名，始见于《吕览》。而《史记·律书》则不数斗觜觿东井舆鬼而易以建星罚狼弧四星，又以七星次张后，与《吕览》不同；至《天官书》言岁星之行次，则又与《吕览》合。尝读《汉书·天文志》，其言岁星行次，仍《天官书》之文，以为石氏之说，而附甘氏说于其下，则皆合于《律书》，乃始恍然其故：盖《律书》之所载者，甘氏之星名也。《吕览》之所载者，石氏之星名也。《天官书》所以不同于《律书》者，《律书》取甘氏，《天官书》取石氏也。至《淮南子·时训解》但取石氏，而甘氏廿八宿之名，于是遂绝不传。甘公齐人，实先于石氏，其说亦最古。汉高祖时，有甘公知天数，非著《星经》者，或者其子孙欤？”又自注曰：“甘氏石氏二家不同，即其言宿名者，而其书之为说盖可知矣。石氏较甘氏稍逊，然亦非后世言天文者所及。太史公《天官书》盖兼择二家之长，考之可略得甘石之精矣。今之《星经》，则后人采《隋》《晋》二志为之，而假托于石氏者耳。至明人刻《星经》于《汉魏丛书》，署云甘公石申撰，直以甘石为一人，尤为可笑！”眉按：王谟识《汉魏丛书·甘石星经》，亦尝辨其非曰：“《星经》一卷，原本题汉甘公石申著。《文献通考》亦作甘石《星经》。按《史记·天官书》总论‘昔之传天数者，在齐甘公，魏石申’。徐广注‘甘公名德，是鲁人’。《正义》引《七录》云：‘甘公，楚人，战国时作《天文星占》八卷；石申，魏人，战国时作《天文》八卷。’明二人各撰有《星经》，不得以甘石合称，且非汉人也。《前汉书·天文志》于岁星及太岁在某文下，俱并载甘氏石氏说，明二家占候，各有不同。《史记索隐》于《天官书》‘岁星监德及天棓星’下，引《汉志》亦已分别言之，则二家书之不得混而为一，抑又明矣。”

眉按：汝纶考廿八宿之名，甘石二家不同，目的本不在辨伪；然今所传《星经》之伪，亦可以其说证之，故录焉。

续葬书

陈直斋曰："称郭璞撰；鄙俗依托。"

拨沙经

晁子止曰："唐吕才撰；盖依托者。"

黄帝素问

《汉志》有《黄帝内经》十八卷。《隋志》始有《黄帝素问》九卷。唐王砅为之注。砅以《汉志》有《内经》十八卷，以《素问》九卷，《灵枢经》九卷，当《内经》十八卷，实附会也。故后人于《素问》系以《内经》者，非是。或后人得《内经》而衍其说为《素问》，亦未可知。《素问》之名，人难卒晓。予按：《汉志》阴阳家有《黄帝泰素》。此必取此"素"字，又以与岐伯"问"，故曰《素问》也。其书后世宗之，以为医家之祖。然其言实多穿凿，至以为黄帝与岐伯对问，益属荒诞。无论《隋志》之《素问》，即《汉志》所载黄帝内外经并依托也。他如神农、轩辕、风后、力牧之属尽然，岂真有其书乎！或谓此书有"失侯失王"之语，秦灭六国，汉诸侯王国除，始有失侯王者。予按：其中言"黔首"；又藏气发时，曰夜半，曰平旦，曰日出，曰日中，曰日昳，曰下晡，不言十二支（古不以地支名时），当是秦人作。又有言"岁甲子"（古不以甲子纪年），言"寅时"，则又汉后人所作。故其中所言，有古近之分，未可一概论也。

灵枢经

晁子止曰："或谓好事者于皇甫谧所集《内经仓公论》中抄出之。"恒按：此书又下《素问》一等。余说见《素问》。

【补证】

眉按：《素问》之名，始见于张机《伤寒论》，继见于皇甫谧《甲乙经》；而其书或且出六朝后。《上古天真论》云"美其食，任其服，乐其俗"，与《老子》"甘其食，美其服，安其居，乐其俗"同。《四气调神论》云，"渴而穿井，战而铸兵"，与《晏子春秋》"临难而遽铸兵，噎而遽掘井"同。《阴阳应象大论》云"因其轻而扬之，因其重而减之，因其衰而彰之"，与《吕氏春秋》"精气之来也，因轻而扬之，因走而行之，因美而良之"同。《阴阳别论》云"一阴一阳结谓之喉痹"，与《春秋繁露》"阴阳之动，使人足病喉痹"同。《六节藏象论》云"立端于始，表正于中，推余于终，而天度毕矣"，与《左传》文元年"先王之正时也，履端于始，举正于中，归余于终"同。又云"草生五色，五色之变不可胜视，草生五味，五味之美不可胜极"，与《孙子》"声不过五，五声之变不可胜听也，色不过五，五色之观不可胜观也，味不过五，五味之变不可胜尝也"同（又见《文子》）。《脉要精微论》云"阴盛则梦涉大水恐惧，阳盛则梦大火燔灼，阴阳俱盛则梦相杀毁伤，上盛则梦飞，下盛则梦堕，甚饱则梦予，甚饥则梦取"，与《列子》"阴气壮则梦涉大水而恐惧，阳气壮则梦大火而燔灼，阴阳俱盛则梦生杀，甚饱则梦与，甚饥则梦取"同。《气穴论》云"发蒙解惑，未足以论也"，与枚乘《七发》"发蒙解惑，未足以言也"同。（见日人栎荫拙者《医家常识》）盖杂采诸子伪书而成。《列子》托于晋，《晏子》或谓托于六朝，则其书之晚出殆无疑。若《灵枢》乃唐人王砅所造，杭世骏已辨之甚析。其言曰："《七略》《汉艺文志》《黄帝内经》十八篇，皇甫谧以《针经》九卷，《素问》九卷，合十八篇当之。唐启元子王砅遵而用之。《素问》之名，见张仲景《伤寒杂病论》，《针经》则谧所命名也。《隋经籍志·针经》九卷，《黄帝九灵》十二卷。元沧洲翁吕复云：'苟一书而二名，不应《唐志》别出《针经》十二卷。'据复所疑，《九灵》是《九灵》，《针经》是《针经》，不可合而为一也。王砅以《九灵》名《灵枢》，《灵枢》之名，不知其何所本，即用之以法《素问》。余观其文义浅陋，与《素问》岐伯之言不类，又似窃取《素问》之言而铺张之，其为砅所伪托可知。自砅改《灵枢》后，后人莫有传其书者。唐宝应至宋绍兴，锦官史崧乃云家藏旧本《灵枢》九卷，除已具状经所属申明外，准使府指挥依条申转运司选官详定，具书送秘书省、国子监，是此书至宋中世而始出，未经高保衡、林亿等校定也，孰能辨其真伪哉！其中十二《经水》一篇，无论黄帝时无此名；而天下之水何止十二！只以十二经脉而以十二水配，任意错举，水之大小不详计也。尧时作《禹贡》，九州之水始有名。湖水不见于《禹贡》，唐时荆湘文物最盛，洞庭一湖，屡咏歌于诗篇，征引于杂说，砅特据身所见而妄臆度之耳。挂漏不待辨而自明矣。"（《道古堂集灵枢经跋》）而廖平误信元明以来医家之谬论，必谓《灵枢》为经，《素问》为传，《灵枢》在前，《素问》在后，殊为多事！至谓此二书全出孔门，尤见诬妄！其言曰："六书之文，出于孔子。今《灵》《素》具有六种书体。全书同称黄岐；黄岐作经，必不能再作传，即已据经问难，则必在数传以后。况《灵》《素》以解评名篇，至六七见，此岂一人所为，而皆托于黄岐，此如《本草》之于神农，《汤液》之于伊尹，托始寓言，非真有古书。不然，试就全上古三代文中考之，所有尧舜以前之文字，与战国有何分别？藉此可以自悟，孔子以前并无古文之书传，凡托古人书，皆出孔后。实则《灵》《素》全出孔门，以人合天，大而九野十二水，为平天下之大法，小而毛发支络，为治一身之疾病，先知前知，理无违异，不假于解剖，无待于试尝。弟子撰述，初作经篇，素问问难，半成于扁鹊仓公以后，书虽晚出，不改师传，故同目黄岐以端趋向。"（《难经悬解提要驳义》）此似创论，实是怪论。又按：刘师培谓："皇古医经，以《内经》为最古，而《内经》一书，多偶文韵语，惟明于古音古训，厘正音读，斯奥文疑义，涣然冰释（《读书随笔·黄帝内经素问校义书后》），盖以吴澍校义，有疏理古籍之功。"余观胡校审慎，诚如刘说；然以《素问》为古籍则可，以其中所言有古近之分亦可，要不可托之黄帝，或竟定为汉后人所作也。

神农本草

《汉志》无。按《汉平帝纪》，"诏天下举知方术本草者"，本草之名始见于此。《梁录》载《神农本草经》三卷，《隋志》因之。书中有后汉郡县人名，以为东汉人作也。其后以代日增；今并杂为一，不可致诘矣。

【补证】

眉按：《本草》之名，亦见于《汉书·楼护传》，而《艺文志》阙载，其为晚出无疑。贾公彦引《中经簿》有《子仪本草经》一卷，亦不言出于神农。神农尝百草，一日而遇七十毒，由此医方兴焉，语始见《淮南子·修务训》，刘恕《通鉴外纪》因之，而改七十毒为十二毒；皇甫谧《帝王世纪》则有黄帝使岐伯定《本草经》之语，此皆诞妄可笑之甚者。近人陈邦贤著《中国医学史》，辨中国医学之兴，乃始于神农，非始于黄帝，可谓失于断制。孙星衍曰："神农之世，书契未作，说者以此疑经；陶宏景云：'轩辕已前，文字未传，药性所主，当以识识相因，至于桐、雷，乃著在简编。此书当与《素问》同类。'其言良是。《史记》言秦始皇不去医药卜筮之书，则此经幸与《周易》并存。颜之推《家训》乃云：'《本草》神农所述，而有豫章、朱崖、赵国、常山、奉高、真定、临淄、冯翊等郡县名，出诸药物，皆由后人所羼，非本文。'陶宏景亦云：'所出郡县，乃后汉名。'（眉按：啖助亦以'《本草》皆后汉时郡国'为疑，见《春秋集传纂例》。于志宁谓：'所载郡县，多在汉时，疑张仲景、华佗窜记。'见《唐书·于志宁传》。晁公武则谓：'书中有后汉郡县名，盖上世未著文字，师学相传，至张机、华佗始为编述。'见《郡斋读书志》。其实皆今本《本草》起于汉人之明证。）《太平御览》引经上云生山谷或川泽，下云生某山某郡，明生山谷，本经文也，其下郡县，名医所益。或合其文云，某山川谷，某郡川泽，恐传写之误，古本不若此。其药名有禹余粮，王不留行，徐长卿，鬼督邮之属，不类太古时文。按字书以禹为虫，不必夏禹，其余名号，或系后人所增，或声音传述改古旧称所致。又经有云'宜酒渍者'，或以酒非神农时物，然《本草衍义》已据《素问》首言'以妄为常，以酒为浆，自黄帝始'；又按《文选注》引《博物志》亦云'杜康作酒'，王著《与杜康绝交书》曰'康字仲宁，或云黄帝时人'，则俱不得疑经矣。"（《校定神农本草经序》）孙氏必以《本草》起于神农黄帝为可信，故言之皆牵强不成理，非所谓遁辞吾知其所穷耶！大抵此书萌芽于汉代，滋荣于宋世。其间如蔡邕之《本草》七卷，吴普之《本草》六卷，陶宏景之《名医别录》，俱与此书有甚深之关系。自后而《唐本草》《蜀本草》以至《大观本草》，而规模始备。盖穷诸药物之性而察其所以效，此书在今日，其犹为扁鹊未尽启之宝库乎！

秦越人难经

陈直斋曰："《汉志》亦但有《扁鹊内外经》；《隋志》始有《难

经》；《唐志》遂属之越人。皆不可考。"恒按：《伤寒论序》云："撰用《素问》九卷，八十一难。"八十一难者，即指《素问》九卷而言也。六朝人又为此，绝可笑。

【补证】

徐大椿曰："古人书篇名义非可苟称，难者辨论之谓，天下岂有以难名为经者，故知难经非经也。自古言医者皆祖《内经》，而《内经》之学，至汉而分，至晋唐以后而支流愈分，惟《难经》则悉本《内经》之语而敷畅其义。然窃有疑焉：其说有即以经文为释者；有悖经文而为释者；有颠倒经文以为释者：夫苟如他书之别有师承，则人自立说，源流莫考，即使与古圣之说大悖，亦无从而证其是非；若即本《内经》之文以释《内经》，则《内经》具在也，以经证经而是非显然矣。故以《难经》视《难经》，自无可议。以《内经》之义疏视《难经》，则《难经》正多疵也。"（《难经经释序》）

日人丹波元坚曰："《旧唐经籍志》云，'《黄帝八十一难》二卷，秦越人撰'。按开元中张守节作《史记正义》，于《扁鹊传》首引杨元操《难经序》，则元操开元以前人，而其属诸越人者，岂创于元操欤？司马迁云：'天下至今言脉者由扁鹊'，盖论脉莫精于《难经》，则其说之所以起也。然谓之扁鹊所作，唐而上无说，实为可疑矣。"（《难经解题》）廖平曰："《难经》之伪，凡深于医者皆知之；后人犹强为辩护者，不过以《史记》张守节《正义》引杨元操序以为秦越人耳。使其书早出，《集解》《索隐》何不引据？今考《正义》引《素问》十一条，《素问》皆无其文，又引《素问》而无《灵枢》，是其于医学毫无研究可知。又《千金外台诊法》，原书无一与《难经》同者，是《难经》与《脉诀》，世俗虽有流传，老医达人皆鄙夷不屑道。《正义》因素不习医，喜其简易，故摭拾以塞责。《仓公传》'以经脉高下及奇络结'，《正义》引《素问》云，'奇经八脉往来舒时一止而复来，名之曰结'，《扁鹊传》'不待切脉'，《正义》引《素问》云，'待切脉而知病寸口六脉，三阳三阴'云云，不惟《素问》无其文，且与《素问》冰炭水火之背驰。大抵所引《素问》，皆出《难经》，或称《八十一难》，或称《素问》，随手杜造以至于此。又卷末自宋本附有《正义》一千七百余字，丹波氏以为中有纪注及张洁古《药注》数十则杂钞医说，其人皆宋以后，则非《正义》原文可知。且乖注史体例。尝疑此卷中《正义》，为晚医所识记，刊本误以为《正义》，并非张氏原本所有，故卷末所附一千七百余字，别本乃无之。此《正义》之所以不足据也。"（《难经经释补证》）

恽铁樵曰："中国古医书之荒谬者无过于《难经》。《难经》号称秦越人著；而《汉书·艺文志》不见其目，《隋书·经籍志》亦无之，《新唐书》始言之，此必后出之书，当在东汉之后。夫躯体内景，决非肉眼可见者能于治疗有所辅益，以故古书皆不言，而《难经》独言之：肝何故沉，肺何故浮，胃重几斤，肠长几丈，粗劣荒谬，至为可笑！且《难经》每首句之下，必接一然字，遍检经史诸子，无有类此文法者，是真不通医，生拾汉人吐余，托名伪撰之书。"（《铁樵函授学校·开学演辞》）

又曰："唐张守节作《史记正义》，于《扁鹊传》全引《难经》为释，是唐人认《难经》为扁鹊著也。日人丹波元胤有考证，谓'书中多东汉人语，如"元气"之称，始见于董仲舒《春秋繁露》；"男生于寅，女生于甲"，《说文》包字注、高诱《淮南子注》、《离骚章句》俱载其说。木所以沉，金所以浮，出《白虎通》。金生于巳，水生于申，泻南方火，补北方水之类，并是五行纬说家之言，而《灵》《素》中未有道及者'。据此，则《难经》是东汉时书，非战国或西汉文字。《灵枢》，朱紫阳以为浅甚，今观其文字，亦非西汉人手笔；《难经》中引《灵枢》之文甚多，则《灵枢》又在《难经》之前。恐仲景《伤寒论序》所谓《八十一难》者，竟非此书。"（《内经讲义》第八期）

眉按：《素问》托于唐以前，故张守节《史记正义》得引之；《灵枢》托于王砅，守节当不及引。（杜甫有《赠重表侄王砅诗》，而唐、宋《志》皆作王冰，则杜所赠者或别一人。）《难经》又在砅后，则更不得引矣。盖《正义》所引为《八十一难》，本非今之《难经》；而所引《素问》，当为《素问》之佚文，亦非引自今之《难经》。今之《难经》，盖由好事医生，冒《八十一难》之目，杂摭《灵》《素》，益以荒谬之语而成，此不通之怪书耳。廖平谓《正义》所引《素问》皆出《难经》；或称《八十一难》，或称《素问》，乃是随手杜造，殊不谓然。守节纵不习医，亦何必随手杜造，以《难经》之文，忽称《素问》，忽称《八十一难》乎！此平欲证《难经》之伪，故攻《正义》所引为不足据耳。然辨伪是一事，而此书中是否仍韫有先民之医学经验，则排沙简金，乃今日治医学者之责矣。

脉　诀

称晋王叔和撰。晁子止曰："皆歌诀鄙浅之言，后人依托者；然最行于世。"吴崑《脉语序》曰："五代高阳生伪撰。"

【补证】

杭世骏曰："子朱子曰：'俗传《脉诀》辞最鄙浅，非叔和本书，乃能直指高骨为关。'柳贯曰：'朱子取高骨为关之说，不知其政出王叔和《脉经》也。《脉诀》乃宋中世人伪托；或曰五代高阳生所著。'吕复曰：'六朝高阳生谬立七表八里九道之目以误学者。'高阳生不知何人，柳以为五代，则宜入《宋史·艺文志》，吕以为六朝，则宜入《唐书·艺文志》；两志无之，疑是宋世庸医枕中之秘，非通人所习也。吕又云：'通真子刘元宾为之注，且续《歌括》附其后，辞既鄙俚，意亦滋晦。'今世俗乃以《歌括》为《脉诀》，则辗转迷谬，贻误

不浅矣。"(《道古堂集·脉诀跋》)

神异经
十洲记

以上二书，称东方朔撰。陈直斋曰："二书诡诞不经，皆假托也。《汉书》本传叙朔之辞，末言'刘向所录朔书具是矣；世所传他事皆非也'。赞又言：'朔之诙谐，逢占射覆，其事肤浅。童儿牧竖，莫不炫耀。而后世好事者，因取奇言怪语附着之朔，故详录焉。'史家欲祛妄惑，可谓明矣。"

【补证】

《四库总目·神异经提要》曰："此书既刘向《七略》所不载，则其为依托，更无疑义。《晋书》张华本传，亦无注《神异经》之文，则并华注亦似属假借。振孙所疑，诚为有见。然《隋志》载此书，已称东方朔撰，张华注，则其伪在隋以前矣。观其词华缛丽，格近齐梁，当由六朝文士影撰而成；与《洞冥》《拾遗》诸记先后并出。"

又《十洲记提要》曰："其言或称臣朔，似对君之词；或称武帝，又似追记之文。又盛称武帝不能尽朔之术，故不得长生，则似道家夸大之语。大抵恍惚支离，不可究诘。考刘向所录书，无此名。书中载武帝幸华林园射虎事，按《文选》应贞《晋武帝华林园集诗》，李善注引《洛阳图经》曰，华林园在城内东北隅。魏明帝起名芳林园，齐王芳改为华林，武帝时安有是号？盖六朝词人所依托。观其引卫叔卿事，知出《神仙传》后；引《五岳真形图》事，知出《汉武内传》后也。"

列仙传

　　称刘向撰。陈直斋曰："传凡七十二人，每传有赞，似非向撰；西汉人文章不尔也。"恒按：《汉志》载向《新序》《说苑》《世说》《列女传》，而无《列仙传》，可证其伪。殆因列女而有此列仙欤？其云："历观百家之中，以相检验得仙者百四十六人，其七十四人已在《佛经》；故检得七十二人，可以为多闻博识者遐观焉！"西汉之时安有《佛经》！其为六朝人所作，自可无疑也。

【补证】

　　眉按：是书《四库总目》与孙志祖《读书脞录》所言适相反：《总目》曰："《汉志》所录，皆因《七略》。其《总赞》引《孝经援神契》，为《汉志》所不载；《涓子传》称其《琴心》三篇有条理，与《汉志·蜎子》十三篇不合；《老子传》称作《道德经》上下二篇，与《汉志》但称《老子》亦不合：均不应自相远异。或魏晋间方士为之，托名于向耶？振孙云，'《馆阁书目》作二卷，七十二人'，李石《续博物志》亦云，'刘向传列仙七十二人'，皆与此本小异；惟葛洪《神仙传序》称七十一人，此本上卷四十人，下卷三十人，内江、斐二女应作二人，与洪所记适合。检李善《文选注》及唐初《艺文类聚》诸书所引，文亦相符，当为旧本。"盖谓作者非刘向而书则魏晋旧本也。志祖则曰："《世说·文学篇》注引《列仙传赞》'故撰得七十，可以为多闻博识者遐观焉'，撰得七十下脱二人二字，盖百四十六人，除七十四人外，尚有七十二人，故李石《续博物志》、陈直斋《书录解题》皆云七十二人，是宋本尚不误也。今本《列仙传》止七十人（眉按：《总目》以七十一人强附洪序，误。洪序'一'字或'二'字之误也），末有《总赞》一篇，亦无出《佛经》之语，盖今本为后人缀辑，非向书之旧。又见《世说》注云'撰得七十'，不悟其有脱字，故数止于此也。《文选·吴都赋》注引'鳌负蓬莱山而抃沧海之中'，又《登江中孤屿诗》注引'西王母神人名，王母在昆仑山'，又《西京赋》注引'赞曰秦穆公受金策祚世之业'，《天台赋》注引'赞曰吞水须茹芝茎，断食休粮以除谷气'，今本皆无之。"是信作者为刘向而书则非宋以前之本矣。余谓《文选注》所引，既为今本所无，《四库总目》信为旧本固误；然《佛经》至后汉桓灵时始有译本，距刘向之殁将二百年，孙志祖反以今本无出《佛经》之语，证非刘向所作之旧本，不尤误耶！其作者时代，《东观余论》疑出东京，姚氏断为六朝，《总目》谓出魏晋间；考葛洪《神仙传序》已称是书为刘向作，则六朝之说，似不足据，东京亦无此等文字，要以《总目》所言为然而。

洞冥记

称郭宪撰。胡元瑞曰："郭子横生西京末，其文字不应邃尔；盖六朝伪作。"

【补证】

《四库总目提要》曰："是书《隋志》止一卷；《唐志》始作四卷。《文献通考》有《拾遗》一卷。晁公武《读书志》引宪自序，谓：'汉武明儁特异之主，东方朔因滑稽浮诞以匡谏，洞心于道教，使冥迹之奥，昭然显著，故曰洞冥。'陈振孙《书录解题》云，'其《别录》又于《御览》中钞出'，则四卷亦非全书，《别录》当即《拾遗》也。今宪序与《拾遗》俱已佚，惟存此四卷，核以诸书所引，皆相符合，盖犹旧本。考范史载宪初以不臣王莽，至焚其所赐之衣，跳匿海滨，后以直谏忤光武帝，时有'关东觥觥郭子横'之语，盖亦刚正忠直之士。徒以溅酒救火一事，遂抑之方术之中。其事之有无，已不可定。至于此书所载，皆怪诞不根之谈，未必真出宪手。又词句缛丽，亦迥异东京，或六朝人依托为之。"

博物志

称张华撰。唐殷文奎为注曰："张华读三十车书，作《博物志》四百卷。武帝以为繁，止作十卷。"按：此书浅猥无足观，决非华作；殷之所云，正以饰是书之陋耳。魏晋间人何尝有著书四百卷者？且从中选得十卷，不知当若何佳，今乃尔耶！

【补证】

《四库总目提要》曰："旧本题晋张华撰。考王嘉《拾遗记》称'华好观秘异图纬之部，捃采天下遗逸，自书契之始，考验神怪，及世间闾里所说，造《博物志》四百卷，奏于武帝；帝诏问卿才综万代，博识无伦，然记事采言，亦多浮妄，可更芟截浮疑，分为十卷'云云，是其书作于武帝时，今第四卷《物性类》中称武帝泰始中武库火，则武帝以后语矣。《书影》有谓'《艺文类聚》引《博物志》子贡说社树一条，今本不载'者，按此条实在第八卷中，《书影》盖偶然未检。然考裴松之《三国志注·魏书·太祖纪、文帝纪、滅传》《吴书·孙贲传》引《博物志》四条，今本惟有《太祖纪》所引一条而佚其前半，余三条皆无之；又江淹《古铜剑赞》引张华《博物志》云，'铸铜之工，不可复得，惟蜀地羌中，时有解者'，今本无此语，足证非宋齐梁时所见之本。又《唐会要》载显庆三年，太常丞吕才奏：按张华《博物志》云，'《白雪》是泰帝使素女鼓五弦曲名，以其调高，人遂和寡'；又张彦远《历代名画记》引张华《博物志》曰，'刘褒汉桓帝时人，曾画《云汉图》，人见之觉热，又画《北风图》，人见之觉凉'，今本皆无此语。李善注《文选》引张华《博物志》十二条，见今本者仅九条；段公路《北户录》引《博物志》五条，见今本者仅三条。足证亦非唐人所见之本。《太平广记》引《博物志》'郑宏沈醸川'一条；赵彦卫《云麓漫钞》引《博物志》'黄蓝张骞得自西域'一条，今本皆无之。晁公武《读书志》称'卷首有《理略》，后有赞文'，今本卷首第一条为地理，称《地理略》，自魏氏曰以前云云，无所谓《理略》，赞文惟地理有之，亦不在卷后；又赵与时《宾退录》称'张华《博物志》卷末载湘夫人事，亦误以为尧女'，今本此条乃在八卷之首，不在卷末，皆相矛盾。则并非宋人所见之本。或原书散佚，好事者掇取诸书所引《博物志》，而杂採他小说以足之，故证以《艺文类聚》《太平御览》所引，亦往往相符。其余为他书所未引者，则大抵剽掇《大戴礼》《春秋繁露》《孔子家语》《本草经》《山海经》《拾遗记》《搜神记》《异苑》《西京杂记》《汉武内传》《列子》诸书，饾饤成帙，不尽华之原文也。"

眉按：顾实《重考》谓"四百卷语，见王嘉《拾遗记》，不足据。《汉魏丛书》本《博物志》十卷，清《四库》著录，非张华原书"。而以黄丕烈《士礼居丛书》刊本周日用等注《博物志》十卷为原本《博物志》。然诸书所引，仍有多出此本之外者，则此本仍不可靠。实以所引或为隋唐《志》著录之《张公杂记》之文，岂其然欤！

杜律虞注

称元虞集注。杨用修曰："本不出自伯生笔，乃张伯成为之，后人驾名于伯生耳。"恒按：伯生集有《杜诗纂例序》一篇，想以此误为伯生耶？

【补证】

眉按：检虞集《道园学古录》五十卷，无《杜诗纂例序》文。杨慎《闲书杜律》既定为张伯成作，并揭其注文尤纰缪者若干条，补录之，以见此书诚不足一顾云。其文曰："此书首解《恨别》云：'杜公初至成都，未得所依，故以别为恨。'不知唐室板荡，故园陷虏，虽得所依，岂不以别为恨！公岂如江估淮商'风水为乡船作宅，一得醉饱不思家'者乎？解'摇落深知宋玉悲'云，'惟深知其故，故千年之后，且为悲叹，惟其亦吾之师，故闵其萧条'。解'生长明妃'一首云，'惟其去紫台，故春风面不可见，惟其独留青塚，故环佩声归月下闻'。此乃村学究腐烂套语，岂可笺杜乎？'织女机丝虚夜月，石鲸鳞甲动秋风'，本言乱离萧条之状，而解云，'织女不能机杼，故曰虚，石鲸相传有灵故曰动'，此何异眯目而道黑白者。'彩笔昔曾干气象'，本说登山，而云'以文彩弄笔，千动时贵，以拟飞腾'，此又视老杜为钻刺乞哀之徒矣。'幽栖地僻'一首，本是喜客至之意，乃云'亦姑以觇其诚意否'，是杜之阴险逆诈也。岂所谓以小人之心而度君子者乎？'预传籍籍新京兆，青史无劳数赵张'，本是期以古贤，乃注云，'此去朝廷，定有升擢，既为京兆少尹，必升三辅人尹'，此何异星士寿书，预写赏帖耶？可恶可厌！"（《升庵全集》卷五）观此数例，不特诬少陵，其污道园亦已甚矣！

以上子类

有真书杂以伪者

经则《礼记》《仪礼》有之，并详本书，兹不复缀。

三礼考注

吴澄撰。杨士奇序以为晏璧曾掩为己作；又以公纂言叙录考之，多所增加，礼义率混淆无别。罗伦序亦以为所增者非公手笔无疑。

【补证】

张尔岐《蒿庵闲话》曰："愚读《仪礼》，自郑、贾注疏外，偶得吴氏《考注》，稍一涉目，辄掩卷置庋阁，以其注皆采自郑、贾，往往失其端末，至其自为说，则大远经意故也。及《仪礼郑注句读》成乃取《考注》为之勘订。其不用郑、贾者四十余事，惟《少牢篇·尸入正祭章》补入'尸受祭肺'四字为有功于经，余支离之甚，不须剖击，疵病立见。疑其书殆庸妄者托为之。不然，草庐名宿，岂应疏谬至此！后得《三礼考注序》读之，又取其书与之覆较，遂确然信其非吴氏之旧也。序云：'忘其僭妄，辄因朱子所分礼章，重加伦纪，其经后之记，依经章次，秩序其文，不敢割裂，一仍其旧，附于篇终。'今此书则割裂记文，散附经内矣。序又云：'二戴之记，中有经篇，离之为逸经，礼各有义，则经之传也，以戴氏所存，兼刘氏所补，合之而为传，传十五篇。'今此书十五篇则具矣，《士相见》《公食大夫》二篇，但采掇《礼记》之文以充数，求所谓清江刘氏之书无有也。至于逸经八篇，序则又详列其目矣：《公冠》《迁庙》《衅庙》取之《大戴》，《奔丧》《投壶》取之《小戴》，《中霤》《禘于太庙》《王居明堂》取之郑氏注。逸经虽曰八篇，实具其书者，五篇而已。其三篇仅存篇题，非实有其书也。今此书《大戴·明堂》列之第二，盖不知《王居明堂》之与《明堂》为有辨也。三者与序皆不合，其不出于吴氏也审矣。序又云：'正经居首，逸经次之，传终焉。皆别为卷而不相蒙。

此外悉以归诸戴氏之记。朱子所辑，及黄氏《丧礼》，杨氏《祭礼》，亦参伍以去其重复，名曰《朱氏记》，而与二戴为三。'草庐本书次第，略见于此数言。今此书《朱记》了不可见，而又杂取二戴之书名为《曲礼》者八篇，庞杂萃会，望之欲迷，与草庐所云'悉以归诸戴氏之记'者又不合矣。何物妄人，谬诬先儒至此，真可恨也！"

朱彝尊《经义考》曰："按草庐先生诸经解，各有叙录，余购得《周官礼》，乃先生孙当所补。其余《仪礼》则有《逸经》，《戴记》则有《纂言》。今所传《三礼考注》，以验对先生之书，论议体例，多有不合，其为晏氏伪托无疑。"

眉按：以吴澄《三礼叙录》证此书之伪，郑瑗已先言之，曰："《三礼考注》，或谓非草庐书。考公年谱行状，皆不言尝注此书。杨东里谓其编次时，与《三礼叙录》不同。予按《卮言集·周礼叙录》但云，'《冬官》虽缺，今姑仍其旧，而《考工记》别焉一卷，附之经后'，今此书篇首亦载《叙录》，乃更之曰'《冬官》虽缺，以《尚书》《周官》考之，冬官司空掌邦士，而杂于地官司教掌邦教之中，今取其掌邦士之官，列于司空之后，庶乎《冬官》不亡'。《卮言叙录》云，'《仪礼传》十篇，澄所纂次'，而此书'十'字下，乃加'五'字，此盖或者欲附会此书出于公手，故揭公《叙录》置之篇首，又从而附益之耳。且公最不信《古文尚书》，《周官》，古文也，其肯据之以定《周礼》乎？及观其所章次，亦不能无可疑者：如《春官》大司乐而下，皆取而归之司徒，《地官》大小司徒之职，则取而归之司空，然观《周书》穆王命君牙为司徒，而有'祁寒暑雨，小民怨咨，思艰图易，民乃宁'之语，又云'宗伯治神人，和上下'，《周礼·春官》大宗伯之职，亦云'以天产作阴德，以中礼防之，以地产作阳德，以和乐防之，以礼乐合天地之化，百物之产，以事鬼神，以谐万民，以致百物'，与《周书》之言，实相表里。由是观之，则司徒岂专掌教而不及养，宗伯岂专掌礼而不及乐乎？《叙录》所纂《仪礼逸经》文，仅存者止五篇，《公冠》《诸侯迁庙》《诸侯衅庙》《投壶》《奔丧》也。至《中霤》《禘于太庙》《王居明堂》三篇，其经亡矣。此书乃以《大戴·明堂篇》补《王居明堂》，其辞云，'明堂朱草，日生一叶，至十五日生十五叶，十六日一叶落，终而复始'。此纬书野史之说，曾谓礼经而有是乎？其以《公符》补《公冠》，虽公之意，然篇中杂记周成王、汉昭帝之冠辞，其非古经之文明矣。公平昔深恶经传之混淆，岂若是其杂乱而无区别乎？予尝谓《诸侯迁庙》《衅庙》《奔丧》《投壶》四篇，犹略存经之彷佛，以之补经，当不能不起人之疑；《公符》《明堂》之不可补经决矣。"（《井观琐言》卷三）此可与张说先后相勘发。又按：杨士奇《跋》（姚氏作《序》，误）谓"此书本吴文正公澄用朱子之意，考定为《仪礼》十七篇，《仪礼逸经》八篇，《仪礼传》十篇，《周官》六篇，《考工记》别为一卷，见公文集中《三礼叙录》及《虞文靖公行状》如此。尝闻长老言吾邑康震宗武受学于公，元季兵乱，其书藏康氏，乱后，郡中晏璧彦文从康之孙求得之，遂掩为己有。余近岁于邹侍讲仲熙家见璧所录初本，注内有称'澄曰'者，皆改作'先君曰'，称'澄按'者，改作'愚谓'，用粉涂其旧而书之，其迹隐隐可见"。则璧之掩此书为己有，仍留极大之罅漏。且璧素与士奇往来，其编《乾坤清气集》，以己意改古人之作者数处，士奇尝与之辨（亦见《跋》），可知璧固敢于作伪者，而郑瑗、张尔岐揭其与《序》不合之说又甚核，璧诚谬诬先正之妄人也已。

文　子

《汉志》道家《文子》九篇。本注云："老子弟子，与孔子并时，而称周平王问，似依托者也。"《唐志》录魏李暹注，为十二篇；与今篇次同。晁子止疑为暹析之。李暹注传曰："姓辛，葵邱濮上人，号曰计然。范蠡师事之。本受业于老子；录其遗言为十二篇云。"陈直斋曰："按《史·货殖传》徐广注，'计然，范蠡师名'。裴骃曰："计然，姓辛，字文子。'唐徐灵府引以为据。然自班固时已疑依托，况未必当时本书乎！至以文子为计然之字，尤不可考信。"按直斋此辩，则李暹固承前人之误，以文子为姓辛，名钘，又号计然也。辩其文者：柳子厚曰："其辞有若可取；其旨意皆本老子。然考其书，盖驳书也。其浑而类者少，窃取他书以合之者多。凡《孟》《管》数家，皆见剽窃，峣然而出其类。其意绪文辞，又牙相抵而不合。不知人之增益之欤？或者众为聚敛以成其书欤？今删去谬恶乱杂者，取其似是者，又颇为发其意，藏于家。"按：河东之辩《文子》，可谓当矣。其书虽伪，然不全伪也；谓之驳书，良然。其李暹为之欤？高似孙谓子厚所刊之书，今不可见。

【补证】

眉按：黄震《黄氏日钞》曰："文子者，云周平王时辛钘之字，即范蠡之师计然，尝师老子而作此书。其为之注与序者，唐人默希子，而号其书曰《通玄真经》。然伪书尔。孔子后于周平王几百年，及见老子，安有生于平王之时者，先能师老子耶？范蠡战国人，又安得尚师平王时之文子耶？此伪一也。老子所谈者清虚，而计然之所事者财利，此伪二也。其书述皇王帝霸，而霸乃伯字，后世转声为霸耳；平王时未有霸之名，此伪三也。相坐之法，咸爵之令，皆秦之事，而书以为老子之言，此伪四也。伪为之者，殆即所谓默希子而乃自匿其姓名欤？"其言甚当。惟谓默希子伪为，似嫌武断。是书班固已疑其依托，历隋至唐未尝亡，固不待徐灵府而始伪；故胡元瑞《笔丛》仍主宗元驳书之说，而以黄为失于深考。至孙星衍则力持是书并非驳书，其言曰："《艺文志》注言'老子弟子，与孔子并时，而称周平王问，似依托'，盖谓文子生不与周平王同时，而书中称之，乃托为问答，非谓其书由后人伪托；宋人误会其言，遂疑此书出于后世也。按书称平王并无周字。又班固误读此书，此平王何知非楚平王？书有云：'老子学于常枞，见舌而知柔。'又云：'齿坚于舌而先弊。'考《孔丛子》云：'子思见老莱子，老莱子曰，子不见乎齿乎？齿坚刚卒尽相磨，舌柔顺终以不弊。'老聃疑即老莱子。《史记》所云亦楚人，著书十五篇，言道家之用。文子师老子亦或游乎楚，平王同时，无足怪者。杜道坚亦以为楚平王不听其言，遂有鞭尸之祸也。书又云'秦楚汉魏之歌'，则其人至六国时犹在矣。范子称文子为辛计然之字而为其师，当可引据。范蠡之学，出于道家，其所教越，以亡取存，以卑取尊，以退取先之术也。又自齐遗大夫种书曰，'蜚鸟尽，良弓藏，狡兔死，走狗烹'，亦出《文子》，是文子即计然无疑。李善、徐灵府亦谓为是。宋人又疑之，特以《唐志》农家自有《计然》，不知此由范蠡取师名以号其书，自非一人也。淮南王受诏著书，成于食时，多引《文子》（黄式三《儆居集》引《淮南子》与《文子》同者多条；惟是否《淮南子》袭《文子》，抑《文子》反袭《淮南子》，则未敢定），增损其词，谬误叠出，则知《文子》胜于《淮南》。此十二篇必是汉人依据之本。柳宗元疑此驳书，所谓以不狂为狂者欤！"（《问字堂集》卷四《文子序》）余谓星衍既谓班固误读楚平王为周平王，则固之疑为依托，当由误读而来，不应又谓班固"依托"之托，乃"托为问答"之托，非"后人伪托"之托，且问答之托，为古书所常有，班固既误读此平王为周平王，则文子与平王问答，不妨直云依托，何必曰"似依托？"似之云者，盖怀疑及其书之本身，未敢为斩然之语，则似之云尔。星衍又据《史记》"或曰老莱子亦楚人"之说，谓老聃疑即老莱子；则《史记》又云"或曰儋即老子"，将谓老聃疑即太史儋耶！（叶大庆《考古质疑》曰："尝观迁史《周纪》'幽王时三川皆震，伯阳甫曰，周将亡矣！'注云：'伯阳甫，周柱下史老子也。'及幽王立褒后，太史伯阳读史记曰，周亡矣！'云云，则太史伯阳即老子也。固已见于幽王之前。则平王谓吾闻子学道于老聃，又似非误。况孔子窃比于老彭，彭祖尧臣，绵唐虞，历夏商，则老聃之年，或者生于幽王之前，而绵历春秋之际，亦未可知也。"说亦可笑。）此等惝怳之辞，本不足凭，星衍乃以伪《孔丛》强事比附，惑矣！且此平王即定为楚平王，而楚平王之卒，距三家分晋之时已百四十年，星衍谓其人至六国时犹在，亦不应老寿至此。综星衍所辨，无以胜黄震，则定是书为伪书，实无不可。而姚氏既疑为李暹所造（章炳麟《菿汉微言》谓张湛所造），又谓其书虽伪，然不全伪；夫作者既非文子，何得更谓其书之不全伪！姚氏盖犹执宗元驳书之说而未暇深思也。

庄　子

苏子瞻疑《盗跖》《渔父》《让王》《说剑》四篇非庄子作。其言曰："庄子盖取孔子者，皆实予而文不予，阳挤而阴助之，其正言盖无几。至于诋訾孔子，未尝不微见其意。其论天下道术，自墨翟以至老聃之徒，至于其身，皆以为一家，而孔子不与；其尊之也至矣。尝疑《盗跖》《渔父》则真若诋孔子者；至于《让王》《说剑》，皆浅陋不入于道。"晁子止辨之曰："熙宁元丰之后，学者用意过中，以为庄子阳訾孔子而阴尊焉，遂引而内之。殊不察其言之指归，宗老耶？宗孔耶？既曰宗老矣，讵有阴助孔子之理也耶？是何异开门揖盗？窃惧夫祸之过于西晋也！"按：晁氏此辨，可谓至正，殊有关系。苏氏兄弟本溺好二氏，其学不纯，故为此诐淫之辞。第苏之疑此四篇是也；其用意误耳。予之疑与苏同，而用意不同。庄之訾孔，余尚蕴藉，此则直斥嫚骂，便无义味；而文辞俚浅，令人厌观：此其所以为伪也。

【补证】

蒋复璁《庄子考辨》略曰："庄子之书，见于《汉志》者本五十二篇；今世所传者，为郭象注之三十三篇，内篇七，外篇十五，杂篇十一，较原书逸十九篇。昔苏子瞻尝斥《让王》以下四篇，浅陋不入于道；吴草庐又疑其《骈拇》《胠箧》等五篇，为周秦文士所为。以余观之，此数篇特其最著者耳，其余诸篇，伪作之迹，亦多可考见。惟内篇七篇，文章浑古，陈义精粹，最为无疵，疑真出于庄子门弟子之手；余篇于义或得或失，或疏或密，或本训释之书，或乃羼入之文，要皆非庄子之旧。今因其体性，合为七类，辨之如下：一，内篇七篇之文，分之则篇明一义，合之则首尾相承。《逍遥游》取譬于鲲鹏，以自赞其逍遥，若全书之总冒；《齐物论》泯是非而均物我，扫荡一切，为立论之前驱。或明养生之道，或论涉世之方，或著至德之符。其体维何？以大道为宗师。其用维何？以帝王为格致。所谓本末兼该，体用具足，以成其一家之言者也。而使其出于拘墟之士，作伪之家，其文理之密察，有能若斯者乎！虽篇中明有庄子之称，必非庄生之所自著，且以庄子遗弃功名，又岂屑著书以求见于后世，然亦必门弟子之所记而得其真者。庄子之学，尽在于此。一，外篇《骈拇》《马蹄》《胠箧》《刻意》《缮性》五篇：此五篇，文气平衍，词句凡近，通篇一意到底，有如后世之策论，于诸篇之中，自为一体。《骈拇》论仁义之非人性，而欲返本抱璞，乃曰‘余愧乎道德，是以上不敢为仁义之操，而下不敢为淫僻之行’，气象衰竭，外若谦挹，内无所据，以庄子之洸洋自恣，岂是作此语者！《马蹄》以智巧之过归诸圣人，为老子‘无为自化，清静自正’作注。《胠箧》更谓圣知之法，徒为盗积，有取于‘圣人不死，大盗不止’之言，其诋訾圣人备至；然察其所为‘窃钩者诛，窃国者为诸侯’，特惩时君之无道而愤激言之，初无义理之可言也。《刻意》文若司马谈之论六家要旨，而谕止于啬养精神。《缮性》则主于恬知交养，而篇末斤斤以道德之兴隐，时命之穷通为言，稍有高致之人所不肯出，而谓庄子为之乎！窃以私意度之，此数篇盖本他人自著之书，编者才识劣下，见其与《庄子》相类，误行羼入。《骈拇》等篇直入口气，与他篇不同，而其文排偶狷急，颇敷采色，与李斯《谏逐客书》为类，则其时代当亦不远。且文中多以杨墨曾史并称，杨墨并称，始于《孟子》，庄子与孟子同时，而书缘孟子之交，是诸篇之作，必在《孟子》流传之后。《胠箧》称田成子十二世有齐国，齐亡于始皇二十七年，然则其为秦汉之际学者所为无疑。（眉按：此本焦竑说。竑曰：'之哙让国在孟子时，而庄文曰，庄子身当其时，昔者陈恒弑其君，孔子请讨，而《胠箧》曰，陈成子弑其君，子孙享国十二世，即此推之，则秦末汉初之言也，岂其年踰四百岁乎！曾史盗跖与孔子同时，杨墨在孔后孟前，《庄子》内篇三卷，未尝一及五人，则外篇杂篇，多出后人可知。又封侯宰相等语，秦以前无之，且避汉文帝讳，改田恒为田常，其为假托尤明。'见《焦氏笔乘》卷二。）《刻意》《缮性》与前三篇或不出于一手，但其时代必不能在前三篇之前。一，外篇《达生》《山木》《田子方》《知北游》四篇：《养生主》不以有涯之生随无涯之知，而主于保身全生；《达生》则不务知之所无奈何，而专志全天以返性命。《人间世》论涉世立身；而《山木》则求所以终其天年。《德充符》主于全德遗形；而《田子方》则明目击道存，不可以容声。《大宗师》论天人之格致；《知北游》则言至道之无为。是必后世学者因庄子之内篇，复辑其逸言逸事为外篇，以发其义趣。如《田子方》载庄子见鲁哀公事，以史考之，其不相及百有余年，度其所记，必得之传闻，而年久失实，舛错至此，则记者之去庄子必甚久远，非其一再传之弟子所为，可以征矣。一，外篇《在宥》《天地》《天道》《天运》《秋水》《至乐》六篇：《在宥》之文，与《骈拇》等篇最相似，而为数段凑合而成。篇末'贱而不可任者物也'一段，宣颖疑其意杂文肤，不知他段之意亦未尝不肤，文亦未尝不浅。广成子之告黄帝，所谓'无劳汝形，无摇汝精'，所谓'慎守汝身，物将自壮，我修身千二百载，形未尝衰'，纯是后世黄冠丹铅之术，试检内篇，何曾有此！又云，'君子不得已而临莅天下，莫若无为'，夫庄子视天下若将浼己，与其留骨为贵，宁曳尾于涂中，乌有所谓不得已哉！君子小人，又儒家等级之专称，老庄绝口不屑道者，盖全篇皆后人所窜入也。《天地》篇中数称夫子，可证其为孔门之徒所作。其言'立德明道，此谓王德之人'，与'孝子不谀其亲，忠臣不谀其君，臣子之盛也'一段，皆明为儒者之言，与庄子何与！末段亦与《骈拇》相类。《天道》开章'以此南乡'至'功大名显而天下也'一段，称静圣动王之道，矜重功名，与《逍遥游》无功无名之旨，背驰而不顾。其言上必无为而用天下，下必有为为天下用，以无为为君道，有为为臣道，剖道为二，与他篇之说若出二人。既以有为为臣之道，又曰'以此南乡，尧之为君，以此北面，舜之为臣'，一口所言，自相刺谬。尤可怪者，有所谓玄圣素王之名。又称'孔子西藏书于周室，缠十二经以说老聃'。姚鼐曰：'藏书者谓圣人知有秦火而预藏之。'陆德明曰：'十二经又加六纬。'焚书之祸，出于秦始，谶纬于哀平之际，素王受命，为汉制作，乃末世《公羊》谶纬家之言，观此数端，纵不敢断其全出哀平，要必有汉后所附益者。《天运》除首二段外，余皆诋毁孔子之言，痛斥名色形声之末，而汲汲于安其性命，存之未尝不足以反监儒家之教而儆其失，遽谓为庄子之义则不然。《诗》《书》《礼》《乐》，古只谓之六艺，何尝谓之六经哉！《秋水》载公孙龙闻庄子之言而问魏牟，龙与庄子年不相及；其记庄子谓惠子曰，'今子欲以梁国吓我耶！'意在尊庄子而适以形其陋，其为后世学者想像之词明矣。《至乐》以久忧不死为大苦，谓死为寝于巨室，而骷髅为南面王乐不能过；夫庄子固不悦生而恶死，然其曰'奚暇至于悦生而恶死'者，盖言本大化之当然，无所容其悦恶，非即恶生而悦死也。斯篇缘其绪余，矫枉过直，盖浅学者之所为。

一，杂篇《庚桑楚》《徐无鬼》《则阳》《外物》《寓言》《列御寇》六篇：杂篇除《天下》篇及《让王》《盗跖》《说剑》《渔父》四篇，为整齐有条理之言；余俱章节破碎，文笔艰涩，自为一体，与内外篇绝不相类。且与内篇文义颇多重复。恒钉之迹，未能尽化。盖本后世学庄子者自为之书，故既发挥其义，间亦引用其文。而《寓言》篇首，更举《庄子》全书之总例而论之，俨然本书凡例，其为后人之辞，盖至明白。《徐无鬼》言'仲尼之楚，楚王觞之，孙叔敖执爵，市南宜僚受酒'，叔敖相楚，孔子尚未生。又谓庄子言儒墨杨秉四，与惠子为五，秉是公孙龙之字，庄子何由预言耶！《外物》有'饰小说以干县令'之语，县令始于秦孝公十三年，见《史记》年表，然其大行当在数十年后，故余断其为秦汉之际学者所为也。一，杂篇《让王》《盗跖》《说剑》《渔父》四篇：三十三篇之《庄子》，自晋宋以来为人所信奉，首先发难者，即苏子瞻之疑此四篇。今观《寓言》与《列御寇》实是一章，《列子》虽伪书，其时引用《庄子》，尚自两篇相连，而昧者以此四篇入其间，此就篇第征之，其赝一也。《庄子》惟内篇标题，各有取义，外篇杂篇，皆取篇首二字，独此四篇，特立于杂篇之中，而又绝无深义，此就标题征之，其赝二也。《让王》篇称道高节，隐然有矜慕之意；《盗跖》篇谓盗跖为柳下季之弟而面折孔子；《说剑》直以庄子为游说之士。此就义理征之，其赝三也。《让王》诸段，多与《吕氏春秋》同；其不见于吕书者，亦皆见于《列子》《淮南子》《韩诗外传》《新序》各书。《说剑》乃《国策》之流，而气格更下之。此就文辞征之，其赝四也。太史公称庄子作《渔父》《盗跖》《胠箧》以诋孔子之徒，以明老子之术，今《盗跖》则直诋诳孔子，亦不见所谓老子之术者，与史公之言不相应，世遂谓此四篇为后世之所拟为，读史公语，有所未审而失其意，盖非史公之旧。（眉按：此见马其昶《庄子故序附记》。）此就《史记》征之，其赝五也。一，杂篇《天下》篇：此篇论道术之分合，辨百家之得失，而盛推崇于庄子，故自昔学者，皆以此篇为庄子书之后序，以与《寓言》为《庄子》之凡例相匹配。然杂篇多是诠释《庄子》，不止《寓言》一篇；若止《寓言》一篇，则《寓言》既已发凡起例，而篇末复入以杂事，更继之以《列御寇》篇，于义盖不可通。而此篇亦非专为《庄子》作。盖他人总论百家流别之文，初与是书无与。世见其推尊庄子，遂取入庄子书中；又以其总论道术，而诸篇皆言行杂事，无可附丽，故举而编之篇末，如是而已。不然，既为庄子后序，则所论诸家，当至庄子而止，然后宾主分明，何得于庄子之后，复入以惠施哉！统观前之七类：杂篇中《让王》四篇之赝，发觉最先，而义亦最劣。《天下》次之，《庚桑楚》六篇又次之。外篇中《骈拇》五篇之赝，发觉最先，而义亦最劣。《在宥》六篇次之，《达生》四篇又次之。要皆不可信。所可信者，内篇七篇而已。然庄生之书，存者希矣，区区七篇，岂足以尽其所蓄，片言只句，犹将搜讨而实存之，矧以数十篇之大文，可弃之而不顾！然真赝杂糅，未可依据，而执七篇之义以为权衡，用以较其轻重，则外杂之义，未始不足以与内篇相发也。"（见《图书馆学季刊》二卷一期）

眉按：治《庄子》者多矣。蒋文亦往往用前说。录之，略以见内篇七篇，确为庄子原著，外杂篇未可依据，而足与内篇相参证。然外杂篇之所以杂糅，皆有其时代思想演变之因素在，与他书之作伪不同，爬梳而系统之，是治思想史者所有事矣。

列　子

称列御寇撰。刘向校定八篇，《汉志》因之。向云："郑人也，与郑缪公同时。"柳子厚曰："刘向古称博极群书，然其录《列子》，独曰'郑缪公时人'。郑缪公在孔子前几百载，《列子》书言'郑杀其相驷子阳'，则郑繻公二十四年，当鲁缪公之十年。向盖因鲁缪公而误为郑尔。"按柳之驳向诚是；晋张湛注已疑之。若其谓因鲁而误为郑，则非也。向明云郑人，故因言郑缪公，岂鲁缪公乎！况书中孔穿、魏牟亦在鲁缪公后，则又岂得为鲁缪公乎！高似孙曰："太史公不传列子，如庄周所载许由、务光，迁犹疑之；所谓列御寇之说，独见于寓言耳，迁于此讵得不致疑耶！庄周末篇叙墨翟、禽滑釐、慎到、田骈、关尹之徒以及于周，而御寇独不在其列，岂御寇者其亦所谓鸿濛列缺者欤？然则是书与《庄子》合者十七章，其间尤有浅近迂僻者，出于后人会粹而成之耳。"按：高氏此说最为有见。然意战国时本有其书，或庄子之徒依托为之者；但自无多，其余尽后人所附益也。以庄称列，则列在庄前，故多取庄书以入之。至其言"西方圣人"，则直指佛氏，殆属明帝后人所附益无疑。佛氏无论战国未有，即刘向时又宁有耶！则向之序亦安知不为其人所托而传乎？夫向博极群书，不应有郑缪公之谬，此亦可证其为非向作也。后人不察，咸以《列子》中有庄子，谓《庄子》用《列子》；不知实《列子》用《庄子》也。庄子之书，洸洋自恣，独有千古，岂蹈袭人作者！其为文，舒徐曼衍中，仍寓拗折奇变，不可方物；《列子》则明媚近人，气脉降矣。又庄之叙事，迴环郁勃，不即了了，故为真古文；《列》之叙事，简净有法，是名作家耳！后人反言《列》愈于《庄》。柳子厚曰："《列》较《庄》尤质厚。"洪景卢曰："《列子》书事，简劲宏妙，多出《庄子》之右。"宋景濂曰："《列子》书简劲宏妙，似胜于周。"王元美曰："《列子》与《庄子》同叙事而简劲有力。"如此之类，代代相仍，依声学舌。噫，以诸公号能文者而于文字尚不能尽知，况识别古书乎！又况其下者乎！

【补证】

陈三立曰："吾读《列子》，恣睢诞肆过庄周；然其词隽，其于义也狭，非《庄子》伦比。篇中数称杨朱，既为《杨朱篇》，又终始一趣，不殊杨朱贵身任生之旨，其诸杨朱之徒为之欤？世言战国衰减，杨与墨俱绝；然以观汉世所称道家杨王孙之伦，皆厚自奉养，魏晋清谈兴，益务藐天下，遗万物，适己自恣，偷一身之便，一用杨朱之术之效也。而世乃以蔽之《列子》云。吾又观《列子·天瑞篇》'死之与生，一往一反，故死于是者，安知其不生于彼？'《仲尼篇》'西方之人，有圣者焉，不治而不乱，不言而自信，不化而自行'，轮回之说，释迦之证，粲著明白。其言'运转无已，天地密移'，复颇与泰西地动之说合。（《尸子》《苍颉》《考灵曜》《元命苞》《括地象》皆言地动，《列子》此语亦相类。）岂道无故术，言无故家，所操者约，而所验者博欤？吾终疑季汉魏晋之士，窥见浮屠之书，就杨朱之徒所依托，益增窜其间，且又非刘向之所尝见者；张湛盖颇知之而未之深辨也。又《汉志》道家称其先庄子；乃列于庄子之后，明非本真。而柳宗元方谓'《庄子》要为放依其辞，于《庄子》尤质厚少伪作'，於戏，盖未为知言而已。"（《读列子》）

马叙伦曰："世传《列子》书凡《天瑞》至《说符》八篇，出东晋光禄勋张湛注。湛云：'是其祖录于外家王氏。永嘉之乱，仅余《杨朱》《说符》《目录》三卷。过江复得四卷于刘正舆家，正舆亦王氏甥也。又于王辅嗣女婿赵季予家得六卷。参校有亡，始得全备。'湛述今本《列子》辜较如此。然高似孙谓：'《列子》与《庄子》合者十七章；其间尤有浅近迂僻者，出于后人会萃而成。'黄震谓：'列子之学，不过爱身自利，全类杨朱。其书八篇，虽与刘向校雠之数合，实则典午氏渡江后方杂出于诸家。'姚际恒谓：'《列子》言西方圣人，则直指佛氏，殆属明帝后所附益无疑；后人不察，以《庄子》中有《列子》，谓《庄子》用《列子》，不知实《列子》用《庄子》也。'钱大昕谓：'列子书晋时始行，恐即晋人依托。'钮树玉谓：'列子之书，见于《庄子》十有七条；泛称黄帝五条；《鬻子》四条；《邓析》《关尹》《喜亢》《仓子》《公孙龙》或一二见或三四见；而见于《吕览》者四条：其辞气不古，疑后人杂取他书而成。'何治运以为'出郭璞后人所为'。俞正燮谓：'出晋人王浮、葛洪后。'汪继培谓：'《列子》浅近卑弱，于《韩策》所称贵正（正即虚之误字），《尸子》《吕氏春秋》所称贵虚之旨，持之不坚。'吴德旋谓：'《列子》恐是周秦间人采一时小说，而稗贩老庄之旨以为之；其同于《庄》处，亦皆从《庄》剽剥者。'今人章炳麟亦谓：'其书疑汉末人依附刘向《叙录》为之。'（章氏又云魏晋人作）余籀读所得，知其书必伪造。兹举证二十事如下：一，刘向《叙录》云：'列子郑人，与郑缪公同时。'按《庄子·让王篇》，苏轼以为伪作，其所记列子子阳事，即本《吕氏春秋》。子阳当作子驷，因驷子阳而讹，子驷正与子产同时。向号为通人而不省如此耶！二，《叙录》称《穆王》《汤问》二篇，迂诞恢诡，非君子之言，与《尸子·广泽篇》《吕氏春秋·不二篇》及《庄子·应帝王篇》所称列子不相应。且云孝景时其书颇行，则汉初人引列子书者又何寡也！三，张湛曰，八篇尽出其外家王氏，晋世玄言极畅，流布必广，何以湛述八篇，既失复得，不离王氏乎？四，《天瑞篇》有大易有大始有大素一章，湛曰，'此全是《周易乾凿度》也'。《乾凿度》出于战国之际，列子何缘得知？五，《周穆王篇》叙驾八骏见西王母于瑶池事，与《穆天子传》若合符节；《穆传》出晋太康中，列子又何缘得知？六，《周穆王篇》言梦有六候，一曰正梦云云，与《周官》占梦相合。七，《穆王篇》记儒生治华子之疾，儒生之名，汉世所通行，先秦未之闻也。八，《仲尼篇》孔子动容有间曰，'西方之人，有圣者焉'，斯缘晋之名理，剿取浮屠；作伪者囿于习尚，遂有此失。九，《汤问篇》所言，多《山海经》中事。十，《汤问篇》方壶、瀛洲、蓬莱，事出秦代，前无所征。十一，《汤问篇》'渤海之东，不知其亿万里，有大壑，实惟无底之谷'，此为显窃《山海经·大荒东经》及郭《注》两文合而成之。十二，《力命篇》'颜渊之才不出众人之下，而寿十八'，十八之说，汉季所行。十三，《汤问篇》记火浣布云云，昔魏文著论，不信有火浣布，明帝时有献此者，遂欲追刊前论，疑即作伪者所本。十四，《汤问篇》'伯牙善鼓琴，钟子期善听'，汪中证钟子期即《史记·魏世家》之中旗，《秦策》之中期，《韩非子·难势篇》之钟期，则楚怀王、顷襄王时人，列子何缘得知？十五，《庄子·应帝王篇》于古说九渊之中，独取三渊，正以其他无关耳；而此书《黄帝篇》则取《尔雅》杂而成之，九渊虽具而文旨已绝矣。十六，据《左传》，邓析非子产所杀；作伪者用《吕氏·离谓篇》邓析难子产事，影撰此文，故不痞与《左氏》抵牾也。十七，《汤问篇》记孔子见小儿辩日事，桓谭《新论》所载略同；谭云小时闻闾巷言，不云出《列子》。十八，《汤问篇》'朽壤之上，有菌芝者，生于朝，死于晦'，乃影射《庄子》之文而实用崔譔之说。十九，《力命篇》'彭祖之知不出尧舜之上，而寿八百'，按宋衷《世本注》、王逸《楚辞注》、高诱《吕氏春秋》《淮南子注》有七百八百之说；孔广森、严可均以为彭祖八百岁，谓彭国八百年而亡，非实篯不死也。而作伪者不暇考定，即袭而用之耳。二十，《天瑞篇》'列姑射山在海河洲中，山上有神人焉'，此袭《山海经·海内北经》文也。彼文郭注曰，'《庄子》所谓藐姑射之山也'。使《列子》非出伪作，郭何为不引此以注乎？（二十事因文长节录。）由此言之，世传《列子》书八篇，非《汉志》著录之故，较然可知。况其文不出前书者，率不似周秦人词气，颇缀裂不相条贯。又如《天瑞篇》言'天地空中之一细物，有中之最巨者'，《周穆王篇》言'西极之国，有化人来，入水火，贯金石，反山川，移城邑，乘虚不坠，触实不硋，千变万化，不可穷极，既已变物之形，又且易人之虑'，《汤问篇》言'其山高下周旋三万里，其顶平处九千里，山之中间相去七万里，以为邻居焉。其上台观皆金玉，其上禽兽皆纯缟，珠玕之树皆丛生，华实皆有滋味，食之皆不老不死，所居之人皆仙圣之种，一日之夕，飞相往来者不可数焉'。此并取资于浮屠之书，尤其较著者也。若《汤问篇》之六鳌焦螟，放《庄子》之鲲鹏蛮触；《黄帝篇》之海上沤鸟，放《吕览》之好蜻，如此者不可胜数。崔述谓其'称孔子观于吕梁而过丈夫厉河水，又称息驾于河梁而遇丈夫厉河水，此本庄周寓言，盖有采其事而稍窜易其文者，伪撰《列子》者误以为两事而遂载之也'。汪继培谓其'会萃补缀之迹，诸书见在，可覆按也'。知言哉，盖《列子》书出晚而亡早，故不甚称于作者。魏晋以来，好事之徒，聚敛《管子》《晏子》《论语》《山海经》《墨子》《庄子》《尸佼》《韩非》《吕氏春秋》《韩诗外传》《淮南》《说苑》《新序》《新论》之言（眉按：陈文波亦谓《周穆王篇》除大半摭取《穆天子传》外，兼采《灵枢》；《力命篇》'管子尝叹曰'一段，则全钞《史记·管晏列传》；而钞《庄子》则最多。见《清华学报》第一卷第一期），附益晚说，成此八篇，假为向叙以见重；而刘勰乃称其'气伟采奇'，柳宗元谓其'质厚少伪作'，洪迈、宋濂、王世贞且以为'简劲出《庄子》右'，刘壎谓'漆园之言，皆邓圃之余'，岂盲于目者耶！夫辅嗣为《易注》多取

诸《老》《庄》，而此书亦出王氏，岂弼之徒所为欤？"（《天马山房文存·列子伪书考》）

顾实曰："马说近是。然以王弼《老子注》与张湛《序》互证，虽可推定为弼伪作；而《周穆王篇》取《穆天子传》，疑此书即湛所掇拾而成也。且《淮南子》曰：'兼爱尚贤，右鬼非命，墨子之所立也；而扬子非之。全性保真，不以物累形，扬子之所立也；而孟子非之。'（《泛论训》）以《墨子》中《兼爱》《尚贤》诸篇目例之，必'全性''保真'，皆杨朱书篇名。《汉志》不载杨朱书，而淮南犹及见之。全性保真者，谓守清静，离情欲；而《列子·杨朱篇》乃一意纵恣肉欲，仰企桀纣若弗及，直是为恶近刑，岂不大相剌谬哉！此篇尤当湛臆造，非有本已。"（《汉书艺文志讲疏》）

眉按：《列子》一书，陈氏谓杨朱之徒为之，马氏谓王弼之徒所为，顾氏疑即张湛所掇拾而成，大要伪之者未可必其人；而此书之伪则可必也。日人武义内雄作《列子冤词》，谓疑《列子》者多标举《庄子》以立论，实则郭象删定前之《庄子》，其中驳杂有似《山海经》及占梦书者，若郭象不删定《庄子》而删定《列子》，后人必标举《列子》以疑《庄子》矣。（此为余所绎大意，非原文也。）《庄》《列》二书，其文体与反映之时代思想，皆较然有别，不惟一驳杂一不驳杂之不同而已。《冤词》非是。又胡适不信《列子》而以《杨朱篇》为可信（《中国哲学史大纲》），余谓《杨朱篇》盖取《孟子》"杨氏为我"及"杨子取为我，拔一毛而利天下不为也"之语，敷畅魏晋间之颓废思想，在《列子》书中最为作伪典型，而胡适信之，转过于《列子》他篇，抑何谬也！

管　子

晁子止曰："杜佑《指略序》云：'其书载管仲将殁对桓公之语，

疑后人续之。而注颇浅陋，恐非玄龄；或云尹知章也。'"叶正则曰："《管子》非一人之笔，亦非一时之书。以其言毛嫱、西施，吴王好剑，当是春秋末年。又'持满定倾'等语，亦种、蠡所遵用也。"又曰："管氏书独盐策为后人所遵，言其利者无不祖管仲，使之蒙垢万世，甚可恨也。《左传》载晏子言，'海之盐蜃，祈望守之'，以为衰微之苛敛；陈氏因为厚施谋齐，而齐卒以此亡。然则管仲所得，齐以之霸，晏子安得非之。孔子以器小卑管仲，责其大者也。使其果猥琐为市人之术，孔子亦不暇责矣。故《管子》之尤谬妄者，无过于《轻重》诸篇。"恒按：其《大匡》《中匡》《小匡》诸篇，亦本《论语》"一匡天下"为辞。又曰："召忽之死也，贤其生也；管仲之生也，贤其死也。"亦本《论语》。又"兵车之会六，乘车之会三"，本《国语》。又言"《春秋》所以纪成败"，管未见《春秋》也。《汉志》八十六篇；今篇数同。大抵参入者皆战国周末之人，如稷下游谈辈；及韩非、李斯辈，袭商君之法，借管氏以行其说者也。故司马迁尝取之，以为《封禅书》。

【补证】

陈澧曰："管子之书，《史记》采入列传者，曰'仓廪实而知礼节，衣食足而知荣辱，上服度则六亲固，四维不张，国乃灭亡'，此最精醇之语。其余则甚驳杂。其言曰：'惠者民之仇雠也，法者民之父母也。'（《法法篇》）'群臣之不敢欺主者，非爱主也，以畏主之威势也；百姓之争用，非以爱主也，以畏主之法令也。'（《明法解》）'凡所谓忠臣者务明术'。（同上）如此类者，法家语也。故《艺文志》以《管子》列于法家。或后之法家，以其说附于管子书欤？（直斋《书录解题》谓《管子》似非法家。）又有云：'有名则治，无名则乱，治者以其名。'（《枢言》）'督言正名，故曰圣人。'（《心术》上篇）'凡物载名而来，圣人因而财之。'（同上）如此类者，名家之言也。又云：'虚无之形谓之道。'（同上）'天曰虚，地曰静，乃不伐，洁其宫，开其门，去私毋言，神明若存，纷乎其若乱，静之而自治，强不能遍立，智不能尽谋，故必知不言无为之事，然后知道之纪。'（同上）此则老子之说矣。又云：'仁从中来，义从外作。'（《戒篇》）告子之说出于此欤？抑告子之徒所依托者欤？又云，'人君唯毋听兼爱之说'，此尤后人所依托也。其《地员篇》则农家者流。《艺文志》农家之书无存者，于此可见其大略。盖一家之书而有五家之学矣。"（《东塾读书记·诸子书》）

徐时栋曰："毛大可谓孟子不道桓文之事，然孟子自为文多袭《管子》：如'省刑罚，薄税敛'；'规矩方员之正也，虽有巧目利手，不如规矩之正方员也'；'诸侯毋专杀大臣，毋曲堤，毋贮粟，毋擅废適子，毋置妾以为妻'；'使税者百一钟，孤幼不刑，泽梁时纵，关讥而不征，市书而不赋'；'以善胜人者，未有能服人者也，以善养人者，未有不胜人者也'。以上并见其所著《四书剩言补》中。或尝举此为问，余笑曰，此妄语也！古人著书往往雷同，固不必抄说也。况孟子一生轻视管晏，即使今本《管子》，果在孟子之前，孟子未必袭之；而乃以战国时人私意增删、真赝杂出之书，而谓孟子袭之，非梦语乎！且大可所数未尽也，试终举之。《五辅篇》曰：'大者欲王天下，小者欲伯诸侯。'（大则以王，小则以伯。）又曰：'小者兵挫而地削，大者身死而国亡。'（暴其民甚则身死国亡，不甚则身死国削。）又曰：'关讥而不征，市壖而不税。'《小匡》曰：'使关市几而不正，壖而不税。'《戒篇》曰：'关几而不正，市正而不布。'（关市讥而不征，市壖而不征。关讥而不征，廛无夫里之布。）《宙合篇》曰：'若合符然。'（若合符节。）《法法篇》曰：'故巧者能生规矩，不能废规矩而正方员。'（公输子之巧，不以规矩，不能成方员。）《中匡》曰：'薄税敛，轻刑罚。'（省刑罚，薄税敛。）《霸形》曰：'民归之如流水。'（民归之由水之就下。）《戒篇》曰：'千乘之国，不以其道予之，不受也。'（不义予之齐国而弗受。）又曰：'以德予人者谓之仁，以财予人者谓之良。'（分人以财谓之惠，教人以善谓之忠。）《心术》上曰：'耳目者，视听之官也。'（耳目之官。）《臣乘马》曰：'彼王者不夺民时。'（不违农时。勿夺其时。彼夺其民时。）《国蓄篇》曰：'狗彘食人食。'（狗彘食人食。）又曰：'道有饿民。'（涂有饿莩。野有饿莩。）《法法》曰：'故上之所好，民必甚焉。'（上有好者，下必有甚焉者矣。）其他字句相类，不可更仆数也。然且非特孟子也，孔子亦生管仲之后者也。而《管子·法法》曰：'先难而后易。'（先难而后获。）又曰：'政者正也。'（政者正也。）《戒篇》曰：'故天不动，四时之下而万物化。'（天何言哉！四时行焉，百物生焉。）又曰：'孝弟者，仁之祖也。'（孝弟也者，其为仁之本与！）《小称篇》曰：'身不善之为患，毋患人莫己知。'（不患莫己知，求为可知也。）《小问篇》曰：'夫寡非有国者之患也。'（丘也闻有国有家者不患寡。）《禁藏篇》曰：'钻燧易火。'（钻燧改火。）《弟子职》曰：'出入恭敬，如见宾客。'（出门如见大宾。）又曰：'先生将食，弟子馈馈。'（有酒食，先生馔。）《形势解》曰：'君不君，臣不臣，父不父，子不子。'（信如君不君，臣不臣，父不父，子不子。）又曰：'事父母而不尽力。'（事父母能竭其力。）《版法解》曰：'己之所不安，勿施于人。'（己所不欲，勿施于人。）又曰：'故君子恶称人之恶。'（子贡曰：'君子亦有恶乎？'子曰：'有恶，恶称人之恶者。'）《山之数》曰：'民富君无与贫；民贫君无与富。'（百姓足，君孰与不足，百姓不足，君孰与足。）皆与《论语》意义相同，则不应夫子与及门垂训教人，而多袭《管子》也。又且'静而安'（《法禁》），即'静而后能安'也。'闻贤而不能举，殆'（《法法》），即'见贤而不能举，举而不能先，命也'。'菑必及于身'（《宙合》），即'菑必逮夫身'也。'生财有常法'（《君臣》上），即'生财有大道'也。'故上不行则民不从'（《法法》），即'其所令，反其所好，而民不从'也。'视则不见，听则不闻'（《白心》），即'视而不见，听而不闻'也。是《大学》又袭《管子》也。又且'蹈白刃'（《法法》），即'白刃可蹈'也。'继绝世'（《霸言》），即'继绝世'也。'如日月之明'（《任法》），即

'如日月之代明'也。'天之所覆，地之所载'（《侈靡》），即'天之所覆，地之所载'也。'书同名，车同轨'（《君臣》上），即'车同轨，书同文'也。是《中庸》又袭《管子》也。吾不意一部四书中袭《管子》者，何以多至于此！乃至《左传》其全袭者无论矣；即非本事而自为文者，则亦有'一而伐之，服而舍之'（《霸言》），'易子而食之，析骸而爨之'（《参患》），'贱不踰贵，少不凌长，远不间亲，新不间旧，小不加大，淫不破义'（《五辅》）等语，岂左氏袭《管子》耶！乃至于《诗》，其引用者无论矣；即非引用而自为文者，则亦有'人而无良'（《宙合》），'夙兴夜寐，小心翼翼，执事有恪，其仪不忒'（《弟子职》）等语，岂三百篇又袭《管子》耶！大可既读《管子》而独疑《孟子》，不谓之梦语得乎！"（《烟屿楼读书志》经十）

又曰："朋党二字，始见《管子》。其《法禁篇》曰，'以朋党为友'，《参患篇》曰，'群臣朋党，则宜有内乱'，其他言人臣党而成群者甚多。按仲以鲍叔之荐而相齐国；及其将死，而桓公欲以鲍叔为相，仲犹论其无相度，不足为相，其可谓不肯为党者矣。即廷臣此时，亦不闻有分朋立党之事。而《管子》云云，逆料后世之必有是事耶？抑后人伪为之耶？《小匡篇》多袭《齐语》，《大匡篇》则前半全袭《左传》。而有可发大噱者：如云'二月，鲁人告齐曰，寡君畏君之威'云云；'五月，襄公田于贝邱'云云；'九年，公孙无知虐于雍廪，雍廪杀无知'云云；凡其叙事，并无年月，独此三处有之；而九年者，鲁庄公之九年也，而亦不知删节，可笑如此！其后半篇又杂入诸子与《左传》本事违异者，盖以齐桓初年颇好战，而尝为鲁所败，作者欲护管仲，因造为仲谏不听诸语，意谓桓不听仲，故有是败耳。"（《读书志》子上）

眉按：徐时栋之举证备矣；而终疑为战国时人私意增删之书，意盖与姚氏同。惟陈澧疑其书备五家之学，可谓能从大处着眼。思想有时代之限制，古人固未有能违反学说先后演进之程序，学派相承之系统而著书者，《管子》书当为孟子以后人杂凑诸家而成，必非管子所做。（近人罗根泽有《管子探源》一书，可参阅。）杨慎谓："《管子》之文，多用韵语：如云'当冬三月，天地闭藏，昼日恒短，而夜日恒长，利以作室，不利作堂'。又言堤防之利曰，'民得其饶，是谓流膏'。又言五粟美土之状云，'淖而不䖝，刚而不觳，不泞车轮，不污手足'。其造语之妙，秦汉以后人岂能及也？"（《升庵全集》卷四十六）则以文字技巧，而信《管子》为先秦之书，其实此等韵语，秦汉以后人非不能及，《管子》书有秦汉以后人所附益者。然遂谓《管子》书乃秦汉以后人所作，亦非也。刘献廷曰："《管子》书虽不全出敬仲之手，自是宇宙间不可少之大章句。三代而后欲经纶天下者，非颍上遗言，何从着手！诸葛孔明为千古一人，其学术全从此书出。"（《广阳杂记》卷三）献廷恢奇士，其称许此书，乃抱负所系；然《周礼》而外，《管子》之为经世巨著，亦不可以真伪问题，而轩轾其本身价值，则今人多无间然矣。

贾谊新书

《汉志·贾谊》五十八篇。隋，《贾子》十卷；《唐志》卷数同。隋始加《新书》之名。陈直斋曰："多录《汉书》语；其非《汉书》所有者，辄浅驳不观。决非谊本书也。"

【补证】

眉按：卢文弨《书贾谊新书后》曰："《新书》非贾生所自为也。乃习于贾生者萃其言以成此书耳。犹夫《管子》《晏子》非管晏之所自为。然其规模节目之间，要非无所本而能凭空撰造者。篇中有怀王问于贾君之语，谊岂以贾君自称也哉！《过秦论》史迁全录其文；《治安策》见班固书者乃一篇，此离而为四五；后人以此为是贾生平日所草创，岂其然欤？《修政语》称引黄帝、颛顼、尧舜之辞，非后人所能伪撰。《容经》《道德说》等篇，辞义典雅，魏晋人决不能为。吾故曰，是习于贾生者萃而为之；其去贾生之世不大相辽绝，可知也。"盖以为《新书》非伪书比。《四库总目提要》曰："其书多取谊本传所载之文，割裂其章段，颠倒其次序，而加以标题，殊瞀乱无条例。今考《汉书》谊本传赞称，'凡所著述五十八篇，掇其切于世事者，著于传'，应劭《汉书注》亦于《过秦论》下注曰，'贾谊书第一篇名也'。则本传所载，皆五十八篇所有，足为显证。然决无摘录一段立一篇名之理，亦决无连缀十数篇合为奏疏一篇上之朝廷之理。疑谊《过秦论》《治安策》等，本皆为五十八篇之一，后原本散佚，好事者因取本传所有诸篇，离析其文，各为标目，以足五十八篇之数，故龃龉至此。其书不全真，亦不全伪。"而余嘉锡《提要辨证》曰："汉人五经诸子，皆有章句之学，《孝经》今古文皆有章名，《老子》河上公注本亦有章名，何谓无摘录一段立一篇名之理乎？陆贾述存亡之征，奏之高祖，号《新语》，此与上疏无异，而分为十二篇，贾谊之疏何为不可分为若干篇乎？贾山上书，名曰《至言》，晁错上疏，谓之守边、备塞、劝农、力本，并见本传，贾谊之疏，何为独不可有篇名乎？《提要》狃于《汉书》《治安策》前后相联，以为本是一篇，故曰无连缀十数篇合为奏疏一篇之理；不知固明云'谊数上疏'，又曰'其大略曰'，则本非一篇，而固连缀之为一也。"按余氏驳《提要》割裂章段之说，未是。《新书》割裂之迹显然，何得援古书分章段之例拟之？陆贾《新语》十二篇，每奏一篇，高帝未尝不称善，号其书曰《新语》（《史记》本传），盖贾本为高帝著书，与上书不同。今《新语》亦伪书，固不足征，而《汉书·谊传》言谊数上疏，又言所载仅大略，则非每疏皆载，或一疏全载可知。然其书决不能以痛哭流涕长太息等所分之章段，若今日《新书》所割裂之章段，分次奏上，可断言也。余氏又何得援《新语》分篇奏上之例以拟之？卢氏与《提要》之语，皆近调停，而余氏又曲予回护，皆不可谓有识。惟姚鼐则直斥为妄人所为。其言曰："贾生书不传久矣。世所有云《新书》者，妄人伪为者耳。班氏所载贾生之文，条理贯通；其辞甚伟。及为伪作者分析，不复成文，而以陋辞联厕其间，是诚由妄人之谬，非传写之误也。贾生陈疏言可为长太息者六，而传内凡有五事，阙一；吾意其一事言积贮，班氏已取之入《食货志》矣，故传内不更载耳。伪者不悟，因《汉诸侯王表》有‘宫室百官，同制京师’之语，遂以此为长太息之。然贾生疏云，‘今君君臣臣，上下有差’，已足该此义矣；不得又别为其一也。真西山取《新书》是篇，欲以补贾生之疏，吾是以为之辨。若其文辞卑陋，与贾生悬绝，不可为量，则知文者可一见决矣。”（《辨贾谊新书》）余谓姚说甚精辟。而袁枚《读贾子》曰：“贾子伪书也。天子御四夷，有五帝三王之道在，未闻表与饵也。贾生王佐才，识政体，必无是言。若所云云，隋炀帝都已行之，其效何如也。”则以人证伪，又与姚鼐之以文证伪者不同；然袁说疏矣！

伤寒论

汉张仲景撰；晋王叔和集。此书本为医家经方之祖，然驳杂不伦，往往难辨；读者苦不得其旨要。予友桐乡钱晓城煌谓此书为王叔和参以己说，故真伪间杂，致使千载蒙晦；著有《医学辨谬》一书，分别仲景书之真伪，兼论医家源流。虽议论不无过当，使世俗惊骇，然理自不可易，诚为医家独开生面者也。今其书藏于家。（予谓王叔和《脉诀》前人多称其伪，此或并非叔和，乃后人依托其名者。）

金匮玉函经

又名《金匮要略》。

称汉张仲景撰；晋王叔和集。按此非仲景撰，乃后人伪托者。其王叔和集，说见上。

【补证】

眉按：章炳麟《伤寒论单论本题辞》曰："《隋经籍志·张仲景方》十五卷。梁有张仲景《辨伤寒》十卷。《唐艺文志》王叔和《张仲景药方》十五卷；又《伤寒卒病论》十卷。《唐志》以十五卷者题王叔和，则《伤寒论》在其中。今《伤寒论》单论本十卷，《金匮要略》则三卷，合之不及十五卷数。然《要略》亦尚有阙文：据林亿序，'翰林学士王洙在馆阁日，于蠹简中得仲景《金匮玉函》《要略方》三卷'，称要略则不详，言蠹简则不备可知也。《五藏风寒积聚篇》'脾无中寒，肾无中风中寒'，亿等已知其阙矣。又《周礼·天官·疾医》疏，引张仲景《金匮》云，'神农能尝百药，则炎帝者也'，今《要略》不见其语。《千金方·诊候篇》引张仲景曰，'欲疗诸病，当先以汤荡涤五藏六府'云云，凡二百五十余字，不详所出。依《宋志》，《金匮要略方》三卷，《金匮玉函》八卷，皆称王叔和集。林亿序《要略》，亦云'先校定《伤寒论》，次校定《金匮玉函经》，今又校成此书'。是《金匮玉函》有详略二本。详者则为贾疏《千金方》所引。宋时八卷。隋唐时五卷。两志所云十五卷者，合《伤寒论》与《金匮玉函经》。十卷者，即此《伤寒论》也。其书传于今者，宋开宝中高继冲所献，治平二年林亿等所校，明赵开美以宋本摹刻，与成无已注本并行。至清而逸（按：赵开美《仲景全书序》'先以成注《伤寒论》《金匮要略》合刻，名曰《仲景全书》。既刻已，复得宋版《伤寒论》并刻之'。然清世所传，惟成注本；而单论本则清修四库书时已不可见），入日本枫山秘府。安政三年，丹波元坚又重摹之，由是复行于中土。其与成本异者，卷首各有目录；方下亦多叔和校语数事，及亿等校语，成本亦尽删之矣。近世治经籍者，皆以得真本为亟；独医家为艺事，学者往往不寻古始。方（有执）、喻（昌）以下，恣意颠倒。清世惟有成无已注本为稍完善；然尚不能窥其本原。是本之出，非论古方技者之幸欤！且以《金匮玉函》八卷之书，成无已许叔微尚时引其文，而元明以来不可见；此《伤寒论》十卷，独完好与梁《七录》无异，则天之未绝民命也。虽有拱璧以先驷马，未能珍于此也。"余谓炳麟谓《金匮玉函经》《金匮要略》系两书，有详略之不同，《玉函经》元明以来不可见。今所见者，《要略》而已，然亦有阙文，惟《伤寒论》单论本十卷，则完好与梁录无异。其言固未可据为定论。然姚氏语太简略，亦不知其所见何本，无可资以证实其《伤寒论》"驳杂不伦"，及《要略》"乃后人伪托"之说。意者所见钱书，关于分别仲景书之真伪，有甚辟之论欤？然其书今不可见。姑录章说于此以俟辨正。

有本非伪书而后人妄托其人之名者

尔 雅

《汉志》附于《孝经》后，《隋志》附于《论语》后，皆不著撰人名。唐陆德明《释文》谓《释诂》为周公作，盖本于魏张揖所上《广雅表》言"周公制礼以安天下，著《尔雅》一篇以释其义"。此等之说，固不待人举"张仲孝友"而后知其诬妄矣。郑渔仲《注后序》曰："《离骚》云，'使冻雨兮洒尘'，故释风雨曰，'暴雨谓之冻'。此句专为《离骚》释，故知《尔雅》在《离骚》后。"按：奚止《离骚》后，古年不系干支，此系干支，殆是汉世。又按：此书释经者也，后世列之为经亦非是。

【补证】

眉按：邵晋涵曰："作《尔雅》者，先儒迄无定论。张揖《上广雅表》云，'周公制礼以安天下，著《尔雅》一篇以释其义'，今考周公赋宪受胪，作《谥法解》，其训释字义云，'勤，劳也。肇，始也。怙，恃也。典，常也。康，虚也。惠，爱也。绥，安也。考，成也。怀，思也。'俱与《尔雅》同义，是周公作《尔雅》之证也。张揖又云，'今俗所传三篇《尔雅》，或言仲尼所增，或言子夏所益'，今按孔子作十翼以赞《周易》，《象传》云：'师，众也。比，辅也。晋，进也。遘，遇也。'《序卦传》云：'师者众也。履者礼也。颐者养也。晋者进也。遘者遇也。震者动也。'圣义阐敷，式昭雅训，是孔子增修《尔雅》之证也。发明章句，始于子夏。《仪礼丧服传》为子夏所作，其亲属称谓，与《尔雅·释亲》同。世所传《子夏易传》，或云伪托。至于《经典释文》、李鼎祚《集解》所征引者，如云'元，始也。苐，小也'。观象玩辞，必求近正，是子夏增益《尔雅》之证也。

（眉按：焦竑谓'《尔雅》，《诗》训诂也。子夏传《诗》者也。子夏辈六十人，纂先师微言为《论语》，《论语》中言《诗》者多矣，子夏独能问逸《诗》。晦庵《读诗纲领》述《论语》十条，而终之子夏，得无意乎？传记中言子夏尝传《诗》，今所存者《诗·大小序》，又非尽出子夏，故曰，《尔雅》，即子夏之《诗传》也。且《尔雅》有《释诂》《释训》，毛公亦以其传《诗》也，故其解《诗》，错取《尔雅》之名，题曰《诂训传》，则《尔雅》之传《诗》，毛公固谓其然矣'。见《焦氏笔乘》卷一。是子夏增益《尔雅》，焦已先邵证之。然其说固非。谓毛公取《尔雅》篇名名其《传》，独不可谓作《尔雅》者，取毛公《诂训传》之名名其篇乎？且《尔雅》即为传《诗》而作，亦不能证《尔雅》必为子夏所增益也。）张揖又云，'或言叔孙通所补，或言郇郡梁文所考'，今按《尔雅》之文，间有汉儒增补，如《释地》八陵云，雁门是也。《释山》云，泰山为东岳，华山为西岳，霍山为南岳，恒山为北岳，嵩高为中岳。《释兽》鼰鼠下云，秦人谓之小驴；疑皆汉初传《尔雅》者所附益。后儒遽以此为《尔雅》作自汉儒则非也。然则《尔雅》之作，究属何人？窃以汉世大儒，惟郑康成囊括大典，网罗众家，审六艺之指归，翊古文之正训；其《驳五经异义》云，玄之闻也，《尔雅》者，孔子门人所作，以释六艺之言，盖不误也。今由郑君之言释之，公羊、谷梁皆孔子门人，其训释字义，悉符《尔雅》。是则《尔雅》者，始于周公，成于孔子门人，斯为定论。"（《尔雅正义》）康有为则曰："刘歆《西京杂记》云，'郭伟以谓《尔雅》周公所制；而《尔雅》有张仲孝友。张仲宣王时人，非周公之制明矣。尝以问杨子云，子云曰，孔子门徒游夏之俦所记，以解释六艺者也。家君以为《外戚传》称史佚教其子以《尔雅》，《尔雅》小学也。又《记》言孔子教鲁哀公学《尔雅》，《尔雅》之出远矣。旧传学者皆云周公所记也。张仲孝友之类，后人所足耳'。按《尔雅》不见于两汉前，突出于歆校书时；《西京杂记》又是歆作，盖亦歆所伪撰也。孔子教鲁哀公学《尔雅》之说，有《大戴礼·小辨篇》足证。然哀公以人君观政，孔子乃教以读《尔雅》，非惟迂远，实不通矣。《论语》，孔子曰'不学《诗》，无以言'，又曰'诵《诗》三百，授之以政'，以此推之《小辨》所谓《尔雅》，必称《大小雅》也。故足以辨言观政。考《尔雅》训诂，以释《毛诗》《周官》为主；《释山》则有五岳与《周官》合，与《尧典》《王制》异；《释地》九州与《禹贡》异，与《周官》略同；《释乐》与《周官·大司乐》同；《释天》与《王制》异，祭名与《王制》异，与《毛诗》《周官》合；若其训诂全为《毛诗》；间有敏㧱之训，兼长之释，《释兽》无驺虞之兽，《释木》以唐棣为栘，时训三家以弄狡狯；然按其大体，以陈氏《毛诗稽古编》列《尔雅》《毛诗》异同考之，孰多孰少，孰重孰轻，不待辨也。"（《伪经考·汉书艺文志辨伪》）此二说，一依附张揖，一周纳刘歆，皆不足信。《四库总目提要》曰："《大戴礼·孔子三朝记》称孔子教鲁哀公学《尔雅》，则《尔雅》之来远矣；然不云《尔雅》为谁作。大抵小学家缀缉旧文，递相增益，周公、孔子，皆依托之辞，观《释地》有鹠鹠，《释鸟》又有鹠鹠，同文复出，知非纂自一手也。其书，欧阳修《诗本义》以为学诗者纂集博士解诂，高承《事物纪原》亦以为大抵解诂诗人之旨；然释《诗》者不及十之一，非专为《诗》作。扬雄《方言》以为孔子门徒解释六艺，王充《论衡》亦以为五经之训故；然释五经者不及十之三四，更非专为五经作。今观其文，大抵采诸书训诂名物之同异，以广见闻，实自为一书，不附经义。如《释天》云'暴雨谓之涷'，《释草》云'卷施草拔心不死'，此取《楚辞》之文也，《释天》云'扶摇谓之猋'，《释虫》云'蒺藜蝍蛆'，此取《庄子》之文也。《释诂》云'嫁，往也'，《释水》云'汉大出尾下'，此取《列子》之文也。《释地》四极云'西王母'，《释畜》云'小领盗骊'，此取《穆天子传》之文也。《释地》云，'东方有比目鱼焉，不比不行，其名谓之鲽；南方有比翼鸟焉，不比不飞，其名谓之鹣鹣'，此取《管子》之文也。又云'邛邛岠虚负而走，其名谓之蟨'，此取《吕氏春秋》之文也。又云'北方有比肩民焉，迭食而迭望'，《释水》云'河出昆仑虚'，此取《山海经》之文也。《释诂》云'天帝皇王后辟公侯'，又云'洪廓宏溥介纯夏忧'，《释天》云'春为青阳至谓之酿泉'，此取《尸子》之文也。《释鸟》曰'爰居杂县'，此取《国语》之文也。如是之类，不可殚数。盖亦《方言》《急就》之流。特说经之家，多资以证古义，故从其所重，列之经部耳。"则所言近是。吕思勉《经子解题》亦曰："《尔雅》今之辞典也。此本钞撮以备查检，后人相传，亦必有增改，无所谓谁作。今此书训诂几全同《毛传》，《释乐》同《周官》大司乐，九州异《禹贡》而同《周官》，则古学既出后之物。《释兽》中，狻麑即师子，出西域，鶌鸠出北方沙漠，翠生郁林，鳛鲔出乐浪潘国，魟鰕出秽邪头国，皆非战国前所有，明为后人增益，正如《神农本草经》有汉郡县名耳。"其说亦是。惟训释之书，往往为后人交互增改，易失本来面目；而彼此先后之迹，亦多为所灭。故或谓《尔雅》取《毛传》，或谓《毛传》用《尔雅》，或谓《尔雅》毛公以前，其文犹略，至郑康成时则加详（《永乐大典》引曹粹中《放斋诗说》语），或谓汉初传《尔雅》者，皆今文之学，故与《毛诗》不同（臧庸《拜经日记》语），或谓《说文》视《尔雅》固后，然亦有《尔雅》失其传，《说文》得其传者（《戴东原集·答江慎修先生论小学书》语）。其言皆是，而皆未窥其全。段玉裁曰："《尔雅》不出于一时一人之手，且又备采众说以俟折衷，故一篇之内，时有自相违戾者。"（《经韵楼集续·尔雅释山论南岳》）一篇之内，且自相违戾，更何论与《毛传》《说文》之异同或先后乎！然则其书既由小学家先后缀缉而成，不能定为何时何人所作，即无所谓真伪；后人以张揖、陆德明之语而真之伪之，皆不得其实者也。（郭璞序亦但言"兴于中古，隆于汉氏"，未尝指为周公。）至其书之篇第：邵晋涵谓："《汉书·艺文志》作三卷二十篇；今所传止十九篇。但考诸书之征引《尔雅》者，似有佚句而无阙篇。班固所言篇第，今不可考。"而孙志祖《读书脞录》则曰："仁和翟晴江灏云：'古《尔雅》当更有《释礼篇》与《释乐篇》相随；祭名与讲武、旌旗三章，乃《释礼》之残缺失次者。'（眉按：崔应榴《吾亦卢稿》谓此说甚有理可取。）志祖案：《广雅》篇第，一依《尔雅》；《广雅》无《释礼篇》，则晴江之说非也。盖《释诂》分上下二篇，故《汉志》称二十篇尔。近人以《毛诗·周南·关雎诂训传第一正义》引《尔雅叙篇》'《释诂》《释言》，通古今之字，古与今异言也。《释训》，言形貌也'。欲以《叙篇》充二十篇之数。然《尔雅》果有《叙篇》，景纯岂应删而不注？且唐初作《正义》时尚存此篇，则张揖魏人，其著《广雅》，亦必沿用之矣。"（曹元忠谓《叙篇》当亡于唐郑覃等刻开成石经之世。见《华国月刊》一卷十期。）孙之驳他说是也。其谓《释诂》分上下二篇，为《汉志》二十篇之旧，亦臆说耳。不如从邵说阙疑为是。其佚句亦时时见于他书：晋涵谓："许叔重《说文解字》引《尔雅》云，'庀，薄也'。《易疏》引《尔雅》云：'柤谓之椄，械谓之桎。'《诗疏》引《释言》云：'斯，尽也。'又引《尔雅》'无夫无妇，并谓之寡。丈夫曰索，妇人曰嫠'。《左传疏》引《释诂》云：'由，用也。'《礼记疏》引《释诂》云：'隐，痛也。'《周礼疏》引《尔雅》云：'极，中也。山足曰麓。飞曰雌雄，走曰牝牡。'《史记集解》引《尔雅》云：'四尺谓之仞，倍仞谓之寻。'《史记索隐》引《尔雅》云：'颜，额也。怵犹狃也。婪女谓之须女。荧惑谓之执法。'《后汉书注》引《尔雅》云：'矕，视也。槭谓之桡。'《文选注》引《尔雅》云：'劭，美也。邀，遮也。搂，牵也。棘，戟也。芥，草也。蠹，举也。盖，戴覆也。'《太平寰宇记》引《尔雅》云：'沮，洳也。'诸书所引，有出于《小尔雅》者，有出于《方言》者，有其文不似《尔雅》者。或所见本异，或传写之讹。"盖亦莫可究诘矣。

注《尔雅》者，有舍人李巡、樊光、孙炎、沈旋诸人；今惟存郭璞一家。璞有音有图赞，今亦亡之。《尚书正义》引璞注云："恒山一名常山，避汉文帝讳。"又云："霍山今在庐江灊县，潜水出焉。别名天柱山。汉武帝以衡山辽旷，移其神于此。今其土俗人皆呼之为南岳。南岳本自以两山为名，非从近来也。而学者多以霍山不得为南岳。又言从汉武帝始乃名之。即如此言，为武帝在《尔雅》前乎？斯不然矣！"今本注文不若是之详。然则郭《注》亦为人所删，非完书矣。（见钱大昕《与晦之论尔雅书》）

又案：姚氏"《尔雅》非经"之语，龚自珍亦申之曰："后世以传为经，以记为经，以群书为经，犹以为未快意，则以经之舆台为经，《尔雅》是也。《尔雅》者，释《诗》《书》之书，所释又《诗》《书》之肤末；乃使之与《诗》《书》抗，是尸祝舆台之鬼，配食昊天上帝也。"（《定盦文集补编·六经正名》）

韵　书

即《诗韵》。

昔沈约撰《四声》，今亡。此书乃宋理宗朝平水刘渊作，其时奉诏颁行，名《礼部韵略》；今相仍用之。俗称沈约，讹也。

山海经

《汉志》不著撰人名，刘歆《校定表》言："禹定九州，而益等类物善恶，著此书。皆圣贤之遗事，古文明著者也。"以为禹伯益撰，至为可笑。经中言夏后启、殷王、文王，且言长沙、零陵、雁门诸郡县，歆不知欺谁乎！此盖秦汉间人所作，昔人已多论之矣。

【补证】

胡渭《禹贡锥指例略》曰："《山海经》十三篇，刘歆以为出于唐虞之际。《列子》曰：'大禹行而见之，伯益知而名之，夷坚闻而志之。'王充《论衡》曰：'禹主治水，益主记异物，以所闻见，作《山海经》。'审尔，则是书与《禹贡》相为经纬矣。然其间可疑者甚多。颜之推曰：'《山海经》禹益所记，而有长沙、零陵、桂阳、诸暨，后人所屡，非本文也。'尤袤曰：'此先秦之书，非禹及伯翳所作。'二说允当。其所有怪物固不足道；即所纪之山川，方乡里至虽存，却不知在何郡县。远近虚实，无从测验，何可据以说经！惟澧沅潇湘在九江之间一语，大有造于《禹贡》。余即有可采，与他地记无异。或后人取以附益，亦未可知。"梁玉绳《史记志疑》曰："刘秀《上山海经奏》。《吴越春秋·无余外传》《论衡·别通》《路史·后纪》并谓益作之。《隋志》及《颜氏家训书证》云禹益所记。郦道元《水经注序》及《浊漳水》注并云禹著。《史通·杂述篇》言夏禹敷土，实著《山海》。宋尤袤以为恢诞不典，定为先秦之书。朱子以为缘《楚辞·天问》而作。（眉按：沈谦《学海蠡测》曰：'《山海经》，郭景纯据汲冢书以辩谯周之论，谓若竹书不出，即《山海》之言几乎废矣。今读《离骚》如《九辩》《九歌》等名，明用《荒经》之文。篇中所称引，若悬圃、嶓崄、咸池、白水、阆风、昆仑、流沙、赤水、西海、不周，俱此书中地名。且《天问》一篇，征奇索隐，概在是经。屈子著作，尚属周季，是亦《山海经》为古书一明征也。'不知此正《山海经》依附《楚辞》之明征耳。）吾邱衍《闲居录》谓凡政字皆避去，知秦时方士所著。杨慎《升庵集·山海经后序》以为出于太史终古、孔甲之流。疑莫能定。文多冗复，似非一时一手所为也。"（《海外南经》有文王；《海外西经》有丈夫国，注谓殷太戊使王孟采药至此；《大荒东经》有殷王亥；《大荒西经》言汤伐桀；不独地名有在后者。）

　　马叙伦曰："《史记·大宛传》云：'至《禹本纪》《山海经》所有怪物，余不能言也。'《汉志》刑法家《山海经》十三篇，郭璞皆据为古有此书之证。然《大宛传》，司马贞谓褚少孙所补，近人崔适谓后人直录《汉书·张骞李广利传》，则《山海经》云云，亦非司马迁笔矣。要亦如《列子》真者亡伪者作耳。"（《列子伪书考》附注）

眉按：《山海经》谓禹益作，固非；谓如《列子》真者亡，伪者作，亦非。大抵始于战国，而秦汉以后人又有所附益耳。全祖望谓："以所纪禹事考之：崇伯之父，明有代系，而以为白马，则与《世本》不合；崇伯化于羽渊，而又化于堳渚，则与《左传》不合；共工既放，而尚除恶未尽，有臣相鲧为害，则与《孟子》不合；帝启之献三嫔于天，而窃《九辩》《九歌》《九招》之乐以下，虽并见于《天问》，然与《尚书》之《九歌》不合。所纪禹事如此，而其余概可见。"又谓："谓是经竟无征乎？则毕方贰负诸证，历见汉人之所述，郭氏已著之题词中。而有明之季，颙鸟见于南昌佛寺，朱中尉谋玮志之；精卫遗种见于海上，林太常时对志之；鸹鸟见于杭城东，陈高士廷会志之；刑天之舞，则西方徼外多见之者，固不可以为尽诬也。"（《浮山大禹庙山海经塑像诗序》）盖其书所记范围，上及远古传说文字以前之图画，下逮战国魏晋好奇之士，掇拾诸书，加以侈大，诡诞自喜，故后代有可验有不可验者。（按说《天问》者，往往采《山海经》《淮南子》语，其实所采，多《山海经》《淮南子》缘《天问》而作者。朱熹疑《天问》，特战国时俚俗相传之语，本无稽据，好事者遂假托撰造以实之。见《楚辞辨证》下。胡应麟则谓经所纪山川神鬼，凡《离骚》《九歌》《远游》《二招》中稍涉奇怪者，悉为说以实之，不独《天问》；而其文体特类《穆天子传》，故断以为战国好奇之士，取《穆王传》，杂录《庄》《列》《离骚》《周书》《晋乘》以成者。见《四部正讹》。虽与吾说不同，而亦足证明吾说。）而刘师培谓"《山海经》不可疑。西人地质学，谓动植庶品，递有变迁，观《山海经》一书，有言人面兽身者，有言兽面人身者，而所举邦国草本，又有非后人所及见者，谓之不可知可也，谓之荒诞不可也"（《读书随笔》），则殊非。古书衍述传说，岂能上及今日所谓地质时代？抑以夏代言，其时尚无利便之交通工具，虽有睿哲，又何资以跋涉山海，穷极辽阔，探索怪异，而一一摹状之？故但曰禹曰益，实必无之事。然要为古代山川动植氏族部落原始生活意识长期累积变迁之汇纂，治古代社会史科，其有资于是书，殆无可疑。近见《燕京学报》（第七期）有何观洲《山海经在科学上之批判及作者之时代考》一文，以《山海经·五藏山经》中之动植物，除极少数为实有者外，余皆由推想而得；而《史记·孟子荀卿列传》述邹衍之学说，有"先列中国名山大川通谷禽兽水土所植，物类所珍，因而大之，及海外，人之所不能睹"一段，不啻为《山海经》作序，遂认《五藏山经》为邹衍所作，或邹派学者所作。（《五藏山经》以下，则仍认为汉以后之伪经。）此虽足备一说；然邹衍固别有书，著于《汉志》。《山海经》记怪，邹衍"推大推远"，迹或相似，岂可谓即其学说之所寄哉！又是书传写时，叙次错乱，以致文理断续，地望乖违。如《海外北经》海外自东北陬至西北陬者，东西二字互易；《海内西经》东胡下四节，当在《海内北经》舜妻登比氏节之后；《海内北经》盖国下九节，当在《海内东经》钜燕在东北陬之后；《海内东经》国在流沙下三节，当在《海内西经》流沙出钟山节之后。说详顾观光《武陵山人杂著》"山海经"条。此虽与真伪无关，然可为读《山海经》者董正误简之一助。

水　经

《隋志》有两《水经》：一本三卷，郭璞注；一本四十卷，郦善长注；皆不言撰人名。自《旧唐志》注云郭璞作；《新唐志》云桑钦作。宋《崇文总目》但云郦注四十卷，亦不言撰人为谁。《崇文总目》作于宋景祐，与新《志》同时，不知新《志》何据以为说也。其经云，"济水过寿张"，即前汉寿良县，光武所更名。又"东北过临济"，即狄县，安帝所更名。又"荷水过湖陆"，即湖陵县，章帝所更名。"汾水过永安"，即彘县，顺帝所更名。故知顺帝以所纂叙也。王伯厚曰："其书言'武侯垒'，又云'魏兴安阳县'，注谓'武侯所居'；魏分汉中，立魏兴郡，又改信都从长乐，则晋太康五年也。又'河水北薄骨律镇城'，注云'赫连果城'，则后魏所置也。"恒按：《汉儒林传》，"《古文尚书》，涂恽授河南桑钦君长"，桑钦盖成帝时人。是书固不可言钦作；即谓郭璞，又岂其然乎？姚宽《西溪丛语》曰："《水经》，世以为桑钦撰。予按《易水注》云：'故桑钦曰："易水出北新城西北，东入淶；自下，淶易互受通称矣。"'又广阳县溪水亦引桑钦说。且《水经》正文皆无此语。"其考核尤精。然则桑钦固别有地理水道之书，而《水经》者不知何人所作也。又此桑钦亦非汉成帝时者；使然，不当见遗于《汉志》矣。故晁氏谓使古有两桑钦则可也。

【补证】

臧琳《经义杂记》曰："《隋志》地理部《山海经》二十三卷，郭璞注；《水经》三卷，郭璞注；《水经》四十卷，郦善长注。二书不著撰者姓氏，而皆自郭景纯注之，则相传已久。《旧唐书·经籍志》，《水经》三卷，郭璞撰；又四十卷，郦道元撰。与《隋志》同；但以注为撰微误耳。《通典》谓晋郭璞注，后魏郦道元注，皆不详撰者名氏，不知何代之书，与《隋志》合。惟宋人《新唐书志》云'桑钦《水经》三卷，一作郭璞撰；郦道元注《水经》四十卷'。按以《水经》为桑钦所撰，与《唐六典注》同。然《水经注》漯水引桑钦曰，'漯水出高唐'；浊漳水引桑钦曰，'绛水出屯留西南，东入漳'；易水引桑钦曰，'易水出北新城西北，东入淶'；濡水引桑钦说，'卢子之书，言晋既灭肥，迁其族于卢水'；今《水经》皆无是语，则不得以为桑所撰矣。《旧唐志》以注为撰，故于郭、郦二注亦称撰。今以郦书为注，而于《水经》下又云郭璞撰，则与《隋志》《旧唐书》俱乖舛矣。或以《水经》经注混淆，所称地名，多出后代，反以称郭撰者为是，此失之不审也。"

胡渭《禹贡锥指例略》曰："《地理志》引桑钦者七：上党屯留下

云，'桑钦言绛水出西南，东入海'。平原高唐下云，'桑钦言漯水所出'。泰山莱芜下云，'禹贡汶水出西南，入沭，桑钦所言'。丹阳陵阳下云，'桑钦言淮水出东南，北入大江'。张掖删丹下云，'桑钦以为道弱水自此，西至酒泉合黎'。敦煌效穀下云，'本鱼泽障也。桑钦说孝武元封六年，济南崔不意为鱼泽尉，教力田以勤效得穀，因立为县名'。（今《汉书》本有'师古曰'三字，盖后人所妄加，此言非师古所能引也。）中山北新城下云，'桑钦言易水出西北，东入淲'。今按《儒林传》言涂恽授河南桑钦君长《古文尚书》，钦成帝时人，班氏与刘歆皆崇古学，故有取焉。《隋经籍志》有两《水经》：一三卷，郭璞注；一四十卷，郦善长注。皆不著撰人名氏。《旧唐志》始云郭璞作。《新唐志》遂谓汉桑钦作《水经》，一云郭璞作。今人云桑钦者本此也。先儒以其所称多东汉三国时地名，疑非钦作。而愚更有一切证，郦注于漯水引桑钦《地理志》，又于易水、浊漳水并引桑钦，其说与《汉书》无异，乃知固所引即其《地理志》，初无《水经》之名。《水经》不知何人所作，注中每举本文，必尊之曰经，使此经果出于钦，无直斥其名之理。（唐人义疏，例称孔君郑君。）或曰，'钦作于前，郭、郦附益于后'。或曰，'汉后地名，乃注混于经'。并非。盖钦所撰名《地理志》，不名《水经》。《水经》创自东汉而魏晋人续成之，非一时一手作。故往往有汉后地名，而首尾或不相应，不尽由经注混淆也。"眉按：桑钦《地理志》，《汉志》不著录，其有无未可定。然《水经》非桑钦撰，则可断言矣。王祎《水经序》曰："《水经》至《新唐志》始谓为桑钦作，又言一云郭璞作，盖疑之也。按《前汉书·儒林传》，'《古文尚书》，涂恽授河南桑钦君长'。晁氏《读书志》谓'钦，成帝时人也'。今以其书考之：济水过寿张，即前汉寿良县，光武所更名；又东北过临济，即狄县，安帝后更名；荷水过湖陆，即湖陵县，章帝所更名；汾水过永安，即彘县，顺帝所更名。则其书非作于成帝时，若顺帝以后人所为矣。又其书言武侯垒，又云魏兴安阳县，注谓武侯所居，魏分汉中立魏兴郡，又云江水东迳永宫南，则昭烈托孤于武侯之地也。又其言北县名，多曹氏时置，南县名，多孙氏时置，是又若三国以后人所为也。又云改信都从长乐，则晋太康五年也，又河水北薄骨律镇城，注云赫连果城，则后魏所置也。此其书又若晋后魏人所为也。意者钦本成帝时人，实为此书，及郭、郦二氏为传注，咸附益之，而璞晋人，道元后魏人也。然则《水经》为钦作无疑，盖久而经传相淆，而钦之本文亡矣。本文虽亡，可不谓为钦作哉！"（《王忠文公集》卷二）王序济水过寿张至汾水过永安云云，与姚氏同，盖皆本杜佑《通典》（《州郡》四）语，杜佑固极非难《水经》者。然王仍定《水经》为桑钦作，特以与郭、郦注文相淆，故本文有后代地名，说近牵强。盖《水经》创自东汉，而后代续成之耳。叶梦得以为"《水经》载天下甚详，而两渐独略。渐江谓之浙江，出三天子都。钦北人，未尝至东南，但取《山海经》为证尔。余意渐字即渐字，钦误分为二名。郦注引《地理志》，渐江出丹阳黟南蛮中者是已。然渐江不见于《禹贡》，以钱塘江为渐江，始见于《秦纪》，而衢、婺诸水，与苕、云两溪等，不见于《水经》者甚多，岂以小遗之？抑不及知耶？"（《避暑录话》下）梦得之信《水经》为桑钦作，固非，其谓《水经》独略两渐，亦非也。《水经》详于北而略于南，岂独两渐哉？然《水经》得郦注，而已成为稽考北方水道不可缺少之书，则近世治地理学者，殆无异辞。刘献廷欲为郦注撰疏而未果。尝谓："郦善长天人，其注《水经》，妙绝古今。北方诸水，毛发不失；而江淮汉沔之间，便多纰缪，郦北人，南方之水，非其目及也。"又谓："世人以郦书详于北而略于南少之，不知水道之宜详，正在北而不在南也。"又谓："西北水道，莫群备于此书，欲兴水利，此其粉本。虽时移世易，迁徙无常，而十犹得其六七，不熟此书，则胸无成竹，虽有其志，何从措手。"（俱见《广阳杂记》卷四）献廷长于地理，而推服郦注若此！吾人正不宜因《水经》不得撰者之主名，而忽视此北方水道沿革之重要古籍也。

阴符经

出于唐李筌。其云得于石壁中，上封云："上清道士寇谦之藏诸名山，用传同好。"于是筌诡为黄帝所作。后遇骊山老母，说其玄义。按：此书言虚无之道，言修炼之术，以气作旡，乃道家书；必寇谦之所作，而筌得之耳。其云得于石壁中，则妄也。若云黄帝所作，骊山老母为之解说，则更妄矣。又相传《七贤注》，为太公、范蠡、张良、诸葛亮诸人，益不足辨。或谓即筌所为，亦非也。褚遂良书之以传于世。又朱仲晦尝注之，而曰"谓非深于道者不能"。吁，不知其所谓道者何道也？可慨也夫！

【补证】

吴名凤曰："朱子谓《阴符经》恐是唐李筌所为，是他着力去做，何故？只因他说起便行于世。愚考《汉书·艺文志》道家兵书俱不载。《隋志》始载有《太公阴符》《周书阴符》而不言经。《唐志》乃有《集注阴符经》一卷。故邵子以《阴符经》为七国时书。伊川程子以为非商末即周末。然则李筌所云至嵩山得黄帝《阴符经》者，乃诳语耳。其主九窍之邪，在乎三要，可以动静，则《参同契》之三宝关键也。又谓心生于物，死于物，机在目，则《老子》之不见可欲，使心不乱也。天地之大德曰生　而此则曰杀机，阴疑于阳必战，而此不嫌无阳，此乱世之书耳，奈何欲上污古圣也哉！《史记》苏秦得周书《阴符》伏而读之，《索隐》引《战国策》谓得《太公阴符》之谋，则《阴符》或即《太公兵法》乎？然《风后握奇经》传有吕尚增字本，此《阴符经》义殊不类，而以为出于黄帝，殆所谓无稽之言也。"（《此君园文集》卷二十五）

眉按：吴莱《新安朱氏新注黄帝阴符经后序》曰："余闻陇西李筌尝得黄帝《阴符经》，读之数千遍，竟不能略通，后遇骊山姥始章句解释，盖甚怪矣！自言神农氏衰，蚩尤横暴，黄帝三年百战而未及有功；天命玄女教以兵机，赐以九天六甲兵信之符，皆出自天机，合乎神智者。筌又别著《太白阴经》《阃外春秋》以辅行其说。强兵胜敌，岂必务贯于此而后能然耶！广汉郑山古曾语蜀黄承真，'蜀宫大火，甲申乙酉，则杀人无数，我授汝秘术，庶几少减于杀伐，幸汝诣朝堂陈之；陈而不受，汝当死洩天秘也'。已而蜀王不听，而承真死。孙光宪窃窥其书，题曰《黄帝阴符》。然与今经本不同，不知此又何书也。若乃筌务用兵，而山古又欲务禁兵，此果何耶？凡吾儒者之言兵，本以仁义言兵，虽使黄帝玄女诚有所谓《阴符》，则上篇演道，中篇演法，下篇演术，千变万化，出无入有，要之亦不能有外乎此者。又况李筌、郑山古道家狡狯之流耶！"其意亦疑李筌而未敢实言其伪，与名凤同。杨慎谓："《阴符经》盖出后汉末。唐人文章引用者，惟吴武陵《上韩舍人行军书》有'禽之制在气'一语；梁肃《受命宝赋》有'天人合发，区宇乐推'一语；冯用之《机论》《权论》两引之。此外绝无及之者。"（《升庵全集》卷四十六）可知唐人见此书者极少，而慎犹疑为汉末人作，何也？余谓李筌撰《太白阴经》，窃《卫公兵法》入其书，汪宗沂《卫公兵法辑本自序》已论之详矣。是书亦应出李筌之手。黄庭坚尝跋其后曰："《阴符》出于李筌，熟读其文，知非黄帝书。盖诡谲不经，又糅杂兵家语；惜不经柳子厚一掊击也。"吴韫玉《周秦诸子书目》亦以黄说为然。盖道家狡狯之流，谈兵自喜，妄托古帝，造为是书，与《太白阴经》彼此辅行，其内容本不足当一哂！而汪绂有《读阴符经》一卷曰："阴符者，沈隐伏匿，藏其用于不测，即老子清静无为，知白守黑之意也。先儒谓老子之书杂，《阴符经》却不杂；盖其书简约，而前后一意，有以入老氏之阃奥而啜其精微，故不烦言而意已畅。内之为修炼，外之为权谋，五千言之旨备矣。"（《双池遗书八种》）是岂得为知言哉！

又按：《道藏》有黄帝《阴符经疏》三卷，题曰少室李筌疏。刘师培辨之，略谓："李筌注《阴符经》有二种：一称自注，即七家《注》本，一托之骊山母所传，此本之《注》是也。观《玉海》及晁《志》并引'阴者暗也'一条，与此本合，则此注即宋人所传筌注，确然可征。《唐志》所云《玄义》，亦即此书。惟均不言《疏》为筌作，筌《序》亦仅言筌注《阴符》，不言作《疏》。本藏余字号袁淑真《阴符经集解序》云，'唐陇西李筌尤加详释，亦不立章疏，何以光畅玄文？'此尤筌不作《疏》之确证。而袁之《集解》，核与此疏同，惟小有损益，以是知此本之《疏》，乃后人取袁《疏》附李《注》，因以《疏》文为李作，强加改窜。今袁本有《疏》无《注》，遂弗克考，此则亟当辨正者也。"（《读道藏记》）其实《阴符经》本身，犹疑李筌伪托，则筌之是否作《注》或作《疏》，又何争乎？今之《道藏》，刊于明正德间，经箓符图，半属晚出，读书者置而不论可也。

越绝书

《隋志》始有，称子贡撰，或曰子胥，并妄也。据篇末云，"以去为姓，得衣乃成，厥名有米，复之以庚"，乃隐为袁康字也。又曰，"文属辞定，自于邦贤，以口承天，屈原同名"云云，隐为吴平字。康与吴平共著此书也。杨用修曰："此东汉人也。何以知之？东汉之末，文人好作隐语；如黄绢碑；如孔融以'渔父屈节，水潜匿方'云云，隐其姓名于《离合诗》；如魏伯阳以'委时去害，与鬼为邻'云云，隐其姓名于《参同契》。"此言良然。胡元瑞谓："《伍子胥》两见《汉志》：一杂家八篇，一兵家十篇。东汉人据二书润饰为此，或有之。"

【补证】

卢文弨曰："此书为汉更始、建武之际，会稽袁康之所作，又属其邑人吴平定之，观其篇中离合姓名而知也。而王仲任《论衡案书篇》称会稽吴君高之《越纽录》，向、雄不能过，《越纽》即《越绝》，君高即平之字无疑。则以是书专属平所撰矣。其首篇乃托之子贡，复托之子胥；且以小艺之文，未足自称为言。其所载，略与《吴越春秋》同。盖杂采诸书而成，故往往有异文驳义。如伍胥又以为申胥，逢同又以为冯同，类参错不一。康行事无所考；然由此书以想其为人，盖其生适当云集龙门之时，负其奇气，欲有所试，而卒不为人用，故无以表见于世；乃借胥、倪、种、蠡之事会萃增益之，以发抒己意云尔。虽其自言欲窃附于《春秋》，而实不离乎短长家之余习。其文奇而不典，华而少实，且亦多庸猥烦复，盖其辞又出《国策》下矣。"又曰："其最无理者，如称舜用其仇而王天下，仇者舜后母也。（舜后母下或当有弟字，但有庳之封，在有天下之后，与所言亦不合。）鄙倍至此！他如论尧舜不慈孝，皆不可训。舜不闻有兄，独此书称舜兄狂弟傲，可以广异闻云。"（《抱经堂集·题越绝后》）

眉按：越绝之义，殊不可晓。谓"取勾践功成能绝人之恶"，黄震《日钞》已斥其"于理无当"。杨慎谓："绝即纽字之误；绝字曲迂不通。"（《升庵全集》卷十《越绝当作越纽跋》）胡应麟谓："纽字文义，曲迂又甚于绝。"（《少室山房笔丛》）俞樾则谓："绝字即绝笔获麟之绝。"（《曲园杂纂》）亦未能断其谁是。其书称子贡撰，司马贞、刘知幾已皆言其伪。（《史记·孙子吴起列传索隐》，《史通·因习篇》）至杨慎始从隐语中发见作者袁康、吴平姓名（同卷《跋越绝》。焦竑《笔乘续集》卷四亦云然，而不言出自杨慎），尔后遂无异辞。而胡应麟又能究其颠末，为杨说补充。姚氏引之太略，兹更节录之以备参解。"详味《越绝书跋》，'子胥之述吴越，因事类以晓后世，著善为诚，讥恶为诚，洎后温故知新，述畅子胥，以谕来今'等语，则子胥旧有是书，述吴越杂事，而后人温其故典而畅叙之，以传于世，意旨甚明。其云'更始之元'，当是西京之末；而此书文气全不类其时，盖袁康者先述此书于东汉初，而吴平者复为之'属文定辞'于东汉之季，故云'百岁一贤，犹为比肩'也。其云'禹来东征，死葬其疆'，末又云'覆之以庚，兵绝之也'，岂袁非越人，更始间为乱兵戕于越地，因而葬与？吴平则自是越人成此书者，故云'文属辞定，自于邦贤'也。"（《笔丛》）然则《越绝》一书，固为袁康、吴平二人所作，而未必同邑同时。文弨谓属其邑人吴平定之，或者误解"文属辞定"之属字，以属文之属为属人之属欤？惟今本亦有脱佚。洪颐煊《读书丛录》曰："《史记正义》引《七录》云，'《越绝》十六卷，或云伍子胥撰'。《艺文志》无《越绝》，疑即杂家之《伍子胥》八篇，后人并而为一，故《文选·七命》李善《注》引《越绝书》伍子胥水战兵法一条，《太平御览》卷三百十五引《越绝书》伍子胥水战法一条，引伍子胥书，皆以《越绝》冠之。今本《越绝》无水战法。"是则今本《越绝》，固非唐宋人所见本，而毛奇龄《萧山县志刊误》据《续汉书郡国志注》所引《越绝书》语，为今本所无，遂谓"此《越绝书》，正春秋时人如子贡、范蠡辈所作，与今本作于东汉袁康、吴平者大异"，误矣！

有两人共此一书名今传者不知为何人作者

吴越春秋

杨用修曰："《汉书》，赵晔撰《吴越春秋》；《晋书》，杨方亦撰《吴越春秋》。今世所传，晔耶？方耶？"

【补证】

眉按：徐天祐曰："《史记》注有徐广所引《吴越春秋》语，而《索隐》以为今无此语；他如《文选注》引季札见遗金事，《吴地记》载阖闾时事，夷亭事，及《水经注》尝载越事数条，类皆援据《吴越春秋》，今晔本咸无其文。"（《吴越春秋序》）孙志祖曰："隋、唐《志》俱云《吴越春秋》十二卷；今本止十卷，则徐氏所举佚文，或在二卷之中，未可知也。余又考得《文选·豪士赋叙注》引'文种者，本楚南郢人也，姓文，字少禽'，及《太平御览》吴王祠子胥事，并今本所无，则此书之阙佚者多矣。"（《读书脞录》）王芑孙曰："《晋书·杨方传》，'更撰《吴越春秋》行于世'，则《吴越春秋》当为晋杨方所更撰；而世归赵晔者，独据《隋志》及马贵与《经籍考》耳。今是书参错小说家言，其文笔不类汉人，或竟出杨方之手。"（《惕甫未定稿》）余谓《晋书》谓杨方"更撰《吴越春秋》"；《隋志》，杨方《吴越春秋削繁》五卷，意所谓更撰者，即就赵晔所撰，损益成书。增笔少而削者多，故十二卷减为五卷。其书当名削繁，《晋书》盖简言之耳。惟其削者多，故诸书所引，今本多不见；惟其削而有增，故今本文笔不类汉人。皇甫遵《吴越春秋传》，《崇文总目》称遵合赵晔、杨方二家之书，考定而注之，可证杨方更撰之书，异同必多，非仅削繁而已。然则今世所传之《吴越春秋》，殆即杨方更撰之本，经后人析五卷为十卷，而又误去其削繁之名；自宋以后，赵书即失（《唐志》二书俱录。《宋志》不著杨书，但著赵晔《吴越春秋》十卷，则赵书至宋以后始亡。苕孙谓独据《隋志》及《通考》，恐非。惟赵书在唐时亦有阙佚，故《索隐》以为今无此语），遂以杨书归之赵晔耳。

有书非伪而书名伪者

春秋繁露

董仲舒撰；十七卷，八十二篇。按《汉志》春秋类，有《公羊董仲舒治狱》十六篇；子儒家，有董仲舒百二十三篇。《隋志》春秋类，始有董仲舒《春秋繁露》十七卷，而子儒家别无所谓百二十三篇者。本传称仲舒说《春秋》得失，闻举《玉杯》《繁露》《清明》《竹林》之属数十篇。颜注谓皆其所著书名。前儒之辨此书者多矣，兹不备录。总以即名繁露，而其中又有《玉杯》《竹林》二篇，与史传所言不合，皆以为疑，未有决者。惟胡元瑞曰："《隋志》西京诸子往往具存，独仲舒百二十三篇略不著录；而春秋类突出《繁露》十七卷。今读其书，为《春秋》者仅十之四五，其余《王道》《天道》《天容》《天辨》等章，率泛论性术治体，至其他阴阳五行之谭尤众，皆与《春秋》不相蒙。盖不特《繁露》冠篇为可疑，并所命《春秋》之名亦匪实录也。余意此八十二篇之文，即《汉志》儒家之百余篇者；必东京而后，章次残阙，好事者因以《公羊治狱》十六篇合于此书，又妄取班氏所记《繁露》之名系之。后人既不察《董子》百余篇之所以亡，又不深究八十二篇所从出，徒纷纷聚讼，故咸失之。"按：元瑞此论，虽属臆测，而实有理，故存其说。爰别列其书于此。

【补证】

眉按：周中孚曰："《春秋繁露》前十七篇，皆论《春秋》之义，当即《汉志》春秋家《公羊治狱》十六篇之文；自《离合根》第十八以下，皆与《春秋》无涉，当即《汉志》儒家百二十三篇之文。"（《郑堂札记》卷四）与胡应麟之说略同，然终属臆测。繁露之名，前人未有确解。《中兴馆阁书目》谓："《逸周书·王会解》天子南面立，绝无繁露。注云，繁露，冕之所垂也。有联贯之象。《春秋》属辞比事，仲舒立名，或取诸此。"程大昌《跋繁露》谓："牛亨问崔豹冕旒以繁露为何？答曰，缀玉而下垂如繁露也。则繁露也者，古冕之旒，似露而垂，是其所从假以名书也。以《通典》《太平寰宇记》所引，推想其书，皆句用一物以发己意，有垂旒凝露之象焉。则《玉杯》《竹林》同为托物，又可想见也。"盖疑其书类小说家。是二说，后说已为楼钥所非（见《攻媿集》卷七十七《跋春秋繁露》）；前说信者亦少。惟俞樾《诸子平议》曰，"董子原书，当以'春秋分十二世以为三等'节为首篇，其篇名即曰《繁露》；今书称《春秋繁露》者，以首篇之名，目其全书也。传写者误取'楚庄王及晋伐鲜虞'二节列于其前，遂以《楚庄王》题篇，并《繁露》之名而失之矣。然则楚庄王节宜在何处？曰，今本《竹林篇》'逢丑父及郑伐许'两节相次；古本此两节之间，当有'楚庄王及晋伐鲜虞'两节。晋伐鲜虞，与郑伐许，固以类相从；而楚庄王节以'楚庄王杀陈夏徵舒，灵王杀齐庆封'相提并论，逢丑父节以'丑父欺晋，祭仲许宋'相提并论，是二事亦以类相从也。然则此两节之书当厕其间无疑矣。卢氏文弨注引钱说，以为后人掇拾缀辑所致，盖已见及此，但未知为《竹林篇》之错简耳"。使其言是，以《繁露》为首篇之名，而以首篇之名目其全书，概《春秋》属辞比事之义，则诚足与《馆阁书目》所释相发明矣。然其下二篇，即为《玉杯》《竹林》，与篇中所言全不相关，又将执何说以解之乎！故樾之疑篇文倒置是也；谓《繁露》乃首篇之名，则亦以意定之耳。黄震《日钞》曰："恐按今书（指楼钥校定本）惟对膠西王越大夫之问，辞约义精，而具在本传。余多烦猥。甚至于理不驯者有之。如云'宋襄公由其道而败，《春秋》贵之'，襄公岂由其道者耶！如云'周无道而秦伐之'，以与殷周之伐并言，秦果伐无道者耶！如云'志如死灰，以不问问，以不对对'，恐非儒者之言。如以王正月之王为文王，恐《春秋》无此意。如谓'黄帝之先谥，四帝之后谥'，恐隆古未有谥。如谓'舜主天法商，禹主地法夏，汤主天法质，文王主地法文'，于理皆未见其有当。如谓'楚庄王以天不见灾而祷之于山川'，不见灾而惧可矣，祷于山川以求天灾岂人情乎！若其谓'性有善姿而未能为善，惟待教训而后能为善，谓性已善，几于无教，孔子言善人吾不得而见之，而孟子言人性皆善，过矣'。是又未明乎本然之性也。汉世之儒，惟仲舒仁义三策，炳炳万世，曾谓仲舒之《繁露》而有是乎！欧阳公读《繁露》不言其非真，而讥其不能高其论以明圣人之道，且有'惜哉惜哉'之叹；夫仲舒纯儒，欧公文人，此又学者所宜审也。"震所言已足揭《繁露》之失；而行文烦猥，尤为显而易见。钱谦益摘其《深察名号篇》"性比于禾，善比于米，米出禾中，而禾未可全为米也，善出性中，而性未可全为善也"，又"民之性如茧如卵，卵待覆而为雏，茧待缲而为丝，性待教而为善"等句，谓为"析理精妙，可以会通孟荀二家之说，非有宋诸儒可几及"。（《牧斋有学集·跋春秋繁露》）则文人好事之谈，极不足据。试以仲舒本传"质朴之谓性，性非教化不成"二语，与是书"性者天质之朴也，善者王教之化也，无其质则王教不能化，无其王教则质朴不能善"等句对照，其矫意离合之迹，盖昭昭也。然则是书固不仅书名伪而书亦伪矣。

东坡志林

钱牧斋曰："马氏《经籍考》，《东坡手泽》三卷，陈氏以为即俗本《大全》中所谓《志林》也。今《志林》十三篇，载《东坡后集》者，皆辨论史传大事；《志林》则皆璅言小录，杂取公集外记事跋尾之类捃拾成书，而讹伪者亦阑入焉。"恒按：俗因《东坡志林》而又有《米元章志林》，以讹传讹，尤可笑也。

有未足定其著书之人者

国　语

　　《汉志》，《国语》二十一篇，不著撰人名。史迁曰："左邱失明，厥有《国语》。"傅玄、刘炫、啖助、陆淳皆以为与左氏文体不伦。李仁父曰："邱明将传《春秋》，先采集列国之史，猎其英华；而先采集之稿具存，时人传习之，号曰国语。故辞多枝叶，不若《内传》之简直峻健，甚者驳类不伦。盖由列国史材不能纯一故耳。不然，邱明特为此重复之书何耶？惟本朝司马温公父子能识之。"此虽近是，然终属臆测耳。

【补证】

　　康有为《伪经考》曰："《国语》仅一书，而《汉志》以为二种，可异一也。其一，二十一篇，即今传本也；其一，刘向所分之《新国语》五十四篇；同一国语，何篇数相去数倍？可异二也。刘向之书皆传于后汉，而五十四篇之《新国语》，后汉人无及之者，可异三也。盖五十四篇者，左邱明之原本也。刘歆既分其大半凡三十篇以为《春秋传》，于是留其残剩，掇拾杂书，加以附益，而为今本之《国语》，故仅得二十一篇也。考今本《国语》，《周语》《晋语》《郑语》多春秋前事；《鲁语》则大半敬姜一妇人语；《齐语》则全取《管子·小匡篇》；《吴语》《越语》笔墨不同，不知掇自何书。然则其为《左传》之残余，而歆补缀为之至明。歆以《国语》原本五十四篇，天下人或有知之者，故复分一书以当之；又托之刘向所分非原本以灭其迹，其作伪之情可见。史迁于《五帝本纪》《十二诸侯年表》皆云《春秋》《国语》，若如今《国语》之寥寥，又言少皞与《本纪》不同，史迁不应妄引矣。"

眉按：《伪经考》他说多近武断；此说似不可夺。刘歆窜改《左传》，刘逢禄《左氏春秋考证》言之綦详。其所举文阙，或某篇年月无考处，即为刘歆穿凿不得处。刘歆强分一书为二书，冀以抵制《公羊传》，故于彼则多设条例以比附之，于此则掇拾杂书以补缀之，而不知两书离合之迹仍显然也。如《左传》记齐桓公霸业甚略，《齐语》则专记此事；《晋语》记霸业甚略，《左传》则甚详；《吴语》专记夫差伐越而致亡国事，《左传》记此又甚略；非由一书瓜分，何以"此详则彼略，彼详则此略"如是！（参阅钱玄同《与顾颉刚论获麟后续经及春秋例书》）故今从康说，定今本《国语》为刘歆补缀之本。陆深曰："《左传》《国语》并出邱明之手，如叙用田赋一事：《左传》则曰：'季孙欲以田赋，使冉有访诸仲尼，仲尼不对而私于冉有曰："君子之行也度于礼，施取于厚，事举其中，敛从其薄，如是则以丘亦足矣。若不度于礼，而贪冒无厌，则虽以田赋，将又不足。且子季孙若欲行而法，则周公之典在，若欲苟而行，又何访焉？"不听。'《国语》则曰'仲尼不对而私于冉有曰："先王制土，籍田以力，而砥其远近，赋里以入，而量其有无，任力以夫，而议其老幼，于是乎有鳏寡孤疾，有军旅之出则征之，无则已。其岁收，田一井，出稷禾秉刍缶米，不是过也，先王以为足。若子季孙欲其法也，则有周公之籍，若欲犯法，则苟而赋，又何访焉？"'不惟辞异而事实亦不同，何也？若以文论，《国》不如《左》。"（《燕闲录》）余谓能知《国语》为刘歆所补缀，则二书事实之同异，其与二书事实之详略，要为刘歆作伪不同之手段而已。又姚鼐曰："《国语》略转一国事者，周鲁晋楚而已。若齐郑吴越，首尾一事，其体又异。辑《国语》者，随所得繁简收之。而《郑语》一篇，吾疑其亦《周语》之文，辑者别出之者。周自子朝之乱，典籍散亡，后之君子，掇拾残阙，亦类附会，非实喜言神怪。若《周语》房后为丹朱冯，及是篇龙漦之说，何其诞耶！夫褒姒之事，郑桓公所亲见，如是篇史伯所述，后世纪前代之辞，非同时辞也。郑桓公，周贤人也，而谓寄贿诱虢郐取其地，用小人倾诈之术；且当西周时，史伯恶能知周必东迁，郑必从之哉。此可谓诬善之辞矣。秦仲居幽王时，仅一附庸，不足云小国，而何以云大国，造饰之辞，忘其时之不合，以邱明君子，必不取也。"（《惜抱轩文集》卷五《辨郑语》）崔述曰："余按《左传》之文，年月井井，事多实录，而《国语》荒唐诬妄，自相矛盾者甚多。《左传》纪事简洁，措词亦多体要，而《国语》文词支蔓，冗弱无骨，断不出于一人之手明甚。且《国语》，周鲁多平衍，晋楚多尖颖，吴越多恣放，即《国语》亦非一人之所为也。盖《左传》一书，采之各国之史，《师春》一篇，其明验也。《国语》则后人取古人之事，而拟之为文者，是以事少而词多。《左传》一言可毕者，《国语》累章而未足也，故名之曰《国语》。语也者，别于纪事而为言者也。黑白迥殊，云泥远隔，而世以为一人所作，亦已异矣。又按《史纪·自叙》，自文王孔子以下凡七事：文王羑里之诬，余固已辨之矣；孔子之作《春秋》，亦不在于陈蔡；《离骚》《兵法》《吕览》《说难》之作，皆与本传之说互异，然则此言亦未可尽信也。且列左邱于屈原后，言失明而不言名明，尚未知其意果以为即作传者之左邱明否，不得强指为一人也。"（《洙泗考信录余录》）余谓能知《国语》为刘歆所补缀，则姚鼐所疑《周语》《郑语》之诞而诬善，崔述所疑之事多矛盾，要亦为补缀者不易避免之破绽而已。至《左传》文词，乃不可及，《国语》拟之，尤非所论于简洁支蔓之不同矣。而若卫聚贤撰《古史研究》，谓《国语》系楚国之产品，《楚语》《周语》乃左邱明后人左人郢所作（左人郢见《史记·仲尼弟子列传》）；《吴语》《齐语》为郢子所作；《鲁语》《晋语》为郢之孙所作；《越语》上出郢之曾孙；《郑语》出郢之玄孙；惟《越语》下与全书异点颇多，当为另一人所作；一书而撰者六人，而五人又皆为左邱明之子孙，恐无此事实，今不取。

孙　子

　　此书凡有二疑：一则名之不见《左传》也。《史记》载孙武齐人，而用于吴，在阖闾时，破楚入郢，有大功。《左传》于吴事最详，其功灼灼如是，不应遗之也。叶正则曰："自周初至春秋，凡将兵者必与闻国政，未有特将兵于外者。六国时此制始改。孙武于吴为大将，乃不为命卿，而左氏无传焉，可乎？"其言尤是。一则篇数之不侔也。史迁称《孙子》十三篇，而《汉志》有八十二篇。后应少于前，何以反多于前乎？杜牧注所传者十三篇，后少于前矣，然何以又适符于前之前耶？杜牧谓武书数十万言，魏武削其繁剩，笔其精粹，以成此书，然则仍是《汉志》之八十二篇，而非迁传之十三篇矣。故曰可疑也。梅圣俞亦曾注是书，曰："此战国相倾之说也。"叶正则祖述之，为说曰："春秋末战国初，山林处士所为。其言得用于吴者，其徒夸大之说也。其言阖闾试以妇人，尤为奇险不足信。"今姑存梅、叶二君之说，以释《左传》不载之疑可也。然则孙武者，其有耶？其无耶？其有之而不必如史迁之所云耶？其书自为耶？抑其后之徒为之耶？皆不可得而知也。故入之未定其人例中。若夫篇数，其果为史迁之传而非曹瞒之删；《汉志》八十二篇，或反为后人附益，刘歆、任宏辈不察而收之耶？则亦不可得而知也。

【补证】

　　姚鼐曰："左氏序阖闾事无孙武；太史公为《列传》，言武以十三篇见于阖闾。余观之，吴容有孙武者，而十三篇非所著，战国言兵者为之，托于武焉尔。春秋大国用兵，不过数百乘，未有兴师十万者也；况在阖闾乎！田齐三晋既立为侯，臣乃称君曰主，主在春秋时大夫称也。是书所言，皆战国事耳。其用兵法，乃秦人以虏使民法也。不仁人之言也。然自是世言用兵者，以为莫武若矣。"（《读孙子》）

全祖望曰："眉山苏子谓：'孙武用兵不能必克，与书所言远甚。吴起言兵轻法制，草略无所统计，不若武书词约意尽；然起用于鲁，破齐，用于魏，制秦，入楚则楚霸，而武之所为乃如此。书之不足信固矣。'苏子之言，可谓独具论世之识者。然吾尚惜其言之未尽。夫孙子亦安知兵，今世人之所共称，莫如以军令斩吴王宠姬一事，不知此乃七国人所传闻，而太史公误信之者。《左氏春秋内外传》纪吴事亦颇详，然绝不一及孙子；即《越绝》诸书出于汉世，然亦不甚及孙子。故水心疑吴原未尝有此人，而其书其事，皆纵横家之所伪为者，可以补《七略》之遗，破千古之惑。若十三篇之言，自应出于知兵者之手，不可按之以责孙子不售也。"（《鲒埼亭集》卷二十九）

梁启超曰："现存十三篇之《孙子》，旧题春秋时吴之孙武撰。吾侪据其书之文体及其内容，确不能信其为春秋时书。虽然，若谓出自秦汉以后，则文体及其内容亦都不类。《汉书·艺文志》兵家本有《吴孙子》《齐孙子》两种：《吴孙子》则春秋时之孙武，《齐孙子》则战国时之孙膑也。此书若指为孙武作，则可决其伪；若指为孙膑作，亦可谓之真。"（《中国历史研究法》）

眉按：《汉志》，《齐孙子》八十九篇；师古曰孙膑。（按：孙膑与孙武之关系，《史记》但云"孙武既死，后百余岁而有孙膑，膑亦孙武之后世孙"，而邓名世《姓氏辨证书》谓"武生三子，驰、明、敌，明食采于富春，生膑，即破魏军擒太子申者"，不知其何所据而敢详前人之所不敢详也。）《吕览·慎势篇》曰："孙膑贵势。"司马迁曰："孙子膑脚，兵法修列。"（《汉书·迁传》）《孙武传》亦云："膑名显天下，世传兵法。"谓此书为孙膑作，似无不可。然孙武十三篇著于本传，而今书恰为十三篇，显为缘附孙传而作。其书与《吕览》《淮南子》《潜夫论》多有同者：如《吕览》"夫兵贵不可胜，不可胜在己，可胜在彼，圣人必在己者，不必在彼者"，与此书《形篇》"昔之善战者，先为不可胜以待敌之可胜，不可胜在己，可胜在敌，故善战者能为不可胜，不能使敌必可胜"等语同。《淮南子》"勇者不独进，怯者不得独退"，语出《军争篇》。"是故令之以文，齐之以武，是谓必取"，语出《行军篇》。"若从地出，若从天下"，"不击堂堂之寇，不击填填之旗"，则皆本《军政篇》。"主孰贤，将孰能"，则本诸《计篇》。"无恃其不吾夺也，恃吾不可夺"，则本诸《九变篇》。《潜夫论》"将者民之司命，而国安危之主也"，与《作战篇》同。"其败者非天之所灾，将之过也"，则本诸《地形篇》。又若《史记》"兵法，十则围之，倍则战之"，本《谋攻篇》。"刘敬曰，此必能而示之不能"，出《计篇》。"兵法，自战其地为散地"，"兵法不曰陷之死地而后生，置之亡地而后存乎？"皆本《九地篇》。可知谓其书非战国书，亦似不可。齐孙子书今不传，或者今书即膑书，后人删为十三篇，以合《史记》之孙武，未可知也。然要为伪矣。毕以珣《孙子叙录》曰："八十二篇者：其一为十三篇，未见阖闾时所作，今所传《孙子兵法》是也。其一为问答若干篇，既见阖闾所作，即诸传记所引遗文是也。一为《八阵图》，郑注《周礼》引之是也。一为《兵法杂占》，《太平御览》所引是也。又有《牝八变阵图》《战斗六甲兵法》，俱见隋《经籍志》。《三十二垒经》，见唐《艺文志》。按《汉志》惟云八十二篇，而隋、唐《志》于十三篇之外，又有数种，可知其具在八十二篇之内也。"又曰："《七录》所谓三卷者，盖十三篇为上卷；问答之辞为中下卷；《八阵图》《杂占》诸书，则别本行之。"王先谦《汉书补注》亦谓："十三篇盖以吴王言得名，而中下卷多见诸家征引，唐时书尚存也。"孙星衍则谓："《艺文志》称《孙子兵法》八十二篇，司马贞引《七录》云，'《孙子兵法》三卷，盖十三篇为上卷，又有中下二卷'，然则中下二卷即图也。"（《问字堂集》卷三《孙子略解序》）余谓孙说最误。《汉志》以卷别篇，明为以图别文也，安可谓合图为八十二篇耶？且文止十三篇，而图乃有六十九篇，图又何多于文也。若问答之辞，见诸他书征引者，又颇浅陋，核其文体，当在十三篇后，亦不得谓为即中下二卷也。大抵瑰桀之士，意气飞动，无可展用，则奋笔谈兵，托于太公孙子，以哗世自喜，凡史志所载兵法之书，半属此类，必欲一一比而合之，惧矣！张燧曰："孙武之谈兵，当在穰苴之后，吴起之前；然武为吴将入郢，其说或未尽然。邱明于吴事最详练，又喜夸好奇，以武如此举动，不应尽没其实。盖战国策士，以武圣于谈兵，耻以空言令天下，为说文之耳。"（《千百年眼》卷三）此亦足备一说。故孙武之有无其人虽未暇定，而十三篇之非孙武书，则固无可疑者。然余读杜牧《注孙子序》而不能不联想十三篇与曹操之关系。牧之言曰："武所著书凡数十万言，曹魏武帝削其繁剩，笔其精切，凡十三篇，成为一编。曹自为序，因注解之曰，'吾读兵书战策多矣，孙武深矣！'然其所为注解，十不释一，盖非曹不能尽注也。予寻《魏志》，见曹自作兵书十余万言，诸将征伐，皆以新书从事，从令者克捷，违教者负败，意曹自于新书中驰骤其说，自成一家事业，不欲随孙武后，尽解其书，不然者，曹岂不能耶！"（《樊川文集》卷十）是十三篇乃经曹操笔削而成，非本文如此。操所著《兵书接要》十卷（见《魏志·武帝纪注》引孙盛《异同杂语》及《文选·魏都赋注》，《隋志》同。《唐志》作"捷要"，《太平御览》作"辑要"，或谓"接"宜作"节"，盖以祖名节而讳之。其文，《御览》卷八卷十一所引，多占验语），《兵法接要》三卷，《魏武帝兵法》一卷，《兵书略要》九卷，并见《隋志》。（《兵书略要》九卷，《唐志》作魏文帝《兵书要略》十卷，《御览》卷三百五十七引同。）或者曹操读《齐孙子》八十九篇及其他兵家言，验诸实施，掇其尤精切者，缘附《史记·武传》篇数而托为武书，为千古治兵之指导纲领；其条目则具之于己所著书，如《接要》之类，所谓"诸将征伐，皆以新书从事者"，则操于十三篇之注文，有不暇详亦不必详矣。然是说也，余不敢必，操固谲者，又胡为不自承杰作，而转托之古人乎！

刘子新论

袁孝政作序，称刘昼。《唐志》十卷，称刘勰；人或谓即此书，然篇目不类。或又云刘歆、刘孝标。

【补证】

王昶曰："《刘子》二卷，北齐刘昼著。共五十六篇。唐播州录事参军袁孝政注。按：昼字孔昭，所撰有《高才不遇传》《金箱壁言》，而是书本传无之。又隋《经籍志》，若《顾子》《符子》入书录，而此独未载，何与？考唐《志》，《刘子》十卷，刘勰撰。孝政序云：'昼播迁江表，故作此书。时人莫知，谓为刘勰。或曰刘歆、刘孝标作。'陈氏振孙至不知为何代人。晁氏谓其俗薄，则殊有见也。大抵唐《志》之《刘子》，非即此《刘子》；而此书不见于《昼传》，为后人伪撰无疑。明人好作伪，《申培诗说》《子贡易诗传》《天禄阁外史》，无识者多奉为天球拱璧，是书盖其流亚尔。"（《春融堂集》卷四十三跋《刘子》）

《四库总目提要》曰："按梁通事舍人刘勰，史惟称其撰《文心雕龙》五十篇，不云更有别书。且《文心雕龙·乐府篇》称：'涂山歌于候人，始为南音；有娀谣乎飞燕，始为北声；夏甲叹于东阳，东音以发；殷整思于西河，西音以兴。'此书《辨乐篇》称'夏甲作破釜之歌，始为东音'，与勰说合；其称'殷辛作靡靡之乐，始为北音'，则与勰说迥异，必不出于一人。又史称勰长于佛理，尝定定林寺经藏，后出家，改名慧地；此书末篇乃归心道教，与勰志趣迥殊。白云霁《道藏目录》亦收之太元部无字号中，其非奉佛者明甚。刘孝标之说，《南史》《梁书》俱无明文，未足为据。刘歆之说，则《激通篇》

称'班超愤而习武，卒建西域之绩'，其说可不攻而破矣。惟北齐刘
昼字孔昭，渤海阜城人，名见《北史·儒林传》。然未尝播迁江表，
与孝政之序不符。传称'昼孤贫受学，恣意披览，昼夜不息，举秀才
不第，乃恨不学属文，方复缀缉词藻，言甚古拙'，与此书之缛丽轻
茜亦不合。又称'求秀才十年不得，乃发愤撰《高才不遇传》；孝昭
时出诣晋阳上书，言亦切直，而多非世要，终不见收，乃编录所上之
书为《帝道》；河清中又著《金箱璧言》以指机政之不良'。亦不云
有此书。岂孝政所指，又别一刘昼欤？观其书末《九流》一篇所指得
失，皆与《隋书·经籍志》子部所论相同，使《隋志》袭用其说，不
应反不录其书，使其剽窃《隋志》，则贞观以后人作矣。或袁孝政采
掇诸子之言，自为此书而自注之；又恍惚其著书之人，使后世莫可究
诘，亦未可知也。"

眉按：王昶谓非北齐刘昼撰是也。《提要》辨非勰、歆、孝标作
亦是。惟谓《九流》一篇，剽窃《隋志》，疑袁孝政自撰自注（疑袁
孝政自撰，其说始于黄震），似难遽定。卢文弨曰："其文笔丰美，颇
似刘彦和，孝政所为注，浅陋纰缪，于事之出《左氏》《国语》者尚
多乱道，而谓其能为此文乎！"（《抱经堂集刘子跋》）严可均曰："近
人编书目者云，《九流》一篇，全袭《隋书·经籍志》之文，《隋书》
非僻书，盍覆检之，岂其然乎！"（《铁桥漫稿》）皆非无见之语。若
昶疑明人伪托，益无可凭。就文字论：或谓其丰美，或谓其俗薄，或
谓其缛丽轻茜，与《北史》本传所称古拙不类；余谓缛丽轻茜之文
字，谓之丰美可，谓之俗薄可，毁誉异辞，诚不足怪，然决非所谓古
拙。此盖伪托者未能熟玩本传，以为六朝文字固当如此，而不知刘昼
乃非其比也。又有谓"六朝时以有韵为文，无韵为笔，本传谓昼不学
属文，盖指词赋而言，然不善属文者，未必不长于笔"。（见《图书
馆学季刊》二卷四期余嘉锡《四库提要辨证》）此亦穿凿，六朝固有
文笔之分，要亦施于评文对举之时，史家叙事，奚必舍通名而强分朱
碧，转滋淆惑耶！周中孚谓此书或即昼所著《金箱璧言》（《郑堂读书

记》卷五十六），亦属臆测。

化　书

《通考》载伪唐宋齐邱子嵩撰。宋景濂以为谭峭景升作，齐邱窃之。据《仙传》："谭景升以《化书》授齐邱曰：'是书之化，其道无穷！愿子序之，流于后世。'其后齐邱因夺为己有而传之，遂不得其死。"恒按：《仙传》之说，亦未可遽信，迄莫能定也。

【补证】

眉按：宋齐邱之死，僧文莹《玉壶清话》谓齐邱当国家发难，尚欲因衅以窥觊，事败，囚于家，缢死。郑文宝《南唐近事》谓齐邱致仕后，复以大司徒就征，保大末，坐陈觉谋叛，饿死青阳。二说不同，皆所谓不得其死者。惟不可谓以《化书》故。《化书》为谭峭作，齐邱夺为己有，则书非伪而人伪耳。然亦有窜入处：王世贞《书化书后》曰"是书也，吾以为齐邱必窜入其自著之一二，而后掩为己有。如《五常》一章，忽云'运帝王之筹策，代天地之权衡，则仲尼其人是也'。彼盖所以名齐邱意也。若景升必不推仲尼，亦不必附于儒者。又齐邱于观化之际，辄自称小人，所谓不考而招者"。（《读书后》）又张纶言曰："予观是书，文虽高妙而言则驳杂，其中或祖黄、老、庄、列，或本释氏，或述晏、墨，语皆亲切；至其言儒，则不相似，由其本不知儒，故言愈精而意愈远也。"（《林泉随笔》）不知儒而又好论儒，殆即齐邱窜入处。是不特人伪而书亦伪矣。而胡应麟曰："此书张文潜、黄东发俱以为齐邱撰；而宋景濂归之谭峭。然齐邱仕南唐，而南唐又有金陵羽客谭紫霄者，能劾召鬼神，四方道流，从学百余人，则于今传《化书》，意旨尤若相类。二谭并与齐邱同时，一人耶？二人耶？吾不得而知矣。"（《四部正讹》）按：陈景元跋，称"旧传陈抟言谭峭在终南著《化书》，因游三茅历建康"云云，则谭紫霄或即谭峭。然其书即为齐邱所夺而又有窜入，固当与伪书同观；二谭之为一人为二人，于齐邱攘窜之罪，盖无择焉。

附　原著补证异同对照表

　　原著目录，近人多议其舛驳失当；而分类猥琐，又往往与所言不相应。故此表不复分类；但将原著补证考语，分注本书之下。两相对照，便可得其异同所在。其书之前后，仍依原目，以既不分类，自无变更之必要也。

云眉

书名	原著考语	补证考语
《易传》	伪，详通论	同
《子夏易传》	伪	同
《关朗易传》	阮逸伪撰	同
《麻衣正易心法》		不补
《焦氏易林》	称焦赣撰，伪	同
《易乾凿度》		不补
《古文尚书》		不补
《尚书·汉孔氏传》		不补
《古三坟书》		不补
《诗序》	称孔子子夏毛公作，非也。大序卫宏作，小序亦汉人作	大小序皆与卫宏关系最切，其他皆不足信
《子贡诗传》	明丰坊伪撰	同
《申培诗说》	同上	同
《周礼》	出西汉之末，详通论	春秋以后书，但非一人一时之笔，且必有一思致缜密之政治家集其大成

续表

书名	原著考语	补证考语
《大戴礼》	绝非戴德原书	同
《孝经》	伪	汉儒所作
《忠经》	称马融作，伪	不伪，乃唐马融，非汉马融
《孔子家语》	王肃伪撰	同
《小尔雅》	伪	或即《汉志》之《小雅》，然必为王肃所变乱
《家礼仪节》		不补
《竹书纪年》	后人增改，非晋本	今本为明人所钞合
《汲冢周书》	汉后人作	真伪杂糅
《穆天子传》	汉后人作	虽未必为古本，然亦未必为汉后人作
《晋史乘》	元吾衍伪撰	采补阙，非伪撰
《楚梼杌》	同上	同上
《汉武故事》	称班固王俭造	今本又非王俭原书
《飞燕外传》	称汉伶玄撰，伪	同
《西京杂记》	称葛洪撰，伪	出隋唐间
《天禄阁外史》	伪	不补
《元经》	称王通阮逸伪撰	同
《十六国春秋》	称崔鸿撰，出明屠乔孙项琳之二人之手	屠氏本与《汉魏丛书》本皆伪
《隆平集》	称曾巩撰，伪	同
《致身录》	伪	同
《鬻子》	伪	同
《关尹子》	伪	杂糅老子儒释仙技之说而成
《子华子》	称程本，宋人伪撰	同
《亢仓子》	王士元伪撰	今本又非王本
《晏子春秋》	伪	同
《鬼谷子》	伪	伪，后人谓即苏子，亦误
《尹文子》	伪	伪，今本或为陈隋间人所托
《公孙龙子》	伪	伪，后人研究名学者附会《庄》《列》《墨子》而成

书名	原著考语	补证考语
《商子》	伪	汉人伪撰
《鹖冠子》	《汉志》一篇，余悉后人增入	伪，非刘勰所见之书
《慎子》	伪	同。慎懋赏本亦伪
《於陵子》	明姚士粦伪撰	同
《孔丛子》	即注者宋咸伪作	王肃伪撰
《文中子》	伪	非伪书，乃谬书
《六韬》	伪	同
《司马法》	伪	同
《吴子》	伪	同
《黄石公三略》	伪	同
《尉缭子》	伪	同
《李卫公问对》	当是宋神宗时所定本	阮逸伪托
《素书》	伪	同上
《心书》		不补
《风后握奇经》	后世伪撰	伪，唐以后作
《周髀算经》	称周公受之商高	伪，撰于西汉
《石申星经》	伪	采晋隋二志而成
《续葬书》		不补
《拨沙经》		不补
黄帝《素问》	伪，所言有古近之分	伪，杂采诸子伪书而成
《灵枢经》	伪	唐王砅撰，伪
《神农本草》	伪	自汉至宋，代有增补，非一时一手所成。但其书可研究
秦越人《难经》	六朝人伪托	伪，由好事医生冒八十一难之目，杂撺《灵》《素》为之
《脉经》	称晋王叔和撰，五代高阳生伪撰	伪，宋世庸医所托
《神异经》	称东方朔撰，伪	六朝人伪作
《十洲记》	同上	同上
《列仙传》	称刘向撰，伪，六朝人作	伪，出魏晋间

续表

书名	原著考语	补证考语
《洞冥记》	称郭宪撰，六朝伪作	同
《博物志》	称张华撰，伪	伪，好事者掇取诸书所引《博物志》，又杂采他小说以足成之
《杜律虞注》	杨慎谓张伯成为之	同
《三礼考注》	称吴澄撰，多所增加	庸妄者伪托
《文子》	不全伪	伪
《庄子》	《盗跖》《渔父》《让王》《说剑》四篇，非庄子作	内篇七篇可信，外杂篇皆不可靠
《列子》	战国时有其书，汉明帝以后人又附益之	魏晋以来伪托
《管子》	战国周末之人有掺入者	一家而有数家学，但其书可取
贾谊《新书》	决非谊原书	同
《伤寒论》	称张仲景撰，驳杂不伦	单论本传于今者不伪
《金匮玉函经》	后人伪托	与《要略》不同。今所传者为《要略》，不伪
《尔雅》	托于汉世	由小学家先后缀辑而成，不能定为何时何人所作
《韵书》		不补
《山海经》	称禹、益撰，秦汉间人作	始于秦汉，后人又有附益
《水经》	称桑钦作，非也，但不知为何人作	非一时一手作
《阴符经》	称黄帝作，伪，寇谦之作	伪，出唐李筌之手
《越绝书》	称子贡或子胥，妄也，东汉袁康、吴平同作	同，但二人未必同时同邑
《吴越春秋》	赵晔、杨方未定	今所传，乃杨方书
《春秋繁露》	称董仲舒撰，书名疑伪	书亦伪
《东坡志林》		不补
《国语》	作者未定	今本乃《左传》残余，刘歆更掇拾杂书补缀为之
《孙子》	作者未定	非孙子书，但其书可取
《刘子新论》	称刘昼，或刘勰、刘歆、刘孝标未定	四人皆非本书作者，但不知为何人作
《化书》	称宋齐邱撰，或云谭峭书，齐邱夺之	谭峭作，宋齐邱又伪窜其间